WEGE ZU VERÄNDERTEM UNTERRICHT

SCHRIFTENREIHE ZUR HUMANISTISCHEN PÄDAGOGIK UND PSYCHOLOGIE

herausgegeben von

Jörg Bürmann, Heinrich Dauber und Günther Holzapfel

In dieser Reihe sind lieferbar:

Heinrich Dauber: Grundlagen Humanistischer Pädagogik. Integrative Ansätze zwischen Therapie und Politik. Bad Heilbrunn 1997.

Heinrich Dauber:
Lernfelder der Zukunft. Perspektiven Humanistischer Pädagogik.Bad Heilbrunn 1997.

WEGE
ZU
VERÄNDERTEM UNTERRICHT

– Gestaltpädagogik und Lehrerpersönlichkeit –

herausgegeben von

Jörg Bürmann und Jürgen Heinel

mit Vignetten von Jürgen Heinel

1997

VERLAG JULIUS KLINKHARDT · BAD HEILBRUNN

Die Deutsche Bibliothek – CIP-Einheitsaufnahme

Wege zu verändertem Unterricht : Gestaltpädagogik und
Lehrerpersönlichkeit / hrsg. von Jörg Bürmann und Jürgen
Heinel. – Bad Heilbrunn : Klinkhardt, 1997
  (Schriftenreihe zur humanistischen Pädagogik und Psychologie)
  ISBN 3–7815–0871–4
NE: Bürmann, Jörg [Hrsg.]

1997.2.a. © by Julius Klinkhardt
Gesamtherstellung: WB-Druck GmbH & Co. Buchproduktions-KG, Rieden
Printed in Germany 1997
Gedruckt auf chlorfrei gebleichtem alterungsbeständigem Papier
ISBN 3-7815-0871-4

Inhalt

Vorwort

Dieses Buch präsentiert Texte aus neun Arbeiten, mit denen die Ausbildung in „Gestaltpädagogik" abgeschlossen wurde. Sie zeigen etwas sehr Wichtiges: Der Unterricht der Lehrerinnen und Lehrer konnte sich verändern, weil sie selbst sich verändert haben!

Diese „Veränderung" ist ein wesentliches Ziel der Ausbildung. Denn in ihrem Zentrum steht die Persönlichkeitsentwicklung des Lehrers. In experimentierenden Situationen wird unter fachkundiger Leitung die Möglichkeit geschaffen, Belastungen aus der Vergangenheit aufzuarbeiten und in Freisetzung bisher gebundener Kräfte neue, kreative Wege in der Schule zu beschreiten. Die Reflexion der eigenen Bildungsgeschichte fördert die Möglichkeit, einen wirklich „bildenden Unterricht" zu halten. Eine wichtige Frucht dieser Arbeit ist auch eine Veränderung in den zwischenmenschlichen Beziehungen zwischen Lehrern und Schülern. Sie entwickeln sich in Richtung auf Offenheit, Akzeptanz von Verschiedenheit und Klarheit der Grenzen.

Der enge Zusammenhang von Lebensgeschichte und Unterrichtstätigkeit - bei der herkömmlichen Lehrerausbildung gerät er nur selten in den Blick - wird in den Texten dieses Buches überall deutlich. Ihn zu verfolgen ist geradezu spannend. Auch wird sich der „geneigte Leser" in vielen geschilderten Situationen angesprochen fühlen oder gar wiedererkennen. Dabei spielt die Frage, welches Fach oder welche Schulart als Beispiel dient, kaum eine Rolle. Denn die Grundstrukturen der Vorgänge sind in einer 1. Klasse nicht anders als in einem Abiturkurs.

Die Ausbildung in Gestaltpädagogik konnte bisher in der Regel nur als freiwillige Zusatzqualifikation bei privaten Instituten erworben werden. Die Aufnahme vergleichbarer mehrjähriger Weiterbildungscurricula in die staatliche Lehrerfortbildung erfolgte erst in jüngster Zeit (Hamburg, Hessen, Rheinland-Pfalz).

Oktober 1996

Jürgen Heinel
Kirchheimbolanden

Jörg Bürmann
Mainz

Annette Weber
Zwischen den Stühlen
Auf der Suche nach meinem Platz

A. Vorwort
oder warum ich eigentlich keine Zeit habe, diese Arbeit zu schreiben

Beim Gedanken an meine bevorstehende Gestaltpädagogikarbeit überkommt mich eine große Müdigkeit. Tausend Alternativen fallen mir ein. Na gut, ich habe wirklich wenig freie Zeit, und daß ich sie lieber für etwas weniger Anstrengendes nutzen möchte, gestehe ich mir zu. Aber daß ich mit einem Mal einen interessierten Blick auf die Fensterscheiben werfe, in der stillen Hoffnung, sie putzen zu dürfen, ist verdächtig. Es muß also noch etwas anderes geben, das mich hindert, mich begeistert auf die Schreibarbeit zu stürzen.

Vor acht Jahren habe ich schon einmal eine Arbeit über Gestaltpädagogik (ohne darin ausgebildet zu sein) geschrieben, meine 2. Examensarbeit. Ich entwickelte eine Unterrichtseinheit im Fach Kunst, bei der ich mit den Schülern ein Bild Rembrandts besprach und nacherleben ließ. Die einzelnen Gesichtspunkte, unter denen das Bild betrachtet wurde, ergaben eine abgerundete Einheit, die sicherlich nicht schlecht war. Doch zu der Zeit verstand ich noch so wenig von Gestaltpädagogik (außer Phantasiereisen und ein bißchen „hinfühlen"), daß ich mich heute mit der Examensarbeit nicht mehr identifizieren mag. Ich habe sie nie wieder gelesen und wußte geschickt zu verhindern, daß andere sie lasen.

Zum Abschluß meiner Gestaltpädagogikausbildung hatte ich mir immer vorgestellt, eine Arbeit zu schreiben, die tief aus mir kommt, rund ist, Hand und Fuß hat und mit der ich mich auch noch als 99-jährige identifizieren kann. Wie ein Mohammedaner, der nach Mekka pilgert, wenn er auf ein erfülltes Leben zurückblicken kann, wollte ich die Arbeit erst dann schreiben, wenn ich auf ein gutes gestaltpädagogisches Schuldasein zurückschauen konnte. Die Arbeit sollte sozusagen der krönende Abschluß meiner Ausbildung sein. Jetzt muß ich selbst grinsen, weil ich gleich die Falle sehe, die ich mir gebaut habe. Was ich dafür nämlich vorweisen kann, erscheint mir zu dürftig und wird mir bei den eigenen Erwartungen sicherlich nie reichen. Was mein gestaltpädagogisches Schuldasein ausmacht, ist ein buntes Sammelsurium an Unterrichtsentwürfen, die nicht zueinander passen und kein gemeinsames Thema herauskristallisieren lassen. Sie ergeben zusammen alles Mögliche, nur nicht eine runde Sache, die Hand und Fuß hat, geschweige denn der krönende Abschluß einer gestaltpädagogischen Ausbildung. Da fällt mir wieder ein Satz aus der Ausbildung ein: „Es gibt viele Variationen, der eigenen Mittelmäßigkeit auszuweichen." Schluck! Da ist es wieder! Entweder, die Arbeit ist genial, oder sie ist totaler Mist. Entweder, ich bin einer von diesen schlappen Lehrer-Typen, die nichts geregelt kriegen, oder ich bin die große Gestaltpädagogin. Wo bleibt denn da die Mitte, liebe Annette?

Vielleicht bin ich eher vergleichbar mit einem Fahrschüler, der sich nach einigen Fahrstunden zur Führerscheinprüfung meldet, langsam und vorsichtig durch die Gegend schaukelt, beim Einparken einen Schweißausbruch bekommt und auch nach Jahren Fahrpraxis noch Tiefgaragen meidet. Ja, der Vergleich gefällt mir besser. Ich wäre dann zwar noch kein großer Gestaltpädagoge, aber wenigstens ein Lehrer, der hin und wieder etwas Gestaltpädagogisches ausprobiert.

B. Themenfindung

Die Zeit, in der die hier erwähnten Unterrichtsentwürfe entstanden, war beruflich für mich eine unklare Zeit. Ich war gerade, nach langem Kampf mit Regierungspräsidenten aus dem Ruhrgebiet in den Regierungsbezirk Detmold versetzt worden, konnte endlich, nach fünf Jahren Wochenendbeziehung mit meinem Mann zusammenleben, hatte unser erstes Kind geboren, spielte mit dem Gedanken, bald ein zweites zu bekommen, war ein Jahr später wieder schwanger, überlegte lange, für ein Jahr Erziehungsurlaub zu nehmen, ging nach der Geburt unseres zweiten Kindes noch ein halbes Jahr zur Schule und reichte schließlich Erziehungsurlaub und die Versetzung an eine nähergelegene Schule ein. Ich war also eher mit der Familiengründung beschäftigt.

Meine Unterrichtsvorbereitungen beschränkten sich auf das Notwendigste. Oft stand ich müde von durchwachten Nächten in der Klasse, hatte Rückenschmerzen vom Kindertragen und spürte, als ich wieder schwanger war, das neue Baby in meinem Bauch, das sich schnell bemerkbar machte, wenn der Unterricht zu anstrengend wurde. Und doch war ich mit einem Mal auf eine völlig neue Art und Weise neugierig auf Kinder. Ich hörte interessiert bei den Gesprächen der Schüler zu. Es war spannend, zu erfahren, welche Auseinandersetzungen sie mit ihren Eltern hatten und welche Mutter als die tollste der Klasse galt. Ich ließ mir erzählen, mit welchem Spielzeug sie gern spielten, wie sie ihre Freizeit gestalteten, was sie an ihrem Vater bewunderten, wie sie sich mit ihren Geschwistern verstanden, alles auch unter dem Gesichtspunkt, daß meine Kinder ebenfalls in dem Alter sein würden. Auch die Eltern konnte ich viel besser verstehen. Dieser Gefühlswirrwarr aus unendlicher Liebe, die so schnell in Wut umschlagen konnte, wenn man zuviel gab. Ich erlebte, wie es ist, wenn das Kind jede Grenze als schmerzlich empfindet, weint oder trotzig wird, das ständige Wechselspiel, viel geben zu wollen, aber auch selbst nicht zu kurz zu kommen, das schlechte Gewissen, wenn man endlich mal an sich selbst denkt ..., das alles erfuhr ich nun am eigenen Leib. Ich stand jetzt bei einem Elterngespräch nicht mehr als Ratgeber da, der die Probleme von außen betrachtet, sondern verstand, wie schwierig es ist, sich seinem eigenen Kind gegenüber klar und konsequent zu verhalten. Früher hatte es mich belustigt, wenn sich Eltern mit ihren Kindern brüsteten und stolz auf deren Schulleistungen waren. Und ich war verwundert, wenn sie sich persönlich gekränkt fühlten, wenn ihr Kind die Erwartungen nicht erfüllte. Daß sie schnell bereit waren, ihr Kind zu verachten, zu strafen oder dem Lehrer die Alleinschuld zu geben. Plötzlich merkte ich, wie sehr auch ich den Wunsch hatte, auf meine Kinder stolz sein zu können.

„Drei Kinder habe ich", erzählte Frau Lerch, eine stille unscheinbare Frau. „Oh", sagte ich, spürte die Müdigkeit in meinen Beinen und den Schmerz im Rücken und dachte daran, daß diese zarte Frau noch eine ganze Reihe mehr an durchwachten Nächten gehabt hatte. Frau Lerch lächelte still. Es war eine schöne Vertrautheit zwischen uns.

C. Wo gehöre ich hin? - Auf der Suche nach meinem Platz

Mir fällt die schwere Zeit wieder ein, in der ich mich nicht entscheiden konnte, Lehrerin zu sein, aber auch nicht bereit war, den Beruf aufzugeben. Und jetzt, wo ich mich endlich entschlossen habe, für ein Jahr Erziehungsurlaub zu nehmen, kommen immer wieder Zweifel an der Entscheidung. Ehrlich gesagt freue ich mich schon auf den August, wenn die Schule für mich wieder anfängt.

Bei einem gestaltpädagogischen Unterrichtsversuch im Seminar Unterrichtsplanung stand ich einmal vor der Aufgabe, mich mit einer Märchenfigur zu identifizieren. Ich wählte die kleine Meerjungfrau aus dem Märchen von Hans-Christian Andersen, eine Frau, die sich nicht entscheiden kann, Mensch oder Fisch zu sein. Dazu fällt mir ein, daß auch ich mich schwer tue, meinen Platz in dieser Welt zu finden. Ich nehme zwar meine Rollen ein und fühle mich darin meistens wohl, habe aber Probleme, mich voll damit zu identifizieren und anderen davon zu erzählen. Wenn ich sage: „Ich bin Lehrerin", bilde ich mir ein, daß das bei anderen negative Erinnerungen an die Schulzeit auslöst. (Das sind wahrscheinlich meine eigenen schlechten Erinnerungen.) Sage ich: „Ich bin Mutter", finde ich, daß sich das Wort nach Blut und Boden anhört. „Ich bin 32 Jahre", klingt manchmal peinlich alt und manchmal jung und unerfahren. „Ich bin Bad Lippspringerin", der Ausdruck ist mir noch nie über die Lippen gekommen. „Ich bin eine Frau", der Satz gelingt mir allmählich besser ... Ja, und so könnte ich die Reihe von Merkwürdigkeiten fortsetzen. Ich will in dieser Arbeit versuchen, nachzuschauen, woher die Schwierigkeiten bei mir kommen, mich zu entscheiden und mich zu mir und meiner Entscheidung zu bekennen. Um eine analytisch-theoretische Stütze zu haben, habe ich mir Eriksons Identitätsbildungstheorie gesucht. Mit ihrer Hilfe möchte ich aufzeigen, zu welchen Störungen es bei meiner Identitätsentwicklung kam, und wie sie dazu führten, daß ich „auf der Suche" blieb.

I. Auf der Suche nach den Ursprüngen

1. Elternhaus und Schule

„Das Kind pflegt sich in den verschiedenen Stadien seiner Entwicklung mit gewissen Teilaspekten zu identifizieren. (...) Seine Identifikationen mit den Eltern z. B. kreisen um bestimmte überbewertete und kaum verstandene Körperteile, Fähigkeiten und Rollenerscheinungen." (ERIKSON 1980/139) „Das Schicksal der Kindheitsidentifikationen hängt wiederum davon ab, daß das Kind in ein befriedigendes Wechselspiel mit einer vertrauten und sinnvollen Hierarchie von Rollen kommt, wie sie ihm von den in der Familie zusammenlebenden Generationen vorgelebt werden." (ebd., S. 140)

Meine Eltern haben eine sehr unterschiedliche Herkunft. Meine Mutter kommt aus einer gut-bürgerlichen Familie, die Wert auf Traditionen und gepflegte Manieren legte. Sie hatte eine typische gehobene Mädchenbildung genossen, mit Interesse an Kunst, Musik und Literatur. So besaß sie bei gesellschaftlichen Verpflichtungen, die sie gerne wahrnahm, große Sicherheit. Mein Vater dagegen stammt aus einer Familie, die man früher schlicht als „asozial" bezeichnete. (Heute sagt man vielleicht höflicher: sozial schwach.) Sein Vater trank und arbeitete selten, seine Mutter klagte viel über ihr trauriges Schicksal, änderte es aber nicht. Mit viel Energie und Ehrgeiz schaffte es mein Vater, aus seiner sozialen Schicht auszubrechen. Seine Unsicherheit in der neuen gesellschaftlichen Schicht blieb jedoch bestehen. Er überspielte sie mit Spott und Ironie, flüchtete in die Naturwissenschaft und in den handwerklichen Bereich und hatte dadurch die Möglichkeit, über ein Produkt seine Anerkennung zu finden.

Meine Eltern entwickelten immer häufiger ihre spezielle Lebensphilosophie, in der nur eine Art, nämlich die, die sie lebten, als die richtige galt. Meine Mutter hielt gesellschaftliche Kontakte, Künste, eine gute Bildung und gepflegte Manieren für lebenswichtig, mein Vater fand es vernünftiger, in praktischen Dingen zu überleben So ging es bei Streitereien zwischen ihnen oft darum, wer von ihnen „richtiger" lebte und wie sie uns erziehen wollten. An den heftigen Streit, ob wir ein Instrument spielen oder schwimmen lernen sollten, kann ich mich noch gut erinnern ... (Wir lernten schließlich beides, aber niemand von uns entwickelte eine besondere Vorliebe für eine dieser Disziplinen.) So hatte ich als Kind immer das Gefühl, daß nur eine Lebensweise gut und richtig sein konnte und war ständig auf der Suche nach der 'richtigeren'. Lange Zeit erschien es mir richtiger zu sein, den „lebenspraktischen Dingen" Vorrang zu geben. Ich arbeitete gerne handwerklich, meine Neigungsfächer in der Schule waren die Naturwissenschaften. Als mich Lehrer aber zu einem Mathematikstudium drängen wollten, wies ich das empört von mir und wählte für das Lehramtsstudium die Fächer Deutsch und Kunst. Da mir wiederum das „Lebenspraktische" fehlte, heiratete ich einen Naturwissenschaftler und holte so den verbannten Teil von mir wieder in mein Leben.

„Die Mechanismen der Introjektion und Projektion, die den Grund für die spätere Identifikation legen, erreichen eine relative Integrierung nur durch eine befriedigende gegenseitige Beziehung zwischen der mütterlich betreuenden Erwachsenen (Ergänzung von mir: ... und natürlich dem Vater, lieber Erik!) und dem betreuenden Kinde. Nur durch das Erlebnis dieser grundlegenden Gegenseitigkeit gewinnt das Kind den sicheren Pol des Selbstgefühls, von dem aus es zu dem anderen Pol, den ersten Liebes'objekten', hinüberreichen kann." (ERIKSON 1980/140)

Die Beziehung zu meinen Eltern, zu meiner Mutter in den ersten Lebensjahren, zu meinem Vater besonders in der Pubertät, blieb unklar. Ich war eine unerwünschte Schwangerschaft. Meine Mutter hatte knapp ein Jahr vor mir meine Schwester geboren und war entsetzt, zu erfahren, daß sie wieder schwanger war. Bei meiner Geburt gab ich dann Anlaß zu einer weiteren Enttäuschung. Ich wurde nämlich nicht der ersehnte Stammhalter, sondern auch wieder nur ein Mädchen. Und als nach fünf weiteren Jahren meine jüngste Schwester geboren wurde, erlebte ich in meiner neuen Rolle als mittlere Tochter die Zuweisung auf einen uninteressanten Platz in der Familienkonstellation. So wurde mein Selbstwertgefühl, das Gefühl, keinen Platz zu haben, bestimmt durch das Nicht-angenommen-Sein (meiner Existenz an sich), das Nicht-so-angenommen-Werden-wie-ich-bin (meines Geschlechts) und das Nicht-interessant-Sein (als Mittlere unter gleichgeschlechtlichen Geschwistern). In der Pubertät, nach Erikson dem Stadium einer sichtbaren Identitätskrise, fand ich ebenfalls in meinen Eltern, besonders in meinem Vater, wenig Unterstützung auf dem Weg zum Frau-Werden. Ich wurde für ihn sexuell attraktiv, und er versuchte, daran vorbeizusehen und mich in meine Kinderkleider zurückzudrängen. So mußte ich schließlich den Weg, Frau zu werden, allein gehen. Bei diesem Weg ohne Unterstützung und mit der Kindheitserfahrung, daß Junge zu sein besser sei, resignierte ich schließlich und stieg auf Jeans, weite Pullover und Parka um. Die Frauenbewegung, der ich mich schnell anschloß, lieferte mir die Theorie für mein Verhalten. So nahm meinen Platz als Frau hauptsächlich das männliche Spektrum meines Frauseins ein. Den Platz um neue Anteile zu erweitern war ein mühsamer Weg, der mich viel Überwindung kostete. (Hohe Schuhe trage ich immer noch nicht. Auch Netzstrümpfe habe ich noch nicht gewagt.)

So sehr mich diese Situationen auch verletzt haben und lebensbestimmend für mich blieben (ich hatte zum Beispiel auch außerhalb der Familie schnell das Gefühl, benachteiligt zu sein, liebevollen Zuwendungen begegnete ich mit Mißtrauen), kann ich zurückblickend aber auch sagen, daß mir eher die Chance blieb, zu werden, wie ich wollte. Wenn ich die Unzufriedenheit, den Ehrgeiz, den Neid meiner Schwestern sehe, glaube ich heute, daß mich meine Eltern mehr in Ruhe gelassen haben und ich dadurch etwas freier und unabhängiger in der Wahl meines Lebensstils war. Lange geblieben ist allerdings der Wunsch, meinen Eltern zu beweisen, daß auch ich etwas Besonderes bin. Von ihm habe ich mich erst später in der Lehranalyse schmerzlich verabschieden können - und manchmal holt er mich trotzdem noch wieder ein.

Die Adoleszenz, die letzte Phase der Kindheit nach Erikson, gilt als Stadium einer sichtbaren Identitätskrise, aber „durch jene Selbstgewißheit aufgewogen, die sich aus dem Gefühl speist, daß am Ende jeder vorangegangenen Krise die Identität weiter gestärkt war - eine Gewißheit, die jetzt charakterisiert ist durch ein wachsendes Gefühl der Unabhängigkeit von der Familie als der Matrix der Kindheitsidentifikation." (ERIKSON 1980/183)

In der Phase der Adoleszenz lebte ich mit meinen Eltern und Geschwistern in Minden. In unserem Haus und in meinem Zimmer hatte ich meinen Platz gefunden, fühlte mich zu Hause. Die Clique, mit der ich viel zusammen unternahm, und mein damaliger Freund stärkten mein Selbstwertgefühl. Ihre Anerkennung wurde mir wichtiger als die meiner Eltern. (Siehe auch ERIKSON 1982/255 ff.) Um so schmerzlicher war für mich, daß sich mein Vater beruflich veränderte und ein Wohnortwechsel für unsere Familie anstand. Ich verlor die Gruppe, in der ich mich sicher fühlte, und wurde wieder stärker an die Familie gebunden. Und ich verlor meine Heimat. Natürlich war ich nicht bereit, den mir wichtig gewordenen Lebensplatz aufzugeben. So zog ich nur äußerlich mit meinen Eltern nach Lemgo. Mein Herz blieb in Minden zurück. Das Ergebnis war eine innere Zerrissenheit, die sich darin widerspiegelte, daß ich später immer wieder meinen Wohnort wechselte. Den Höhepunkt der Unruhe bildete eine fünf Jahre anhaltende Wochenendehe, in der ich zwischen Paderborn und Duisburg hin und her pendelte. Es war auch ein Pendeln zwischen zwei Lebensanschauungen, denn ich lebte in Duisburg in einer

Sozialarbeiter- und Psychologen-Wohngemeinschaft, mein Mann in einer typischen Naturwissenschaftler-Wohngemeinschaft. So wiederholte sich in dem Hin- und Hergerissensein zwischen den Heimaten auch noch meine Zerrissenheit zwischen meinen Eltern. Erst seit einem halben Jahr kann ich sagen, daß ich wieder eine Heimat gefunden habe.

2. Es gibt (k)einen Traumberuf

Meine Berufswahl schob ich lange vor mir her. Immer fragte ich mich, was soll ich werden? Welcher Beruf paßt zu mir? Und gleichzeitig war dieses Gefühl da: eigentlich werde ich meinen Traumberuf nicht finden, denn: auf den besten Studienfächern liegt ein NC, mein Mädchengymnasium-Abitur ist zu speziell auf Sprachen und Pädagogik ausgerichtet, ich habe überhaupt keine Begabung, die schönsten Ausbildungen führen in die Arbeitslosigkeit; tausend „objektive" Kriterien, die mir von vornherein meinen Idealberuf, von dem ich keine Vorstellung hatte, wie er aussehen konnte, unmöglich machten. Sicherlich gehörte ich zu einem Jahrgang, dem keine freie Wahl von Ausbildungs- und Studienplätzen offenstand, aber in der Einengung, in der ich das erlebte, war es sicher nicht allgemein. Ich wußte nicht, was ich werden sollte, und so wurde ich schließlich Lehrer. Aber es blieb mein Grundgefühl, daß es irgendeinen Traumberuf für mich geben würde, den ich noch nicht entdeckt hatte. Und so blieb ich - welch Zufall - immer ein bißchen auf der Suche nach einem besseren Beruf. (Wie neidisch und eifersüchtig bin ich oft auf meinen Mann, der von sich behauptet, seinen Idealberuf gefunden zu haben.)

Daß ich mich für das Lehramtsstudium entschied, lag in erster Linie daran, daß ich Lust hatte, die Fächer Deutsch und Kunst zu studieren, die Fächer allein aber in die Arbeitslosigkeit führten. Außerdem hatte ich das Gefühl, daß meine Begabung für die Fächer allein nicht ausreichte, sich allenfalls zum Lehramtsstudium eignete. Ich entschied mich für die Grundschule. Das lag einerseits sicher daran, daß mir meine eigene Kinderzeit und Grundschulzeit in schönem Licht erschien. Andererseits hatte ich sicherlich auch Angst vor der Auseinandersetzung mit Älteren. Zu sehr war ich von Erwachsenen verletzt und fremdbestimmt worden. Einen besonders großen Bogen machte ich um pubertierende Schüler, denn meine eigene Pubertät war mir in häßlicher Erinnerung.

Lehrer zu sein gefällt mir gut, aber ... Ich denke manchmal schon daran, daß es noch schönere und ausfüllendere Berufe geben muß. Gleichzeitig ist der Wunsch nach diesem unbestimmten Traumberuf zurückgetreten, seit ich eigene Kinder habe und die Erfüllung meines Lebens nicht mehr nur in meinem Beruf sehe. Die Tatsache, daß ich mein Lehrerdasein mit meinem Beruf als Mutter vereinbaren kann, hat mich ausgesöhnt.

3. Das Zauberwort heißt „Gestalt"

„Operationalisierte Lernziele" hieß das Schlagwort, das mich durch mein Studium begleitete. Wenn der Lehrer genau weiß, was der Schüler zu lernen hat, erreicht der Schüler problemlos das gewünschte Lernziel. Die These erschien mir einleuchtend und vor allem logisch und berechenbar. Ich lernte, genaue Lernziele zu formulieren. Als ich dann ein Jahr als studentische Hilfskraft am Forschungs- und Entwicklungszentrum für objektivierte Lehr- und Lernverfahren in der Medienverwaltung arbeitete, erweiterte ich mein Wissen durch die These, daß neben den operationalisierten Lernzielen der richtige Medieneinsatz zur richtigen Zeit erfolgen mußte. Auch das leuchtete mir ein, und in Medien kannte ich mich bestens aus, weil ich alle erschienenen Arbeitstransparente, Filme und Hörspiele katalogisieren mußte. Hin und wieder meldete sich meine eigene Schulerinnerung, in der ich den Einsatz des Overheadprojektors und das Arbeiten in Sprachlabors als anstrengend empfunden hatte und froh war, wenn 'rückständige' Lehrer wieder zur Kreide griffen, doch ich schob die Erinnerungen schnell wieder zur Seite. Ein berechenbarer, logisch aufgebauter und präzise durchgeführter Unterricht erschien mir die einzig akzeptable Form zu sein. (Da meldete sich meine väterlich-mathematische Seite.)

Dann begann mein Referendardienst, und ich durfte mein Gelerntes anwenden. Ich erwischte eine Mentorin, die mir ihre chaotische Klasse überließ und es vorzog, in den Stunden, in denen ich unterrichtete, einkaufen zu gehen bzw. erst gar nicht in der Schule zu erscheinen. So war ich mit meinen Ideen allein gelassen und bemühte mich redlich. Die Schüler folgten meinem Unterricht nur widerwillig. Auf der Suche nach einer Möglichkeit, gegen ihren Widerstand anzugehen, stieß ich auf ein neues Zauberwort: Motivation! Der richtige Trick an der richtigen Stelle und die gekonnte Show versprachen, die Schüler mit leuchtenden Augen meinem Unterricht folgen zu lassen. Der Trick mit der Motivation funktionierte, jedenfalls so lange, wie ich ihn vorführte. Wenn es dann ans Lernen ging, stöhnten die Schüler auf und verlangten einen neuen Trick. Ich steigerte mich, ließ mir immer bessere Sachen einfallen und war den ganzen Tag über damit beschäftigt, neue Ideen zu suchen. Das war eine anstrengende Zeit. Ich gab und gab. Die Schüler hingen auf ihren Stühlen, ließen sich bedienen und forderten mehr. Undankbar erschienen sie mir, passiv, gefräßig und immer auf der Suche nach meinem wunden Punkt. Damals erkannte ich nicht, daß wir ein Wechselspiel spielten, daß meine Rolle als Aktive und Gebende ihre Rolle als Passive und Nehmende forderte und umgekehrt. Ich sah auch nicht, daß die Schüler, wenn sie meinen wunden Punkt suchten, auf der Suche nach mir waren. Ich versteckte mich lieber hinter meinen Medien, statt mich zu zeigen.

Dann kündigte sich meine erste Lehrprobe an. Unser Seminarleiter erschien zu einer Deutsch - „Vorführstunde", wie wir Lehramtsanwärter es nannten. Meine Mentorin entschuldigte sich wegen starker Kopfschmerzen und ließ mich mit ihrer gefräßigen Klasse allein. Ich erarbeitete mit meinen Schülern ein Wortfeld und schlug mich tapfer durch den Unterricht. Die Schüler arbeiteten mit, wenn auch, wie immer, recht unwillig. Ich war froh, als ich die Stunde überstanden hatte. Die Nachbesprechung wurde dann für mich hochinteressant, und ich kann sie heute als Wendepunkt zur Gestaltpädagogik bezeichnen. Unser Seminarleiter sprach mich nämlich auf das Desinteresse der Schüler an und fragte mich, wie ich es mir erklären könne. Erklärungen hatte ich genug, schließlich hatte ich mich selbst ausreichend mit diesem Problem beschäftigt. Doch unser Seminarleiter mochte meine Erklärungen nicht gelten lassen. Dann erzählte er mir meine Vermutung: Ich habe die Gefühle der Schüler nicht mit in den Unterricht einbezogen und auch selbst meine Gefühle nicht gezeigt. Und ich weiß noch genau, daß ich ihm erklärte, es sei völlig falsch, Gefühle mit in den Unterrichtsprozeß einfließen zu lassen, denn wer fühle, könne nicht mehr klar und kritisch denken. Dabei sprach ich sicherlich meinem Vater aus vollstem Herzen.

An den belustigten Blick unseres Seminarleiters kann ich mich noch gut erinnern. Er lud mich zu einem Gestaltpädagogikseminar ein, das er an der Uni Bielefeld leitete. Zu diesem Seminar erschien ich dann, wenn auch skeptisch. Ich lernte zum erstenmal etwas über Gestalt und las die ersten Bücher darüber. Skeptisch blieb ich trotzdem. Immerhin probierte ich aus, mehr Gefühle und Wahrnehmungen in den Unterricht einfließen zu lassen, und ich war überrascht, zu sehen, wie positiv die Schüler darauf reagierten.

Als das Seminar endete, empfahl mir unser Seminarleiter einen „echten Gestaltler", der an der Uni arbeitete. Das Seminar begann mit spannenden Gruppenprozessen, die ich mit Herzklopfen verfolgte. Gleichzeitig verblüffte und faszinierte mich, daß dieser Jörg Bürmann es fertigbrachte, das Gesagte eines Teilnehmers aufzunehmen, eventuell wortwörtlich wiederzugeben, dabei auf den Atem zu achten, die Bewegungen von Stimme und Körper zu registrieren, die Gruppe dabei im Blick zu behalten und klar und ohne Rücksicht auf Widerstände seine Meinung dazu mitzuteilen. Er schien dabei alle Prozesse zu verstehen und nachvollziehen zu können. Mir dagegen erschienen seine Interventionen oft unverständlich. Um so mehr verwunderte es mich, daß sie den Betreffenden offensichtlich berührten. So saß ich stumm da - saß, sah und staunte. Irgendwann nach einer Sitzung fragte ich, wie er diese intensive Form der Wahrnehmung gelernt habe und woher er wisse, was das eigentliche Thema eines jeden Teilnehmers sei. Jörg winkte ab und sagte, das sei nichts Besonderes. Jeder könne es durch eine Gestaltausbildung lernen. Damals habe ich das geglaubt. Heute weiß ich, daß es längst nicht leicht zu erlernen ist und sich einem die blinden Flecke immer wieder vor die Augen schieben.

Die „Gestalt" faszinierte mich, und ich beschloß, sie auch zu erlernen. Irgendwie trafen sich in ihr meine Eltern. Sie war die Verbindung zwischen der Sachlichkeit meines Vaters und der Gefühlswelt meiner Mutter. Meine Gefühle und mein Verhalten erschienen mir nicht mehr losgelöst von meiner Sachlichkeit, sondern ich konnte sie mit ihrer Hilfe verstehen und einordnen.

II. Mein Platz als Lehrerin

1. Die Beziehung zu meinen Schülern

Die ersten Schüler, die ich unterrichtete, waren Türken. Fünf Jahre lang war ich Lehrerin an einer fast türkischen Schule im Duisburger Norden, die klein und schwarz hinter einer Dunstglocke der Thyssen-Kokerei hervorschaute. Ich hatte die ganze Zeit über eine rein türkische Klasse. Die türkischen Kinder besaßen noch intensiver als ich das Gefühl, heimatlos zu sein. Ihr Traum war es, eines Tages wieder in die Türkei zurückzukehren, auch wenn er, als er für einige Kinder Realität wurde, eine Tragödie auslöste. Trotz allem waren die Kinder gefestigt durch ihre Traditionen, ihre Kultur, ihre klaren Familienverhältnisse und die Religion. Und da die Türken im Duisburger Norden überwogen, hatten sie die Möglichkeit, ihre Kultur zu leben und zu erhalten.

Heimatlos im Duisburger Norden war ich auch, und ich kam ebenfalls aus klaren Familienverhältnissen, die jedoch nicht mehr so streng patriarchalisch waren wie die meiner Schüler. Ihre Herkunft, ihre Kultur, ihre Religion, ihre Sprache, ihre Tradition und ihre Rituale waren mir fremd, machten mich aber auch neugierig. Ich lernte gerne von ihnen, und doch gab es Grenzen, an denen ich ihre Moral und Ethik nicht mehr verstand, nicht mehr verstehen wollte, sie manchmal sogar verurteilte. Dabei machte mir besonders die patriarchalische Familienstruktur und die Unterdrückung der Frauen und Mädchen große Probleme.

Für meine Schüler war ich oft die erste und einzige Kontaktperson zu dem Land, in dem sie lebten. Meine Liebe zu ihnen und mein Neugierig-Sein auf ihre Heimat ließ auch sie neugierig auf mich werden. Und gleichzeitig war ihre Liebe zu mir auch begrenzt durch ihre Moral, Ethik und Religion. Sie hatten gelernt, daß Menschen, die nicht an Allah glauben, zu verachten sind, aber sie sahen auch, daß ich netter war als ihr gläubiger türkischer Lehrer, der sie anschrie und schlug. Das machte sie mir gegenüber zwiespältig und vorsichtig. So waren viele Gelegenheiten und Chancen da, voneinander zu lernen, aber es gab auch viel Zündstoff und Mißverständnisse (die zu den großen Sprachproblemen noch dazukamen).

Zwei Szenen:

Metin hatte, wie oft, nach dem Kunstunterricht seinen Platz nicht aufgeräumt. Ich forderte ihn auf, es zu tun. Metin erwiderte in gebrochenem Deutsch, er denke nicht daran. Er sei ein Junge, und Aufräumen sei Frauenarbeit. Ich (freundlich-spöttisch): Und wer soll das dann für dich tun? Metin sah sich herrisch in der Klasse um. Metin: Emine! Ehe ich mich versah, stand Emine, ein demütiges Mädchen, lächelnd auf, holte den Schwamm und ging zu Metins Platz. Ich war fassungslos, hatte ich doch erwartet, Emine würde entgegnen, er solle seine Sachen gefälligst selbst wegräumen. Meine Intervention „Wer soll das Aufräumen für dich tun" war also völlig falsch. Metin, Emine und bestimmt auch der Großteil der Klasse hatte sie als Aufforderung, nicht aber als Gedankenanregung verstanden. Was mich ebenfalls irritierte, war, daß Metin sich natürlich in seiner Rolle als „Arbeitgeber" gefiel, Emine sich aber offensichtlich in der Rolle der Dienerin auch. Sie schien sich als die Auserwählte zu sehen. Für einen Moment überlegte ich, ob ich es dabei belassen sollte. Aber dann war mir schnell klar, daß ich dieses Herrscher-Dienerin-Verhalten nicht ertragen konnte. Ich bremste also Emines Tatendrang, machte sie auf ihr unterwürfiges Tun aufmerksam und sagte Metin, er habe seinen Platz selbst aufzuräumen. Metin war völlig ratlos. Erst hatte ich gesagt, er dürfe sich jemanden aussuchen, und nun ordnete ich an, er solle seinen Kram allein wegräumen. Ich versuchte, ihm meine Bemerkung zu erklären, aber er wollte mich nicht verstehen. Er trotzte und schrie mich schließlich an, in der Türkei sei das alles anders. Und bei seinem türkischen Lehrer auch. Ich sagte ihm klar, bei mir im Unterricht sei das so, daß jeder seinen Platz selbst aufräume. Metin warf mir seinen Zeichenblock vor die Füße und lief aus der Klasse. Ich war hin- und hergerissen, ob ich seine oder meine Kultur gelten lassen sollte, entschied dann aber, daß ich für mich richtig gehandelt hatte. Erst zu Beginn der Pause kam Metin zurück. Wir redeten noch einmal ruhig miteinander, und ich bat ihn freundlich, aber bestimmt, seinen Platz nun aufzuräumen. Dann ließ ich ihn allein und ersparte ihm somit die Erniedrigung, daß ich als Frau dabei zusah, wie er Mädchenarbeit verrichtete. Nach der Pause war sein Platz sauber. Hier waren also unterschiedliche Ehrgefühle Zündstoff für Schwierigkeiten.

In einer anderen Situation hatte ich Streit mit meinem jähzornigen Schüler Ali. Worum es ging, weiß ich nicht mehr. Plötzlich beschimpfte Ali mich mit versauten türkischen Ausdrücken. Mit den türkischen Schimpfworten geht es mir oft so, daß sie mich verwundern und belustigen. Da sie sich oft auf den Geschlechtsbereich und die Verletzung der Mutterehre beziehen, sind sie mir fremd, und ich frage mich oft, ob die Kinder überhaupt wissen, was sie da sagen. Aber ich weiß auch, daß auf diese Schimpfworte in der Türkei Familienrache steht. Mir war ebenfalls bewußt, daß Ali sie nie zu einem türkischen Lehrer sagen würde. Ali ging davon aus, daß ich sie nicht verstand. Außerdem war er wütend auf mich, verachtete vielleicht auch mein Anderssein. Eventuell kamen zu seiner Wut und Verachtung auch noch Störungen in der Beziehung zu seiner Mutter hinzu, die er auf mich projizierte. Ich verstand seine Wut und Verachtung, ich sah aber auch, wie er es genoß, vor seinen Mitschülern als der tolle Kerl dazustehen, der sich traute, einem Lehrer so etwas zu sagen. Ich mochte mich nicht von ihm diskriminieren lassen, und schon gar nicht vor meiner Klasse.

Ich: Was sagst du da? Annesi sikiliyorum? (Ich vergewaltige deine Mutter).

Ali starrte mich an. Es war totenstill in der Klasse.

Ich: Soll ich das mal deinem Vater erzählen?

Ali schaute auf den Boden und schüttelte den Kopf.

Ich: Ich möchte das nicht noch einmal hören.

Ich nahm also hier die Position eines Türken ein und tat, als habe ich dieselben Ehr- und Moralvorstellungen wie meine Schüler. Ali dagegen war von meinem Erfahrungshintergrund als Deutsche ausgegangen. Diese Szene hätte ich vielleicht schon lange vergessen, wäre sie nicht so lange Gesprächsstoff unter den türkischen Schülern der gesamten Schule gewesen. („Ali hat 'annesi sikiliyorum' zu Frau Weber gesagt, und sie hat es verstanden!") Das zeigte mir erst das Ausmaß der Unverfrorenheit, die sich Ali mir gegenüber in den Augen seiner Mitschüler geleistet hatte. Nachträglich war ich froh über meine Reaktion.

So waren meine Auseinandersetzungen mit den Schülern von der Suche nach meiner Position bestimmt. Mal konnte ich ihre Sichtweise verstehen, akzeptieren oder wenigstens dulden, mal setzte ich Grenzen und forderte, meine Sichtweise zu berücksichtigen. Bei jedem Mißverständnis mußten die Schüler und ich uns neu orientieren.

Als ich die Duisburger Schule verließ, kam ich in den Genuß, das extreme Gegenteil zu erleben. Ich wurde an eine katholische Grundschule in das kleine Dorf Scherfede bei Warburg versetzt. Es war eine helle, mittelgroße Schule in gemütlicher Landschaft. Mit der Kirche und der Schützenhalle bildete sie den Dorfmittelpunkt. Meine Schüler kamen fast alle, wie ich auch, aus traditionellen Familienkonstellationen mit einem Vater, der berufstätig war, einer Mutter, die den Haushalt führte, und einem, manchmal auch zwei Geschwisterkindern. Die meisten Schüler waren in dem Dorf geboren, und viele konnten Reihen von Generationen aufweisen, die ebenfalls in dem Dorf gelebt hatten. Ihre Heimatwurzeln hatten sich also tief in den lehmigen Dorfboden gegraben. Eine ebenso starke Seitenwurzel bildete bei vielen die katholische Religion. Um ihr Heimatgefühl beneidete ich die Kinder, ebenso um das Wohnen in einem überschaubaren Dorf. Gleichzeitig erschien mir ihre Welt jedoch auch klein und ein bißchen einfältig. Mit der Religion stand ich auf Kriegsfuß. Die katholische Kirche mit ihrem Prunk und ihren Ritualen war mir (ich war früher evangelisch-reformiert, heute bin ich aus der Kirche ausgetreten) immer fremd gewesen, und da ich mit meinem christlichen Glauben noch sehr unklar bin, war ich der katholischen Kirche gegenüber auch nicht so offen wie der islamischen Religion meiner türkischen Schüler.

Der große Unterschied der Dorfschüler zu den Türkisch-Duisburger-Schülern war der, daß die Dorfschüler offen für das Lernen waren, während die Duisburger Schüler eher an einer intensiven Beziehung zu mir interessiert waren. Das lag wahrscheinlich einmal an den unterschiedlichen Zugehörigkeitsgefühlen zu ihrem Heimatort, zum anderen daran, daß die Dorfschüler von ihren Eltern mehr Zuwendung und Interesse erfahren hatten. Die türkischen Schüler dagegen mußten ihre Eltern mit vielen Geschwistern teilen und früh Pflichten übernehmen und blieben so bedürftiger. Ich nahm also in Scherfede eher die Rolle der *Wissensvermittlerin* ein. In Duisburg war ich für viele Schüler auch *Mutterersatz* gewesen.

Ich hänge fest und denke darüber nach, ob das wirklich so war. Mir fällt ein, daß ich in Duisburg noch keine eigenen Kinder hatte, und es kann sein, daß ich die Mutterersatzrolle übernommen hatte, weil die Schüler auch mein Kinderersatz waren. In der Grundschule Scherfede dagegen hatte ich mit meinen eigenen Kindern genug zu tun und habe mich darum vielleicht mit so viel Freude auf die Rolle der Wissensvermittlerin gestürzt. Wahrscheinlich war es mal wieder ein Kuddel-Muddel-Verhältnis aus Lehrer- und Schülerbedürfnissen.

Auch für die Dorfschüler war ich ein Außenseiter (und so wiederholte sich auch hier mein Kindheitsmuster). Ich kam nicht aus ihrem Dorf, ich war nicht katholisch, und ich war berufstätig, obwohl ich kleine Kinder zu versorgen hatte. Gleichzeitig hatte mein „Anderssein" für die Kinder und besonders für die Eltern etwas Erleichterndes. Ich war nicht in irgendwelche Dorf- und Verwandtschaftsstreitereien verwickelt und kannte die neusten Klatschgeschichten nicht. Ich selbst fühlte mich, wie auch in Duisburg, ein bißchen fremd und außen vor. Ich freute mich über das schöne Leben meiner Schüler und beneidete sie ein bißchen darum. Gleichzeitig wußte ich aber auch, daß ich mit ihrer kleinen Welt nicht tauschen wollte.

2. Die Beziehung zu meinen Kollegen

Schaue ich mir einmal meine Plätze im Lehrerzimmer an, so sehe ich, wie ich mich auch hier in einer Außenseiterrolle befinde. In Duisburg saßen wir im Lehrerzimmer an Gruppentischen, denn wir waren ein großes Kollegium. Mit intuitiver Treffsicherheit suchte ich mir meinen Platz an dem Außenseiter-Gruppentisch aus, an dem die wenigen Gewerkschafter und die türkischen Kollegen saßen. Uns verband die Heimatlosigkeit, denn niemand von uns kam aus Duisburg, und niemand von uns hatte vor, bis zu seiner Pensionierung an dieser Schule zu bleiben. Und trotzdem waren wir in einer Art Haß-Liebe mit der Schule verbunden. Da wir alle ausschließlich in türkischen Klassen arbeiteten, waren wir besonders oft von Erlassen betroffen, die wir in unseren

Klassen nicht verwirklichen konnten. Das machte uns bei Konferenzen oft aufgebracht und wütend, doch lag in unserer Rebellion gegen den Schulleiter, der die schwierige Situation gerne verharmlosen und vertuschen wollte, auch die Rebellion gegen unseren Vater, der uns so, wie wir waren, nicht annehmen wollte, und der unserem Engagement nicht mit Aufmerksamkeit und Zuwendung begegnete. Durch das rebellische Bild, das wir abgaben, gerieten wir noch stärker ins Abseits und blieben die ungeliebten Kollegen (wie wir eben die ungeliebten Kinder waren).

Als ich an die Grundschule Scherfede kam, wußte ich bereits, daß Streit mit Schulleitern immer auch unverarbeitete Vaterprojektionen sind. Ich geriet zwar wieder an einen merkwürdigen Schulleiter (also, ich habe ja keine Vorurteile (?), aber ich fürchte, Schulleiter sind in der Regel merkwürdig!), aber da ich in der Lehranalyse viel über meinen Vater gearbeitet hatte, mußte ich mit dem Rektor keinen Zweikampf mehr führen. In den Situationen, die mir an der Schule nicht richtig erschienen, konnte ich meine Meinung so formulieren, daß er sie annehmen konnte. Es war sehr erleichternd für mich, zu sehen, daß ich diesen Weg auch gehen konnte und mehr erreichte als bei meinem scharf formulierten Protest. Außenseiter im Kollegium blieb ich trotzdem. Warum ich es nicht schaffte, aus dieser Position herauszukommen? Ein Teil der Gründe wird wieder im Sachlichen zu suchen sein, eben daß ich nicht aus dem Dorf kam, nicht katholisch war, jünger war, nicht lange bleiben würde und die andere Begründung ist eben wieder die, daß ich auch hier meine Rolle aus meiner Kindheit wiederholte.

Ich bin jetzt an dem Punkt, an dem ich mit den einzelnen Unterrichtsstunden beginnen möchte. Ich beschreibe sie mal als Unterrichtseinheit, wie ich das im Referendardienst gelernt habe (oder so ähnlich), mal nur als Unterrichtsskizze.

III. Mein Deutschunterricht

Wie der Zufall so spielt, gerate ich bei meinen Klassen immer an außergewöhnlich mathematisch begabte Klassen. Bei meinen türkischen Schülern konnte ich mir diesen Zufall noch erklären, denn die Schüler haben wenig Lesevorbilder in ihrer Familie. (Oft kann die Mutter weder lesen noch schreiben, der Vater nur das Nötigste.) Als ich aber in Scherfede wieder an eine mathematisch begabte Klasse geriet, wurde ich wachsam und beobachtete mich genauer. Da fiel mir auf, wie vorsichtig ich vorging, um die Schüler auf Literatur einzustimmen. Es erschien mir, als habe ich Scheu, ihnen von der Schönheit und Wichtigkeit der Bücher zu erzählen. Als habe ich Angst, sie könnten das, was für mich wichtig geworden war, nicht annehmen. Man ist ja gerade, wenn man etwas liebt, besonders verletzlich. Vielleicht ist mein

Anspruch an das eigene Lesen und Schreiben zu hoch. (Eben so hoch wie an mich selbst.)

In Duisburg hatte ich die Schüler angeregt, Bücher im Deutschunterricht vorzustellen. Ich brach die Runde nach einiger Zeit aber ab, weil nur Comic-Hefte mitgebracht wurden. So stellte ich selbst Bücher vor, richtete eine Klassenbücherei ein oder besuchte mit den Schülern eine öffentliche Bücherei. In Scherfede war das Vorstellen von Büchern für die Schüler und mich gleichermaßen interessant, und es wurde sehr vielschichtig, als im Sachunterricht Fachbücher dazukamen. Schreibanlässe zu gestalten war schwierig, weil die Grundschüler sich noch im Lese- und Schreiblernprozeß befanden.

a) Das Namenwort - Eine Unterrichtseinheit im 2. Schuljahr

Der Grammatikunterricht

Grammatikunterricht in der Schule war ja mal heiß umstritten. Man hielt das Fach für überflüssig - es ist ja auch eher ein trockener und unerfreulicher Stoff. Ich hatte in meiner Schulzeit einen gründlichen Grammatikunterricht bei einer energischen Deutschlehrerin, die ich sehr gerne mochte. Ich lernte gerne Grammatik bei ihr, vielleicht, weil mir der Stoff erlernbar und logisch erschien. Von diesem Unterricht habe ich beim Erlernen von Sprachen ungeheuer profitiert. Englisch kann man vielleicht noch aus dem hohlen Bauch lernen, bei Französisch wird's schon schwieriger, aber beim Türkisch (und sicher auch bei Latein) braucht man ein gemeinsames Grammatikvokabular, um sich verständigen zu können. So stand für mich bei allen Für-und-Wider-Diskussionen fest: Ich pauke mit meinen Schülern Grammatik. Nicht übertrieben viel, aber doch so viel, daß sie am Ende des 4. Schuljahres Wort- und Satzbestimmungen durchführen können. Problematisch ist nur die Benennung der Wörter. Benutze ich besser gleich den lateinischen Ausdruck, denn den müssen sie am Ende des 4. Schuljahres wissen, oder wähle ich zunächst die deutschen Begriffe wie Namenwort, Tunwort, Eigenschaftswort und erarbeite die lateinischen Begriffe später. Ich entschied mich, zunächst die deutschen Bestimmungen zu verwenden, da die Schüler einen besseren Bezug zu dem Wort und dessen Bedeutung haben. Den lateinischen Ausdruck erwähnte ich auch immer, ließ dann später die deutsche Bedeutung zurücktreten.

Die Unterrichtseinheit über Namenwörter

1. Stunde
- Wir stehen im Kreis. Einer nach dem anderen kommt in die Mitte, nennt seinen Namen und macht eine Bewegung dazu. Wir als Gruppe nehmen Namen und Bewegung auf, indem wir die Bewegung nachahmen und den Namen sprechen.
- Gespräch im Kreis
- Wer hat den Namen für dich ausgesucht?
- Gab es Schwierigkeiten, oder konnten sich deine Eltern einigen?
- Wie gefällt dir dein Name?
- Wie könntest du noch heißen?
- Eintragen aller Namen ins Grammatikheft

2. Stunde
- Zeigen und Benennen von Gegenständen mit ihren Artikeln im Klassenraum
- Die Schüler geben merkwürdigen Dingen, die ich mitgebracht habe, einen Namen
- Ich erkläre, woran man Namenwörter erkennt und daß man sie groß schreibt
- Die Schüler erlesen einen Text und suchen die Namenwörter heraus
- Der Text wird ins Grammatikheft geklebt

3. Stunde
- Wiederholung der Regeln
- Aufteilen in Kleingruppen
- Erstellen eines Liedtextes über Namenwörter nach der Melodie „Froh zu sein bedarf es wenig" (haben wir vorher in Musik gelernt)
- Ich halte den Text an der Tafel fest
- Erstes Singen. Die Kleingruppe singt vor, dann singen alle die Strophe mehrmals

4. Stunde
- Singen unseres Namenwörter-Liedes
- Abschreiben des Liedes ins Grammatikheft
- Im Lied werden alle Namenwörter eingekreist
- Die Schüler lesen alles, was sie im Grammatikheft über Namenwörter notiert haben
- Erneutes Singen des Liedes

Bei einigen Liedertexten mußte ich ein bißchen feilen, damit es mit der Melodie hinkam, aber es klappte recht gut. Hier einige Strophen, die ich heute (nach einem Jahr!) noch weiß:

Namenwörter sind sehr wichtig, denn sie werden groß geschrieben.
Namenwörter hab'n Artikel, und sie werden groß geschrieben.
Thorsten hat 'nen schönen Namen, doch wir nenn' ihn Tortilini.
Heute, morgen, hier und dort, denk ich an mein Namenwort.

Nachbesinnung

In dieser Unterrichtseinheit fand ich eine Verknüpfung zwischen kognitivem und persönlichem Lernen. Das Gespräch über Namen hatte persönliche Bedeutung für die Schüler, das Nennen der Regel und Finden von Namenwörtern hatte kognitive Anteile, die im Finden von eigenen Regeln wieder auch persönliche Anteile aufwiesen.

b) Lesen im 4. Schuljahr: Die Wuppertaler Schwebebahn

Kurzfristig war ich für den Vertretungsunterricht in einem 4. Schuljahr eingeteilt worden. Als ich in der Schule erschien, drückte mir ein Kollege ein Uraltlesebuch in die Hand und bat mich, die Geschichte über die Wuppertaler Schwebebahn mit seiner Klasse zu lesen. Als ich mir das Lesebuch ein wenig verwundert anschaute, erklärte mir der Kollege, er würde immer mehr auf alte Lesebücher zurückgreifen und sei froh, von diesem einen Klassensatz aufbewahrt zu haben. Ich blieb mißtrauisch. Noch zehn Minuten bis zum Beginn der Stunde. Ich überflog den langen und schweren Sachtext. Er berichtete über den Erfinder der Schwebebahn und die Schwierigkeiten, seine Erfindung populär zu machen. Ein langer Abschnitt beschrieb die Schwebebahn in ihrer Konstruktion, ein weiterer enthielt einen enthusiastischen Bericht über das 50-jährige Bestehen der Schwebebahn und wie diese Bahn zu dem besonderen Bild der Stadt Wuppertal beigetragen hat.

Nach dem Text war ich ratlos. Ich konnte mir nicht vorstellen, die Schüler damit aus ihrem Winterschlaf zu wecken. Außerdem fiel mir nichts ein, was man mit diesem Text machen konnte, außer ihn zu lesen und den Inhalt wiederzugeben. Verzweifelt blätterte ich in dem Lesebuch herum, in der Hoffnung, einen besseren Text zu finden, aber alle ähnelten der Wuppertaler Schwebebahn (bildete ich mir zumindest ein). Es klingelte. Die Schüler kamen verschwitzt aus der Pause. Sie waren laut und fröhlich. Und jetzt dieser langweilige Text. Die armen Kinder!

Ich stellte mich den Schülern vor, schaute um mich, ob ich Schüler kannte, ließ mir die Namen nennen und versuchte, sie mir einzuprägen. Dann verteilte ich die Lesebücher. Die Schüler kannten diesen Klassensatz schon, aber niemand gähnte oder stöhnte: „Wieder dieses langweilige Buch". Darüber war ich verwundert, führte es aber darauf zurück, daß die Schüler bei diesem Kollegen nichts Aufregenderes gewöhnt waren. Ich ließ den Text lesen, wählte aber dazu nur Schüler, die sich meldeten. Sie lasen alle flüssig und verständlich, was mich sehr überraschte. Als der Text gelesen war, fragte ich, ob jemand die Wuppertaler Schwebebahn schon einmal gesehen habe. Ein Junge meldete sich und sagte, er sei sogar damit gefahren. Er beschrieb die Bahn noch einmal mit seinen Worten, malte schließlich eine Tafelskizze dazu. Die anderen Schüler stellten Fragen, die der Junge gut beantworten konnte.

Während er erzählte, fiel mir ein, daß ich auch schon einmal in Wuppertal gewesen war. *Ich erinnerte mich, wie ich fast einen Unfall gebaut hatte, weil ich damit beschäftigt gewesen war, der Schwebebahn zuzusehen. Ich hatte auch darüber nachgedacht, wie es sein mußte, wenn man so ein ungewöhnliches Verkehrsmittel täglich benutzte.*

Der Text rückte mir jetzt näher. Ich ließ ihn nun Abschnitt für Abschnitt noch einmal lesen und den Inhalt mündlich wiederholen. Dieses konkrete Noch-einmal-in-den-Text-Schauen und Das-Wesentliche-mit-wenigen-Sätzen-Wiedergeben fiel den Schülern schwer. Ich hörte ihren Aussagen zu, während mein Gehirn auf Hochtouren arbeitete. *Warum war ich in Wuppertal gewesen? Ich wußte, daß ich von Duisburg aus gefahren war. Ich konnte mich noch an diese endlose Autobahnfahrt erinnern, mit den vielen Baustellen und dieser langen Brücke, auf der mir die Spuren so eng erschienen. Überhaupt mußte ich in Wuppertal über Brücken fahren, auf denen mir fast schwindelig wurde. Aber warum um alles in der Welt war ich in Wuppertal gewesen? Liesel, Christiane und Monika, drei Klassenkameradinnen von mir, hatten in Wuppertal studiert. Hatte ich sie besucht? Ich konnte mich nicht erinnern. Dabei konnte der Besuch, wenn ich von Duisburg aus gefahren war, höchstens vier Jahre zurückliegen. Plötzlich fiel es mir ein, und die Erinnerung stimmte mich traurig. Ich hatte Bernd besucht, einen Bekannten von mir, der in Wuppertal studierte. Bernd war nach einem langen Krankenhausaufenthalt wieder in seine Wuppertaler Wohnung zurückgekehrt und hatte mich eingeladen, um mit mir zu feiern, daß er noch lebte und nun alles wieder aufwärts ginge. Und ich erinnere mich, wie er versuchte, das Humpeln zu verbergen, als er in die Küche ging, um Kaffee zu kochen, wie er den rechten Arm so geschickt zu halten wußte, daß ich den Armstumpf nur selten sehen konnte. Und ich dachte an nichts anderes als an seinen Unfall, die zertrümmerte Kniescheibe und den amputierten Arm. Einmal hatte ich versucht, mit ihm darüber zu sprechen, aber er war dem Thema ausgewichen. Als ich fuhr, hatte ich starke Kopfschmerzen gehabt. Ich fuhr langsam und mit dem Bewußtsein, ebenfalls jederzeit Opfer eines Verkehrsunfalls zu sein. Die vielen Brücken, die Baustellen und die engen Fahrspuren hatten meine Angst verstärkt.*

Als die Erinnerung an meinen Wuppertaler Besuch wiedergekehrt war, war ich erleichtert. Ich sah, daß mein Widerstand gegen diesen Lesebuchtext eher mit dem Verdrängen meines Besuches zu tun hatte. Die Unterrichtsstunde erhielt plötzlich eine neue Leichtigkeit.

Ich ließ Rollenspiele durchführen. Das erste: Stell dir vor, du bist der Erfinder der Schwebebahn und meldest deine Erfindung beim Patentamt an. Die Schüler spielen Erfinder und Beamten in ihren typischen Rollen. Den

Erfinder etwas genial verwirrt, den Beamten korrekt und kleinlich. Gleichzeitig waren die Kinder bei dem Rollenspiel aufgefordert, die Konstruktion der Schwebebahn genau zu beschreiben bzw. konkret nachzufragen.

Das zweite Rollenspiel: Die Wuppertaler Schwebebahn wird 50 Jahre alt. Stell dir vor, du bist der Bürgermeister oder die Bürgermeisterin der Stadt Wuppertal und hältst eine Rede. Hier wurde der Inhalt der Geschichte noch einmal als freie Rede geübt.

Zuletzt lasen die Schüler den Text noch einmal, aber dieses Mal wählte ich auch Schüler zum Lesen, die sich nicht freiwillig meldeten. Dann gab ich den Schülern als freiwillige Hausaufgabe, die Rede des Bürgermeisters schriftlich zu fixieren. Leider konnte ich ihnen aber nicht versprechen, daß ich am nächsten Tag wieder in ihrer Klasse Vertretungsunterricht hatte. Später las ich auf dem Vertretungsplan, daß ich wieder für die 4. Klasse eingeteilt war. Ich freute mich sehr. Die Schüler freuten sich ebenfalls, als ich ihre Klasse betrat. Viele Kinder hatten tatsächlich eine schriftliche Rede formuliert, was mich sehr überraschte. Sie durften nacheinander nach vorne kommen und als Bürgermeister/in ihre Rede vortragen. Der Rest der Klasse spielte die Bürger, die sich auf dem Marktplatz versammelten. Alle Reden wurden enthusiastisch vorgetragen und jubelnd beklatscht. Als alle Reden gehalten waren, fragte ich die Schüler, ob sich die Idee des Erfinders, eine Bahn zu konstruieren, die alle Städte des Landes miteinander verband, realisiert habe. Die Schüler überlegten lange. Einige bejahten, einige verneinten.

„Nein, nur die Stadt Wuppertal hat eine Schwebebahn gebaut."
„Es gibt aber auch in anderen Städten Schwebebahnen."
„Aber nicht in allen Städten."

Wir sprachen darüber, warum es nicht in allen Städten Schwebebahnen gibt, wie es sich der Erfinder erträumt hatte. Die Kinder spekulierten, daß wohl der Bau zu teuer sei. Ich ergänzte, daß die Renovierungskosten hoch seien. An der Stille und Bedrücktheit, die plötzlich eintrat, spürte ich, daß die Schüler enttäuscht waren. „Warum schreiben sie (die Lesebuchautoren) die Geschichte denn so, als wenn der Erfinder etwas Tolles gemacht habe?" fragte einer. Ich versuchte noch einmal hervorzuheben, daß der Erfinder etwas Tolles konstruiert habe und daß Wuppertal durch die Schwebebahn ein besonderes Ansehen erhalten habe. Aber die Schüler blieben bedrückt. Ihr „Held", der eben noch in der Rede des Bürgermeisters jubelnd beklatscht wurde, war plötzlich in ihrem Ansehen gefallen. Einen Moment lang ärgerte ich mich über mich selbst, denn immerhin hatte ich ihn ins Wanken gebracht. Ich überlegte, ob das wieder so ein klassischer Vater-Konflikt war, daß ich Männer nicht auf ihrem Podest stehen lassen konnte. Andererseits war aber doch die Kritik an der Schwebebahn berechtigt, und eigentlich lag die Schuld bei den Schulbuchautoren, die vergessen hatten, beide Seiten der Schwebebahn aufzuzeigen. Egal, wer Schuld hatte. Die Bedrückung der Schüler stand im Raum. Mir fiel auf, daß die Schüler traurig über den mangelnden Erfolg des Erfinders waren, sich also mit ihm identifizierten. Ich fragte, ob sie schon einmal eine ähnliche Situation erlebt hatten oder ob sie jemanden kennen würden, dem es ähnlich wie dem Erfinder gegangen sei. Nach einigem Zögern meldeten sich die ersten Schüler. Hitler wurde genannt, der glaubte, das 1000-jährige Reich erschaffen zu haben. Und Mozart, der nicht erhört wurde. Dann erzählte ein Mädchen, daß eine Freundin von ihr der Mutter ein Nähkästchen aus Streichholzschachteln gebaut habe. Die Schwester dagegen habe der Mutter ein Nähkästchen gekauft. Und die Mutter habe das der Schwester viel schöner gefunden. Da das Mädchen beim Erzählen sehr traurig aussah, nahm ich an, daß es sich bei der Freundin um sie selbst gehandelt hatte. Die anderen Schüler waren betroffen und gaben Kommentare und Ratschläge dazu. Jetzt wurden die Geschichten der Schüler persönlicher. Jemand erzählte, wie er seiner Mutter ein Bild gemalt habe, sie es aber später weggeworfen habe, ein anderer, wie er für ein Diktat sehr geübt hatte, nachher aber doch nur eine knappe 4 dafür bekommen habe. Am Schluß der Stunde hatte ich das Gefühl, daß die Liebe und Achtung für den Erfinder der Wuppertaler Schwebebahn größer geworden war.

Zuletzt lasen die Schüler die Geschichte noch einmal (immer drei Kinder einen Abschnitt), was sehr lustig war und einen gemeinsamen Abschied brachte.

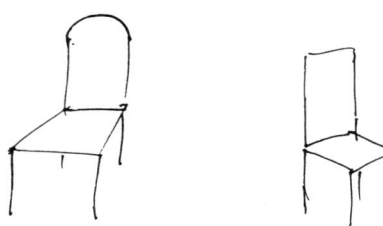

Wilhelm Liebert
Der lange Weg - Spuren meiner Lebensgeschichte im Geschichtsunterricht

I. Abschied von meinen Schülern - Abschluß der Gestaltpädagogikausbildung

Abschiedsrede an meine Schüler vom 8.7.1989

Liebe Schülerinnen und Schüler, liebe Eltern, liebe Kolleginnen und Kollegen, zum ersten Mal in meinem Leben halte ich eine Rede. Entsprechend aufgeregt bin ich, um so mehr, als ich am Anfang einige Worte über mich selbst sagen möchte. Ich möchte Euch etwas über das Jahr 1943 erzählen, mein Geburtsjahr.

Für die Menschen in Europa war 1943 das fünfte Kriegsjahr, im Januar war in der Schlacht von Stalingrad eine ganze Armee deutscher Soldaten in Gefangenschaft und Tod geführt worden. Im Februar wurden Hans und Sophie Scholl aus der Widerstandsgruppe der Weißen Rose hingerichtet. 1943 begann auch die Zerstörung deutscher Städte durch Luftangriffe. 1943 war also ein Jahr tiefer Hoffnungslosigkeit: allen, die sich trotz Nazi-Propaganda einen klaren Blick bewahrt hatten, mußte jetzt deutlich werden, daß Deutschland den Krieg nicht gewinnen konnte, die Gegner des Nazi-Regimes mußten verzweifeln angesichts des Scheiterns aller Widerstandsbewegungen. Ein Ende des Krieges - als Sieg oder als Niederlage - war jedenfalls nicht in Sicht. Mein Vater war 1943 - wie wohl die meisten Eurer Großväter - Soldat in Hitlers Armee. Er war mehr oder weniger aktiver Anhänger des national-sozialistischen Regimes, bis zum Ende hat er für Hitler und seine Kriegsziele gekämpft. Auch nach dem Krieg hat er sich in meinen Augen spät und eher zögernd von dieser Zeit distanziert.

Meine Auseinandersetzungen mit ihm, die oft sehr schmerzlich für mich waren, haben meine politische Einstellung und mein Verhältnis zur deutschen Geschichte nachhaltig geprägt. Je mehr mein Vater dieser Epoche verhaftet blieb, um so stärker distanzierte ich mich von dieser Zeit und auch von meinem Vater. Als Schüler und Student hat mich die Beschäftigung mit den Verbrechen an Millionen Menschen, die im deutschen Namen begangen worden sind, tief erschüttert. Ich denke, etwas von dieser Erschütterung ist noch in meinem Unterricht für Euch zu spüren gewesen.

Und von hier aus möchte ich den Bogen zu Euch spannen - denn im Unterricht habe ich Euch mit diesen Fragen konfrontiert: in unserer Beschäftigung mit der Person Anne Franks und ihrem Tagebuch oder mit dem November-Pogrom in der sogenannten Reichskristallnacht, um nur diese beiden Unterrichtseinheiten zu nennen. Meine Absicht war es, Euch durch das Nachempfinden des Leidens von Menschen in dieser Zeit zu mitmenschlichem Fühlen, Toleranz und Duldsamkeit gegenüber Fremden zu führen. Ist es mir gelungen? Genaueren Aufschluß darüber wird erst Euer Leben geben. Etwas darüber sagen mir aber schon Eure Gedanken zu den sechs Jahren Schulzeit an der Anne-Frank-Schule. Was wir Älteren, die Jüngeren oder Ihr ganz Jungen aus den Ereignissen von 1933 bis 1945 gelernt haben oder habt, läßt sich ablesen an dem Grad unserer und Eurer Bereitschaft, auf Fremde, Asylsuchende oder Ausländer zuzugehen und nicht ihnen offensichtliche Fehlentwicklungen anzulasten, wie z. B. den Mangel an Wohnungen zu erschwinglichen Mietpreisen, der zu Recht beklagt wird.

Die Klasse 5.4 Eures Jahrganges war 1983 die mit dem höchsten Anteil ausländischer Schüler an unserer Schule. Wie würde sich das Zusammenleben deutscher und ausländischer Schüler gestalten lassen? Für die übergroße Mehrheit der deutschen Schüler war das unproblematisch, fast schon selbstverständlich, denn die meisten Eurer ausländischen Mitschüler kanntet Ihr schon aus dem Kindergarten und der Grundschule. Nicht verschwiegen werden soll hier, daß aber einzelne von Euch ausländische Mitschüler nur mit Schwierigkeiten annehmen konnten. Wie erlebtet Ihr ausländischen Schüler Eure Schulzeit an der Anne-Frank-Schule? Diejenigen unter Euch, die in Deutschland geboren wurden und hier aufgewachsen sind, hatten wenig Probleme, sich an unserer Schule zurechtzufinden und mit den deutschen Schülern und Lehrern zusammenzuarbeiten. Anders die Schüler, die erst später nach Deutschland gekommen sind. Ihr beschreibt sehr deutlich Eure Schwierigkeiten, so eine Schülerin: „Als ich in die Gesamtschule kam, hat mir zunächst gar nichts gefallen, weil alles anders war als in Rüsselsheim (in der türkischen Vorklasse). In der Grundschule konnte ich meine Mitschüler verstehen, hier nicht, weil ich kein Deutsch konnte. Auch die Lehrer konnte ich zum Teil nicht verstehen. Aber es wurde mir viel geholfen." Die fremde Sprache allein ist eine große Barriere für Euch gewesen, die fremden Wertvorstellungen und Verhaltenserwartungen der Lehrer und Mitschüler stellte vor allem für Schüler aus der Türkei und Marokko eine noch größere Schwierigkeit dar. Eine türkische Schülerin schildert ihre Betroffenheit so: „Ich war sehr verletzt, als jemand an die Eingangstür 'Ausländer raus' geschrieben hatte. Lange Zeit wollte ich daraufhin mit niemandem sprechen, und ich war verärgert über meinen Vater, der mich auf diese Schule geschickt hatte."

Die jüngsten Wahlerfolge der Republikaner, die offen mit ausländerfeindlichen Parolen Vorurteile schüren und damit auch in einigen Stimmbezirken Raunheims überdurchschnittlichen Erfolg hatten, zeigen, daß Demokratie, Toleranz und Menschenrechte keine Werte sind, die ein für alle

Mal errungen und durchgesetzt werden, sondern immer wieder neu erkämpft werden müssen. Sollte es uns auf der Anne-Frank-Schule gelungen sein, Euch ein wenig zu diesem Kampf zu ermutigen, wäre viel gewonnen.
Das war's, was ich Euch noch sagen wollte. Danke.

6 Jahre Klassenlehrer - Meine Klasse

„Meine Klasse" - 6 Jahre ihres Lebens habe ich die Schüler meiner Klasse als Klassenlehrer begleitet; 6 Jahre lang begleiteten sie mich als Schüler bei meiner Ausbildung in Gestaltpädagogik. In dieser Zeit habe ich viele Seiten meiner Lebensgeschichte und meiner Persönlichkeit „begreifen" gelernt - indem ich den Mut fand, genauer hinzuschauen, meine Angst zu überwinden und „anzupacken". In meiner Abschlußarbeit möchte ich der Frage nachgehen, welchen Ausdruck diese Einsicht in meine Lebensgeschichte in meinem Unterricht gefunden hat. Denn ich gehe davon aus, daß sich lebensgeschichtlich bedeutsame Themen in meinem Unterricht wiederfinden. Meinen Schülern wollte ich zum Abschluß etwas von dieser Einsicht vermitteln: was mich als Persönlichkeit geprägt hat, meine Einstellungen und Grundüberzeugungen, wie sie vor allem in meinem Deutsch- und Geschichtsunterricht zum Ausdruck gekommen sind und von den Schülern mehr oder weniger bewußt erlebt und wahrgenommen wurden.

Vor dem Beginn der Gestaltausbildung: Ein Traum

Vor dem Beginn meiner Ausbildung in Gestaltpädagogik und einer vorangegangenen Erfahrung in einer Gestalttherapiegruppe steht ein Traum. Ich stehe auf einer schönen, sanft fallenden Wiese und mauere mich selbst ein. Diesen Traum träume ich in einem Augenblick tiefer Niedergeschlagenheit, größter Ratlosigkeit, Selbstzweifel und Isolation während eines gruppendynamischen Fortbildungsseminars für Lehrer. Während eines Spaziergangs fällt eine schwarze Amsel im Flug vor meine Füße und stirbt. Dieser Traum und das Bild des sterbenden Vogels berühren mich stark: sie führen mir bildhaft vor Augen, wie ich - damals im Alter von 37 Jahren - meine Lebendigkeit verliere und emotional erstarre. Die Beziehung zu meiner Frau schien damals zu scheitern, die zu meinen Kindern mal lebendig, mal geglückt, dann wieder seltsam leer und starr.

II. Vater - Krieg - Faschismus - eine Auseinandersetzung

Es ist Krieg - Mein Vater ist mir fern

Ich bin am 25.2.1943 geboren. Es ist Krieg. Wenige Wochen nach Stalingrad ist er für die Deutschen verloren, ohne daß schon Hoffnung auf ein baldiges Ende ist. Mein Vater kämpft in Hitlers Armeen. Zufällig ist er im Januar 1933 in die Reichswehr eingetreten, ein Zeitpunkt, zu dem schon Weichen für den späteren Krieg gestellt werden. Welche Hoffnungen verband mein Vater mit dem Eintritt in die Reichswehr? Er stammt aus einer kleinbäuerlich-handwerklichen Familie aus dem Weserbergland. Durch die Arbeit als Zimmermann allein kann mein Großvater seine Familie nicht ernähren, wie so viele Handwerker und Arbeiter seiner Zeit ist er gezwungen, einen kleinen Hof zu bestellen, um das Lebensnotwendige zu besorgen. Mein Vater zitiert einmal einen Satz meiner Großmutter, in dem sie ihr Leben in Not und Armut auf die gesellschaftliche Stellung der Familie bezieht: „Wir haben nichts, wir sind nichts, wir dürfen nichts." Dieser Satz ist meinem Vater schmerzhaft in Erinnerung geblieben, denn er fühlt sich durch diese Botschaft meiner Großmutter an einer aktiven und optimistischen Lebensplanung gehindert. Es hat lange gedauert, bis er sich von ihr freimachen konnte, erzählt er. War die Karriere in der nationalsozialistischen Wehrmacht und die Beteiligung an ihrem Eroberungskrieg ein Versuch, dieser frühen Lebenserfahrung zu entfliehen? Das Ende des Krieges in der Niederlage der deutschen Armeen war dann auch das Ende seiner inzwischen erworbenen gesellschaftlichen Stellung als Offizier und des damit verbundenen Selbstbewußtseins. Diese Erfahrung der Niederlage hat er nur schwer überwunden.

Als Kind habe ich mich mit diesem Teil seiner Vergangenheit identifiziert. Wenn ich nach dem Beruf meines Vaters gefragt wurde, sagte ich meist: Hauptmann a. D. und nicht: Einzelhandelskaufmann, den erlernten Beruf, den er nach dem Krieg wieder ausübte. Und: daß er den Offiziersrang trotz Volksschulabschluß aus eigener Leistung erworben habe, nicht durch glückliche Umstände im Krieg. Die zur Schau gestellte Männlichkeit von Soldaten fand ich als Kind durchaus attraktiv; wenn amerikanische Verbände mit Kriegsgerät durchs Dorf fuhren, war ich ein begeisterter Zuschauer (noch begeisterter war ich, wenn sie dann auch noch Süßigkeiten austeilten) - freilich glaubte ich, meinem Vater die Begeisterung für amerikanische Soldaten verbergen zu müssen, waren es doch sie gewesen, die ihm und den Deutschen eine Niederlage beigebracht hatten.

Mein Vater hat den bäuerlich-handwerklichen Bereich seiner Familie verlassen, indem er zuerst eine Lehre als Einzelhandelskaufmann ablegte, um dann eine Karriere als Berufssoldat zu beginnen. Diese Laufbahn führte ihn vom Dorf in die Stadt. Hier heiratete er 1939 meine Mutter, Tochter eines Justizbeamten, der selbst bäuerlich-handwerklicher Herkunft war, seine gesellschaftliche Stellung jedoch schon früh durch die Beamtenlaufbahn verbessert hatte. Das Ende des Krieges führte die Familie von der Stadt aufs Land zurück, in das Dorf meines Großvaters. Meine Eltern versuchten, den mit diesen Veränderungen einhergehenden gesellschaftlichen Abstieg durch Verdrängen der bäuerlich-handwerklichen Wurzeln unserer Familie zu verhindern. Trotz vielfältiger Kontakte zu unserer bäuerlichen Verwandtschaft im Dorf - die Vorstellung, anders, wenn nicht besser zu sein als die meisten Schulkameraden in der Volksschule, wurde in mir wachgehalten. Kontakte zu Kindern und Jugendlichen aus dem „Dorf" (nur bezogen auf solche aus kleinbäuerlichen, handwerklichen oder Arbeiterfamilien) wurden nicht gefördert; die Kinder, die zu den Geburtstagen eingeladen wurden, stammten zum Teil aus den wenigen Mittelschichtfamilien des Dorfes: Pfarrer, Arzt, Apotheker. Arbeiter im örtlichen Steinbruch zu werden war die schlimmste Drohung gesellschaftlichen Abstiegs, die meine Mutter mir bei möglichem Schulversagen vor Augen hielt. Ich trete nicht, wie viele Jugendliche, dem Sportverein bei (ich spiele ungern Fußball), sondern nehme an den zahlreichen Aktivitäten des Wandervereins teil: Singen, Theaterspielen, weihnachtliche Feiern. Hier liegen meine Wurzeln zu meinem Wunsch und meiner Fähigkeit, mich im Singen und Theaterspielen auszudrücken. Dieser Verein ist vor allem ein Sammelbecken für die zahlreichen Flüchtlinge, vor allem aus den ehemaligen Ostgebieten, die sich in Oberaula niedergelassen haben.

Auf diese Weise schlage ich wenig Wurzeln im „alten" Dorf: ich lerne nicht das Platt, das im Dorf gesprochen wird, die wenigen Ausdrücke, die ich unbewußt in meine Sprache übernehme, gewöhne ich mir auf dem Gymnasium sehr schnell wieder ab - Spott meiner Klassenkameraden und meiner Lehrer ist hier Lehrmeister. Die Mehrzahl meiner Klassenkameraden auf dem Gymnasium der benachbarten Kleinstadt stammen aus mittelständischen Familien: die Väter sind Ärzte, Rechtsanwälte, Lehrer, Pfarrer - eine Tatsache, die meine Neigung, mich von meiner dörflich-bäuerlichen Umgebung zu distanzieren, bestärkt. Doch noch lange behalte ich diesen Mitschülern gegenüber starke Minderwertigkeitsgefühle - die meine Angst vor dem ersten Wiedersehen bei einem Klassentreffen noch 25 Jahre nach dem Abitur speisen. Der Kreis meiner Freunde wird kleiner, sobald sie eine Ausbildung beginnen: sie verlassen das Dorf, wie ich selbst. Nach meiner Ausbildung bleiben mir dort nur die Kontakte zu meinen Eltern und dem allmählich kleiner werdenden Kreis der Verwandten. Das Bild, das sich während meiner letzten Besuche, nachdem auch meine Eltern weggezogen sind, einprägt, ist das eines leeren, verlassenen Dorfes.

Mein Vater ist mir fremd: „Ich will nicht zu dem fremden Mann", so drücke ich mein Gefühl aus, als er Ende 1945 aus der Gefangenschaft zurückkehrt. Doch es ist mir, als sei er nie angekommen. Meine ersten Bilder von ihm vermischen sich mit denen der Geburt meines jüngeren Bruders. Ich sehe als Dreijähriger die schwarze Limousine, in der meine Mutter mit dem Neugeborenen nach Hause gefahren wird. Ich stehe abseits und beobachte die Szene. Eifersucht auf den nach dem Krieg Geborenen, der offensichtlich unter einem günstigeren Stern heranwächst als ich und, wie mir scheint, alle Liebe meines Vaters empfängt, Trauer und Verlassenheit beherrschen meine Gefühle damals. Zuweilen hasse ich meinen Bruder: er ist das hübschere Kind, hat lange blonde Haare mit niedlichen Locken, er hat eine engelhafte Sopranstimme, er gewinnt mit seinem Charme die Herzen der Erwachsenen schneller als ich. Ich selbst gewinne Zuneigung über Anpassung, Höflichkeit und Artigkeit. Oft lese ich den Erwachsenen die Wünsche von den Lippen ab - und vergesse meine eigenen. Offensichtlich werden an den erstgeborenen Sohn andere Anforderungen gestellt, Anforderungen, die ich nicht erfüllen will. Unsere Beziehung ist kalt, ich erlebe meinen Vater als jemanden, der ausschließlich Forderungen an mich stellt, mir keinen Schutz, keine warmen Gefühle entgegenbringt, mir nicht hilft und mir in meinen Nöten nicht beistehen kann. Mein Vater ist mir fern.

Hubert oder die Rückkehr nach Casablanca - Eine Lektüre

Osterferien 1987. Ich treffe mich mit Freunden aus der Ausbildungsgruppe Gestaltpädagogik in der Schweiz, um das Schreiben dieser Arbeit gemeinsam zu beginnen. Veronika empfiehlt mir als einsteigende Lektüre einen Roman von Peter Härtling: Hubert oder die Rückkehr nach Casablanca.[1] Die Lektüre dieses Romans versetzt mich zurück in das Alter eines Heranwachsenden, ruft Erinnerungen wach, alte Verhaltensmuster und Konflikte. Biographische Übereinstimmungen verblüffen mich: Hubert verbringt seine Kindheit in Kassel, meiner Geburtsstadt, hält sich während des Krieges in Brünn auf, die Stadt, in die meine Eltern mit meiner älteren Schwester und mir noch vor der Zerstörung Kassels, Ende 1943, ziehen, um sich schließlich gegen Ende des Krieges in Frankfurt niederzulassen, meine Familie dagegen in Nordhessen.

Hubert, Jahrgang 1927, soll nach dem Willen seines Vaters, eines überzeugten SS-Führers, ein Mann werden, der den Stoff zu einem Helden hat, doch die Männlichkeit, die sein Vater ihm vorlebt, will er nicht annehmen. Es gelingt ihm kaum, eine eigene Identität zu finden. Er entwickelt sich zu einem

---

[1] Härtling, Peter: Hubert oder die Rückkehr nach Casablanca. Darmstadt und Neuwied 1978.

Tagträumer, der sich im Kino Ersatzstücke fremder Identität holt. Aus dir wird nie ein richtiger Mann - dieses Verdikt des Vaters erfüllt Hubert, jedenfalls will er nicht zu so einem Mann werden. Ob mir mein Vater diesen oder einen ähnlichen Satz je gesagt hat, weiß ich nicht, vielleicht habe ich mich in vielem so verhalten, habe ich viel getan, um nicht ein „richtiger Mann" in diesem Sinne zu werden. Bezugspersonen sind meine Mutter und meine Großeltern. Wie Hubert sehe ich mich in meinen frühen Erinnerungen in der Küche: beim Spielen mit Töpfen, am Wasserhahn oder am Küchentisch sitzend, meiner Mutter beim Backen oder Kochen zuschauend. Hubert fragt sich, „... warum er Sohn sei und doch nicht" und flüchtet sich in Tagträume und ins Kino. Meine Fluchtpunkte waren Bücher und später auch Filme und Filmidole, deren Rollen ich übernahm; ich erbrachte imaginäre Leistungen, für die ich mir ein Übermaß an Anerkennung erträumte. Hubert paßt sich an, nimmt hin, „(...) daß er sein ganzes Leben nie hat Nein sagen dürfen, daß es ihm von klein auf ausgetrieben war, nur das Ja und Jawoll hatten Vater, die Lehrer, die Kameraden ihm beigebracht und erlaubt, kein Nein hatte seine Tagesläufe gestört und vertieft, nicht ein einziges Mal hatte er der Welt Einhalt geboten, hatte er diese Barrieren aus einem kleinen Wort aufgerichtet (...)" (S. 125 ff.) In einem Kneipengespräch mit einem SS-Untersturmführer, in dem er zunächst seine abweichende Meinung zum nahen Kriegsende nicht eingesteht, wagt er letztendlich doch ein erstes Nein. Am Ende gesteht Hubert sich ein: „Er war nicht anders geworden, hatte sich nicht verändert. Er war zwanzig Jahre nicht er selbst gewesen. Vielleicht gelang es ihm jetzt, sich zu fassen, zu spüren, aus sich selbst zu handeln, sich zu widersetzen." (S. 226)

Ich habe viele Gelegenheiten versäumt, mich zu widersetzen, Nein zu sagen und meine eigene Identität zu stärken. Als Jugendlicher habe ich solchen Gesprächen über Krieg und Faschismus beigewohnt. Selten habe ich mich geäußert, wenn mein Vater und seine Freunde das Erlebnis von Männerkameradschaft im Krieg in meinen Augen zur Rechtfertigung des Krieges und ihrer Rolle umdeuteten, wenn die Weigerung, sich nach dem Krieg an Wiedergutmachung gegenüber der jüdischen Bevölkerung durch Wiederaufbau des jüdischen Friedhofs in Oberaula zu beteiligen, unreflektierte Haltungen und Werte aus der Zeit des Faschismus erkennen ließen, die meinen Überzeugungen entgegenstanden. Ich fand den Mut, mich mit meinen Überzeugungen einzubringen, oft nicht.

Beschämt und mit einander widersprechenden Gefühlen gehe ich aus solchen Gesprächen. Eine große Scheu, mich in Diskussionen einzubringen, ist mir geblieben. Es gibt aber auch die gegenläufige Tendenz in meinem Leben, die, Nein zu sagen, mich zu widersetzen, auf die ich später eingehen werde.

Mein Interesse an Geschichte

Meine Erinnerung an den Geschichtsunterricht in der Unter- und Mittelstufe ist verblaßt; er war mir langweilig und ohne Bezug zu meinen wirklichen Problemen und Interessen. Ich bin ihm mit der mir üblichen Form von Widerstand begegnet: mit Passivität, Träumen, Nicht-Teilnahme. Das Fach Geschichte war Teil des Systems Schule, das mir Angst machte und dem ich mich verweigerte. Meine Leistungen wurden in der Regel mit „ausreichend" attestiert, erst in der Unterprima taucht ein „gut" auf. In erster Linie verdanke ich dies einem aufgeschlossenen Geschichtslehrer, der mir mit dieser Note die Versetzung in Klasse 13 ermöglichte (die sehr oft durch mangelhafte Leistungen in Mathematik und Latein gefährdet war). Ich mußte mir die Note „erarbeiten", dabei ist allmählich Kontakt zu Geschichte entstanden. Ein weiterer Zugang zu diesem Fach war die deutsche Geschichte ab 1914. Intensiver als vielleicht im Wechsel von den fünfziger zu den sechziger Jahren allgemein an deutschen Schulen üblich, wurde diese Geschichtsepoche im Unterricht behandelt. Ich erinnere mich insbesondere an eine Veranstaltungsreihe, die von Geschichtslehrern unserer Schule als Sonderveranstaltung außerhalb des normalen Unterrichts durchgeführt wurde: hier wurde ich zum ersten Mal sehr nachhaltig durch Lehrervorträge und Filme mit der Vernichtung der europäischen Juden durch den Faschismus konfrontiert. Insbesondere der Film „Nuit et brouillard" (Nacht und Nebel) von Alain Resnais, mit grauenhaften Dokumentaraufnahmen aus Konzentrationslagern, hat mich tief bewegt. Im Unterricht wurden die in dieser Veranstaltung angesprochenen Themen vertieft.

In dieser Zeit begannen manchmal auch heftige Auseinandersetzungen mit meinen Eltern - über ihre Erfahrungen und ihre Haltung gegenüber dem nationalsozialistischen Regime. Ich begegnete meinen Eltern mit Vorwürfen - und sie antworteten mit Abwehr oder Rechtfertigungen. Eine weitergehende, tiefere Auseinandersetzung war zu dieser Zeit nicht möglich. Was ich damals von meinen Eltern erwartet hatte, war wenigstens eine nachträgliche Distanzierung von dieser Zeit. Meine Mutter war dazu eher bereit als mein Vater, der die Vernichtung der Juden und den Krieg von den vorangehenden „Erfolgen" der Nationalsozialisten vor dem Krieg abspaltete und somit seine ursprüngliche Zustimmung zum Regime rechtfertigte und die Verbrechen des Regimes verkleinern und als späte Irrtümer darstellen konnte.

Mein Entschluß, Geschichte (und Französisch) zu studieren, floß zum einen aus dieser Motivation, mich mit der deutschen Vergangenheit auseinanderzusetzen, zum anderen aus meiner übergroßen Unsicherheit heraus, was ich aus meinem Leben machen sollte. Eine bewußte Entscheidung für einen bestimmten Beruf konnte ich auch nach dem Abitur nicht treffen, meine

Versagensängste habe ich erst im Laufe des Studiums abbauen können. So blieb ich bei meiner Entscheidung für ein Studium in den Bereichen, die mir die Schule nahegebracht hatte: Literatur und Geschichte. Mein Interesse an Literatur war früh geweckt worden: Lesen bedeutete für mich ein Refugium, in dem ich mich völlig sicher fühlen konnte, in dem Auseinandersetzungen nicht stattfanden, es sei denn in imaginierter Form. Französische Literatur stand in meinen Vorlieben hinter amerikanischer und deutscher, aber Frankreich als Land der Revolution und als Land möglicher hugenottischer Vorfahren (meine Großmutter väterlicherseits stammt aus dem Weserbergland, einem Einzugsgebiet hugenottischer Siedler, meine Großmutter mütterlicherseits ist eine geborene Suchard) zog mich an.

Das Studium der Geschichtswissenschaft hat mein Bedürfnis nach Erklärungen und Synthese nicht gestillt; die Geschichtsphilosophie von Marx und Engels, die ich beim Studium der Politikwissenschaft bei Wolfgang Abendroth kennenlernte, kam diesem Bedürfnis sehr viel mehr entgegen. Hier stimmte einfach alles: ein philosophisches System, das zum Erfassen aller gesellschaftlichen Systeme und ihrer Geschichte geeignet schien, vertreten von einem Professor, den ich bewunderte, weil er seinen Überzeugungen sowohl im Dritten Reich als auch in beiden Teilen des Nachkriegsdeutschland treu geblieben war. Hier holte ich mir die Sicherheit, die ich bei mir selbst, in meiner bisherigen Lebensgeschichte und meiner Familie nicht fand.

An den anfänglichen Aktionen der Studentenbewegung nahm ich teil - so aktiv, wie es mir möglich war; gegen Notstandsgesetze und Vietnamkrieg habe ich mich engagiert, mich für die Befreiung der Dritten Welt zu engagieren fiel mir leichter, als mich selbst von meinen persönlichen Ängsten und Zwängen zu befreien. Diese Diskrepanz ist mir durchaus bewußt geworden: meine Unfähigkeit, mich in studentischen Versammlungen oder kleineren Gruppen zu artikulieren, hat mich sie immer wieder schmerzhaft spüren lassen.

Meine Schule: Die Anne-Frank-Schule

Nach Abschluß der 2. Phase der Lehrerausbildung erhielt ich meine erste Stelle an einer Integrierten Gesamtschule in Südhessen. Die Schule war im Aufbau begriffen, das System Integrierte Gesamtschule war die Antwort der Kreisschulverwaltung auf die Notwendigkeit von Schulreform angesichts des Schülerbergs der siebziger Jahre. Eine neu gegründete Schule in einer reformierten Schulform schien mir damals eine Möglichkeit zu bieten, mich mit meinen von der Studentenbewegung der Universitäten beeinflußten Vorstellungen von Schule und Unterricht als Lehrer zu verwirklichen. Ich stellte mir damals die Frage, ob es überhaupt sinnvoll für mich persönlich sei, als Lehrer in einer Institution zu arbeiten, in der ich mich als Schüler ohnmächtig und den Anforderungen kaum genügend gefühlt hatte. Im Gegenteil fühlte ich damals einen fast missionarischen Eifer, als Lehrer alles anders machen zu wollen und meinen Schülern meine eigenen negativen Erfahrungen zu ersparen.

Die Schulverwaltung schlug zur Namensgebung aller Integrierten Gesamtschulen des Kreises die Namen von Widerstandskämpfern gegen das nationalsozialistische Regime vor. Da sich unsere Schulgemeinde nicht auf einen Namen einigen konnte, bzw. andere Schulen schon Namen von prominenten Widerstandskämpfern gefunden hatten, stimmten schließlich alle einem Vorschlag einer Schülergruppe zu: unsere Schule würde künftig den Namen Anne Franks tragen. Da ich keine Alternative sah, stimmte ich dieser Namensgebung trotz Bedenken zu. Meine Bedenken bezogen sich auf die Wahl eines Opfers des Nationalsozialismus anstelle eines Widerstandskämpfers.

Als Schüler hatte ich eine merkwürdige Scheu vor der Lektüre des Tagebuchs. Obwohl es mir zur Verfügung stand und ich das Thema Nationalsozialismus nach und nach zu meinem Thema machte, auch Tagebücher als literarische Form mich interessierten, habe ich erst sehr spät, als Student, quasi nebenbei, Anne Franks Tagebuch gelesen, ohne daß mir die Lektüre als besonders beeindruckend in Erinnerung geblieben ist. Meine Lektüren über die Vernichtung der Juden blieben auf einer anderen Ebene: ich las Dokumente und Berichte. Möglicherweise machte mir die sehr gefühlvolle und sehr menschliche Reaktion Anne Franks auf den Terror des Naziregimes Angst, ebenso eine allzu weitgehende Identifikation mit einem Opfer des Regimes, denn als Opfer, als jemand, der sein Schicksal hinnimmt, ohne sich zu wehren und ohne zu kämpfen - da wollte ich wohl nicht allzu genau hinschauen. Der Name Anne Franks als Schulname bot mir die Möglichkeit, die Schüler zur Beschäftigung mit den Opfern des Faschismus zu führen und sie so im antifaschistischen Sinne zu erziehen. Bei der letzten Lektüre des Tagebuches habe ich dabei auch die Rolle der Helfer und des Widerstandes problematisiert. Und erst in der gestaltpädagogischen Supervision sind mir Bedenken dem Verfahren gegenüber nahegebracht worden, das darin besteht, den Schülern ausschließlich oder doch vorwiegend Opfer der Geschichte zur Identifikation anzubieten und die Rolle der Täter (und das, was sie uns interessant macht) auszuklammern.

Auf weiterführende Gedanken bin ich bei der Lektüre eines Aufsatzes von Bruno Bettelheim gestoßen.[2] Der Autor untersucht die Gründe für den Erfolg

---

[2] Bettelheim, Bruno: Anne Frank - eine verpaßte Lektion. In: Erziehung zum Überleben. Zur Psychoanalyse der Extremsituation. München 1982 (dtv-Taschenbuch), S. 252-265.

des Theaterstückes und der Verfilmung des Tagebuchs und kommt zu der Schlußfolgerung, daß der letzte Satz, den Anne Frank im Stück und im Film spricht: „Ich glaube fest daran, daß die Menschen in ihrem tiefsten Innern gut sind", und der sich auch im Tagebuch findet, dem Zuschauer Gelegenheit gibt, das Wissen um die Greuel der Vernichtung und die Einsicht in die zerstörerischen Triebe des Menschen zu verdrängen. Bettelheim sieht in der weltweiten Zustimmung zum Tagebuch den Wunsch, „(...) dem Wissen um die mörderischen persönlichkeitszerstörenden Lager dadurch entgegenzuwirken, daß man sein ganzes Augenmerk auf dieses Tagebuch richtet, das als ein Beweis dafür genommen wird, daß sogar im brutalsten totalitären System noch ein Privatleben und eine Intimsphäre erblühen können." (S. 253) Will ich diesen Bedenken des Autors Rechnung tragen und die Würdigung des Schicksals von Anne Frank im Unterricht nicht mit der Verhaftung der Familie abschließen, ist einerseits auf den Bericht Ernst Schnabels zurückzugreifen, der das weitere Schicksal der Familie nach der Verhaftung in Zeugenaussagen darstellt.[3] Andererseits ist die Betrachtung zu erweitern auf einen Personenkreis, der in gleicher verzweifelter Lage sein Schicksal weniger passiv hingenommen und mutige Schritte unternommen hat, sich aus dieser Lage zu befreien.

III. Zwischen Anpassung und Widerstand

Hier stehe ich und kann nicht anders? Luther als Unterrichtsgegenstand
Vorbemerkung zum ersten gestaltpädagogischen Unterrichtsversuch

Mein erster Versuch mit gestaltpädagogischem Unterricht während eines Ausbildungsseminars war eine kurze Unterrichtssequenz über Martin Luther. Bei meiner Darstellung beziehe ich mich auf Birgits Protokoll, das sie freundlicherweise nachträglich angefertigt hat.

Mein vordergründiges Interesse war, Geschichte im Unterricht zu spielen, Birgit suchte nach Mitteln, ihren Unterricht zu verlebendigen, Walter war an der Person Martin Luthers interessiert. Da wir im Ausbildungsseminar keinerlei Unterrichtsmaterial zur Person Luthers oder zur Reformation präsent hatten, sahen wir nur zwei Möglichkeiten:
- Die Schüler (interessierte Seminarteilnehmer) produzieren ihr eigenes Unterrichtsmaterial durch eine gelenkte Phantasie;
- die Lehrer produzieren ihr eigenes Material durch Spielen.

---

[3] Schnabel, Ernst: Anne Frank. Spur eines Kindes. Frankfurt 1958 (Fischer-Taschenbuch)

Wir entschieden uns für den zweiten Weg, der uns methodisch leichter zu handhaben schien als der erste, der uns u. U. eine Fülle unstrukturierten Materials beschert hätte. Wir suchten nach persönlichen und lebensgeschichtlichen Bezügen zur Person Luthers und einigten uns auf das Thema „Die positive Kraft des Widerstands bei Martin Luther". Es kam zunächst darauf an, die Kraft und die Stärke Luthers zu zeigen, die er im Glauben fand und im Widerstand zur Amtskirche machtvoll nach außen vertrat. Unsere Schüler sollten mit dieser Kraft und Stärke in Kontakt treten, um sich dann mit ihrer eigenen Kraft und Stärke auseinanderzusetzen. Jörg lenkte unsere Aufmerksamkeit auf die Darstellung von Polaritäten, die wir durch Einbeziehung der Person von Ecks darstellen konnten. Nun ging es nicht mehr allein darum, die Schüler Luthers Stärke und Widerstandskraft spielen und spüren zu lassen, sondern jetzt konnten wir die Haltung Luthers und die seines Widersachers als je eine lebensgeschichtliche Möglichkeit herausstellen: Luther, der einer Institution im kalkulierten Risiko Widerstand leistet, und Eck, der seinen Weg innerhalb der Institution findet. Zur Position von Ecks fand ich sehr viel leichter Zugang. Wir beschlossen, ein Gespräch Luthers und von Ecks nachzuspielen, in dem die beiden grundsätzlichen Positionen dargestellt würden, wobei es mir von vornherein klar war, daß ich die Person von Ecks darstellen würde und Walter die Luthers. Birgit übernahm den Part der Lehrerin in dem anschließenden Unterricht.

Der Unterrichtsverlauf

Wir planten den Unterricht so, daß Walter und ich in dem Disput Luther-Eck unser „Material" darbieten würden. In dem Unterrichtsgespräch sollten zunächst die Schüler Kontakt mit Luthers weltanschaulicher Stärke aufnehmen. In einer weiteren Phase wollten wir dann die Schüler an die Frage heranführen, ob sie Situationen aus ihrem Leben kennen, in denen sie gesagt haben könnten: Hier stehe ich und kann nicht anders. In einer abschließenden Phase sollten die Schüler Gelegenheit erhalten, Luther und Eck ihre Meinung und persönlichen Gefühle zu vermitteln. Das Rollenspiel erwies sich als geeignetes Mittel, um den Schülern die Grundpositionen der beiden Gegenspieler nahezubringen; der hier folgende Gesprächstext ist keine wörtliche Wiedergabe, sondern wurde aus der Erinnerung einige Wochen später niedergeschrieben.

Disput Luther/von Eck

von Eck: Ich überbringe Dir die brennenden Sorgen des Heiligen Vaters in Rom.

Luther: Überbringen Sie dem Herrscher der Christenheit meinen Gruß.

von Eck: Der Heilige Vater sieht die Grundlagen der christlichen Kirche und das Fundament seiner Autorität in Frage gestellt.

Luther: Mit ihm teile ich die Sorge um die Kirche. Ich bete beständig für das Heil der Gläubigen.

von Eck: Insbesondere seit den ketzerischen Thesen, die Du an die Kirche zu Wittenberg geschlagen hast, ist das christliche Volk im Heiligen Römischen Reich Deutscher Nationen in Aufruhr. Du wendest Dich insbesondere gegen den Ablaß.

Luther: Ja, das tue ich. Ich frage: Ist es etwa Gott wohlgefällig, wenn Scharen von Priestern und päpstlichen Beauftragten durch die Lande ziehen und verkünden: „Sobald das Geld im Kasten klingt, die Seele aus dem Fegefeuer in den Himmel springt." Wo bleibt da die Gesinnung? Auf Reue und Buße kommt es nicht mehr an!

von Eck: Du weißt, daß wir die gläubigen Christen mit diesem Ablaß von der Last ihrer Sünden befreien. Für diese Befreiung von den Sünden müssen sie tätig Buße tun und Ausdruck dieser Buße ist der Ablaß.

Luther: Ja, das hört die gläubige Christenheit schon seit Jahrhunderten. Immer und immer wieder habt ihr die Christen bis aufs Blut ausgesaugt. Und was das Schlimmste ist: Alles geschah zur Ehre Gottes. Geknechtet habt ihr das Volk, Gottes Ehre: Wo blieb sie?

von Eck: Ich gestehe dir zu, daß es im Ablaßhandel zu Exzessen kommt, daß sich mancher Ablaßhändler auf Kosten der Gläubigen bereichert. Über all diese Dinge können wir uns verständigen. Aber bedenke eines: Du mußt in den Schoß der heiligen christlichen Kirche zurückkehren. Wir werden uns über vieles, was Du heute der Kirche vorwirfst, verständigen können, wenn Du Dich der Autorität des heiligen Vaters unterwirfst.

Luther: Der Autorität des Papstes? Seht ihr denn nicht, daß der Papst es ist, von dem alles ausgeht? In Rom entsteht ein Palast nach dem anderen. Kennt Ihr die Geschichte nicht? Ein Papst saß in Avignon, einer in Rom und der letzte in Norditalien! Die weltliche Macht des Papstes wächst unaufhörlich. Wo bleibt die geistliche Autorität?

von Eck: Ich wiederhole: Kehre zum Kreis der aufrichtigen Gläubigen zurück, und Du wirst viele Deiner Vorstellungen im Verein mit den Kardinälen verwirklichen können.

Luther: Nein, das ist mir nicht mehr möglich. Mein Gewissen ist bei Gott.

von Eck: Deswegen trage ich Dir als Sorge des heiligen Vaters in Rom vor: seit Deinen ketzerischen Thesen sind die Stände des Heiligen Römischen Reiches Deutscher Nationen im Aufruhr. Die Bauern haben sich erhoben gegen ihre Herren, morden und brandschatzen, sie wenden sich wider die Autorität des Papstes als auch die des Kaisers.

Luther: Auch das sehe ich mit großer Betrübnis, daß das einfache Volk nicht den richtigen Weg geht. Aber ich sehe vor meinem geistigen Auge ein heiliges Volk, Gott verbunden, nicht dem Papst ergeben, nur Gott getreu und ihm allein verantwortlich.

von Eck: Noch einmal: Laß ab davon, die Grundlagen unseres Glaubens und die Autorität des Papstes in Frage zu stellen Kehre zurück, und der Papst wird Dir Deinen

	Weg bis hierher verzeihen. Weigerst Du Dich, so wird Dich der Bann der päpstlichen Bulle treffen und Dich vernichten.
Luther:	Dieser Macht kann ich mich nicht mehr beugen. Ich will es auch nicht mehr. Ich unterstelle mein Gewissen Gott allein.
von Eck:	Ich frage Dich noch einmal: Erkennst Du die Grundlagen des christlichen Glaubens und der Autorität des Papstes an?
Luther:	Nein, ich kann nicht anders. So wahr mir Gott helfe. Eine feste Burg ist unser Gott.

Abgesehen davon, daß ich mich persönlich sehr gern in Rollen- oder Theaterspiele einbringe, scheint mir diese Form der Darbietung ein ausgezeichnetes Mittel der Verlebendigung von Unterricht zu sein. Die Person des Lehrers als sein eigenes Medium: Zwar wird sich in der Realsituation Schule ein Rollenspiel zweier Lehrer nicht oft verwirklichen lassen, doch sind mir die Erinnerungen an dieses Spiel, das die Schüler sehr beeindruckt hat, durchaus Ermutigung, mich selbst als Medium häufiger im Unterricht einzusetzen. Im folgenden gebe ich Birgits Darstellung der Szene wieder: „Ein Tisch und zwei leere Stühle standen vor den Teilnehmern. Ich stimmte ein, indem ich in das Jahr des Disputs zurückversetzte und ankündigte, daß Martin Luther und Dr. von Eck gleich zu einem Streitgespräch über die Kirche erscheinen werden. Walter und Wilhelm kamen verkleidet herein und begannen den Disput (...). Beide hatten sich sehr gut in ihre Rollen eingefühlt. Das Spiel war beeindruckend, vermittelte die damalige Situation und unsere Absicht sehr gut; die Teilnehmer waren betroffen, ruhig und konzentriert." In dem folgenden Unterrichtsgespräch entstand eine sehr dichte Atmosphäre. Die Schüler stellten ihre persönliche Betroffenheit dar, sie ließen sich teilweise sehr tief ein und berichteten von lebensgeschichtlich bedeutsamen Situationen, in denen sie Widerstand geleistet und ein eindeutiges Nein ausgesprochen hatten.

Widerstand und Anpassung: die Darstellung der Polaritäten

Beim Niederschreiben wird mir deutlich, wie wichtig für mich war, daß wir in unserem Rollenspiel zwei gegensätzliche, lebensgeschichtlich bedeutsame Positionen dargestellt haben: Widerstand und Anpassung, nicht nur Luther, der seine Kraft im Widerstand fand, sondern auch von Eck mit seiner Position innerhalb der damals vorgegebenen Institutionen. In meinem Leben habe ich mich häufiger an dem orientiert, was mir vorgegeben war und was ich ohne allzu großen Widerstand erreichen konnte. Dennoch hat es auch Akte des Widerstands gegeben. Nur das eine darzustellen, ohne auch das andere im Blick zu halten, wäre mir wie eine willkürliche Beschneidung meiner

Persönlichkeit erschienen. Diese Polarität so klar wie bei diesem Thema in den Unterricht einzubeziehen, ist mir vielleicht in anderen Unterrichtseinheiten weniger gelungen.

Über meine Stellung in der Schule

Was mich im ersten Zurückschauen eher an die Seite von Ecks treten läßt als an die Luthers, ist meine Stellung in der Schule. Meine Haltung zur Schule war lange Zeit sehr ambivalent: einerseits war sie für mich als Schüler ein Ort, an dem ich mich persönlich erniedrigt und ohnmächtig gefühlt habe wie nie wieder in meinem Leben. Auf der anderen Seite (oder ist es der Grund dafür?) habe ich die Möglichkeit, Pädagogischer Leiter der Anne-Frank-Schule zu werden, sehr frühzeitig ergriffen und mich damit in gewisser Weise auf die Seite der Institution gestellt und übe - im gewiß sehr begrenzten Rahmen - institutionelle Macht aus. Als Schüler hatte ich keinen Widerstand geleistet gegen Lehrer oder Klassenkameraden, von denen ich mich mißachtet fühlte. Mein Selbstbewußtsein war schwach ausgeprägt, ich habe mich folglich in ein Studium eher treiben lassen als mich bewußt zu entscheiden. Freilich habe ich es als Möglichkeit genutzt, mir selbst, meiner Familie und meinen Freunden meine Leistungsfähigkeit nachträglich zu beweisen. Auch die Entscheidung, Lehrer zu werden, war keine bewußte: hatte ich doch während meines Studiums nicht nach Alternativen gesucht.

In meiner jetzigen Position als Pädagogischer Leiter versuche ich bisweilen, den vorgegebenen Rahmen soweit wie möglich zu nutzen, um meine Vorstellungen von Schule und Unterricht gemeinsam mit gleichgesinnten Kolleginnen und Kollegen durchzusetzen. Der Entscheidungsspielraum, den die Bürokratie den Schulen überläßt, ist immer noch groß genug, auch die Regelschulen weiterzuentwickeln. Hier habe ich die Entscheidung getroffen, innerhalb der Institution meinen Weg zu gehen. Anpassung und Widerstand gehören in diesem Bereich zusammen und bestimmen mein Handeln.

Die industrielle Revolution: Gesellschaftliche Realität gegen individuelle Lebendigkeit
Mein Fotoalbum

Blättere ich mein erstes Fotoalbum durch - ein Band aus grobem Karton, der Einband in blau-weißen Karos im Geschmack der fünfziger Jahre -, sehe ich zwei Personen: auf den ersten Seiten ein gut genährtes Baby, das in sich selbst ruht und offensichtlich mit sich und der Welt zufrieden ist. Und ein mit zunehmendem Alter immer häufiger auftretendes, skeptisch blickendes Kind, das recht verkrampft, oft mit schiefem Mund in die Kamera schaut, das Gesicht früh verfremdet durch eine Brille mit kreisrunden Gläsern und Drahtgestell, die Haare mit Wasser geglättet und schnurgerade gescheitelt, die Hände hinterm Rücken versteckt. Als Wendepunkt in dieser Entwicklung steht das Foto, das anläßlich meiner Einschulung Ostern 1949 aufgenommen wurde: ein kleiner Schülerrekrut, der Körper starr, mit geschultertem Schulranzen, den linken Arm an den Körper gelegt, die Schultüte fest in der Rechten, das Lächeln schon verkrampft, die Brille ohne sichtbaren Rand, die später den Schulkameraden Anlaß zu Spott sein wird. Auf die Ähnlichkeiten mit meinem Vater auf seinem Hochzeitsbild, genau 10 Jahre früher aufgenommen, muß ich mich hinweisen lassen, die Uniform meines Vaters ist mir so fremd (so fremd wie mir mein Vater lange Zeit war), daß mir jede Ähnlichkeit zwischen uns beiden unvorstellbar erscheint.

Es hat sehr lange gedauert, bis ich beide Bilder von mir zusammenfügen konnte und diese scheinbar fremde Person als zwei zusammengehörende, sich gegenseitig ergänzende Seiten ein und desselben Menschen zu betrachten lernte. Auch um den Prozeß dieses Zusammenwachsens geht es in der vorliegenden Arbeit.

Auflösen von Starre: Eine Betrachtung

Im Geschichtsunterricht betrachtete ich mit meinen Schülern Belegschaftsfotos der Firma Opel aus den Anfangsjahren der Firma. Was bewegt mich beim Betrachten meiner Kindheitsfotos und der Fotos der Belegschaften der Firma Opel? Hier das Fortschreiten der industriellen Entwicklung, das sich in die Gesichter eingräbt und aus selbstbewußten Handwerkern innerhalb von 26 Jahren abgestumpft wirkende, die Monotonie ihrer Arbeit in ihrem Äußeren widerspiegelnde, ausgemergelte Gestalten macht. Dort das zunehmende Starrerwerden des Körpers eines Kindes im Älterwerden, das Angst aufkommen läßt vor dem Verlust der eigenen Identität, vor dem Verlust an Lebendigkeit und Selbstbestimmung. Angst davor, zu wenig Lebensenergien zu entwickeln, um aktiv und selbstbestimmt mein Leben zu gestalten und zu verändern, Opfer fremdbestimmter Bedingung.

An einigen Punkten meiner frühen Biographie sehe ich mich als Getriebener, beim Beginn meines Studiums, in der Berufswahl, zuweilen auch bei meiner Arbeit in der Schule. Oft bin ich nicht meinen eigenen Handlungsimpulsen gefolgt, sondern denen anderer. Erst spät entwickle ich eigene Identität. Das Bewußtsein dieser späten Reifung hat mir oft Angst gemacht, ich erinnere mich an Lebensphasen, die von ihr geprägt waren: die

Schulzeit, die Zeit der Staatsexamen; ich denke an die Angst vor intensiven Beziehungen zu anderen Menschen, meine Ängste vor der Zukunft. Oft hat mich diese Angst bewegungsunfähig und starr gemacht: mehrmals habe ich in Therapie und Ausbildung dieses Starrwerden meines Körpers durch Verstärkung bearbeitet. Mein Körper wird zum Panzer, der sich gegen fremde Einflüsse abschirmt, aber auch das Fließen der Gefühle verhindert. Die Bedingung absoluten Schutzes nach außen ist das Absterben von innen. Durch das Übertreiben der Erstarrung entsteht eine Gegenbewegung, die in Fließen übergeht und Gefühlen wieder freien Lauf läßt.

Männliche und weibliche Persönlichkeitsanteile, eine schwierige Identitätsfindung
Märchen, Mythen, Mächte

Die mächtigen Gestalten, die in meiner kindlichen Vorstellungswelt auftauchen, sind (jedenfalls beim ersten erinnernden Zugehen) bedrohliche und beängstigende. Der Liebe Gott, der bis ins Jugendalter hinein in mir gelebt hat, war weniger lieb als allwissend, allmächtig und strafend; Jesus Christus, dessen Liebe zu den Menschen im protestantischen Kindergottesdienst herausgestellt wird, wirkt in meiner Phantasie weniger nachdrücklich als die alttestamentarischen Gestalten wie Moses, der zornbebend und angsterregend sein Volk straft oder Abraham, der bereit ist, seinen Sohn zu opfern. Dem zornigen Gott des Alten Testaments gegenüber fühle ich mich hilflos, lange Zeit ausgeliefert: er überwacht meinen Tagesablauf, straft mich für meine ausschweifenden Wünsche, wenn mir etwas zustößt, sehe ich ihn mit im Spiel. Seiner Besänftigung gelten meine abendlichen Gebete. Besonders betroffen bin ich von der Geschichte Josephs und seiner Brüder. In der Gestalt des Joseph vereinigt sich meine Sehnsucht nach Anerkennung und Liebe durch den Vater, der Wunsch nach gesellschaftlicher Anerkennung und Erfolg und der Neid auf den von meinem Vater so offensichtlich vorgezogenen Bruder. In der Identifikation mit Josephs Brüdern verbirgt sich die übergroße Kränkung, verursacht durch die Zurücksetzung durch den Vater.

In den Märchen stehen mir Hexen, Wölfe, böse Feen und Stiefmütter in angstbesetzten Bildern deutlicher vor Augen als gütige Könige oder tapfere und starke Prinzen. „Hänsel und Gretel" und „Rotkäppchen" sind mir stärker im Gedächtnis geblieben als andere Märchen. Mit Kindern, die von bösen Mächten fast verschlungen werden, kann ich mich stärker identifizieren als mit furchtlosen Prinzen. Aus den Heldenscharen der Comic-Literatur, die ich als Kind und Jugendlicher konsumiere, sind mir neben Donald Duck, dem ewig vom Pech Verfolgten, im Gegensatz zu seinem gut aussehenden, immer mit

Glück gesegneten Vetter Gustav Gans, vor allem Tarzan und Prinz Eisenherz stärker im Gedächtnis geblieben. Tarzan ist mir der einsame Held, der trotz seiner zur Schau gestellten Männlichkeit, trotz seiner Nacktheit, wie die meisten Comic-Helden der fünfziger Jahre, ein asexuelles Wesen, den entführten, verirrten oder sonstwie bedrängten weißen Frauen im Dschungel nur starker und hilfreicher Freund und Beschützer ist. In dieser Rolle kann ich mich mit ihm identifizieren, schließt sie doch jede weitergehende, womöglich gefährliche Kontaktaufnahme zum anderen Geschlecht aus. Im Grunde bleibt er einsam und geht nach jedem Abenteuer mit den weißen Menschen zu den Tieren in den Dschungel zurück. Die Faszination dieser Figur ist beständig. Ich zitiere aus meinem Tagebuch aus dem Jahr 1984 einige Bemerkungen über den sehr schönen Film „Greystoke - Die Legende von Tarzan, Herr der Affen": „Unglaublich, wie mich die Geschichte fasziniert. Wofür steht Tarzan? Kraft, Männlichkeit, Animalisches, Nacktheit, Stärke, Gefühl, alles, was ich als Tarzan-Hefte lesender Junge nicht hatte oder haben durfte - ein starker Mythos, dessen Stärke und Präsenz mich heute überraschen (...) Der zweite Teil des Films spielt in Schottland. Tarzan kehrt zu seinem Großvater zurück. Er hat das Glück, einen liebevollen Großvater vorzufinden, der ihn so akzeptieren kann, wie er ist (...) Tarzan ist gespalten in einen zivilisierten und einen wilden Teil. In Schottland gelingt es ihm nicht, diese beiden Teile zu integrieren und so von der Gesellschaft akzeptiert zu werden. Er kehrt in den Urwald zurück."

Ein Traum

In einer Alpenlandschaft mit weitem Ausblick wird eine Bühne aus Brettern aufgebaut, eine Ballettgruppe wird eine Vorstellung geben. Ich bin unter den Zuschauern, als Junge von etwa 10 bis 11 Jahren. Sophia Loren tritt auf, sie tanzt zu dem Thema „Geburt". Sie ist nackt, sehr schlank, hat lange blonde Haare, die ihre Scham etwas bedecken. Ich schaue ihr fasziniert zu. Links von ihr treten französische und italienische Faschisten auf, schlagen Schilder an die Wand mit bedrohlichen Parolen, wie „Alles Leben muß vernichtet werden". Ein Faschist stellt sich neben Sophia Loren und will ihr das gerade geborene Kind wegnehmen. Aber sie läßt sich davon nicht beeindrucken.

Ich habe diesen Traum 1983 in einer Gestalttherapiegruppe bearbeitet. Da die Gestalttherapie davon ausgeht, daß jeder Teil des Traums Teil des Träumers ist, habe ich mich nacheinander mit jeder Person des Traums identifiziert. Der Traum konfrontiert mich mit drei nicht oder nur unvollkommen integrierten Teilen meiner Persönlichkeit: meinen weiblichen, kindlichen und männlichen Persönlichkeitsanteilen. Ich sehe in diesem Traum wieder mehr den Gegensatz von Lebendigkeit (Tänzerin) und Starre (Faschist), den ich nur schwer auflösen kann. Die Lektüre von Klaus Theleweits „Männerphantasien" ist, was meine „starre" Seite betrifft, erhellend. Der Autor untersucht die Denk- und Sprachmuster der soldatischen Männer des 1. Weltkriegs, der Freikorps und der Reichswehr in ihren Kriegsromanen und Biographien. Mit Verblüffung kommt mir wieder zu Bewußtsein, daß ich einen Teil dieser Literatur als Jugendlicher verschlungen habe - ich fand sie im Bücherregal meines Vaters, wo sie den 2. Weltkrieg unbeschadet überstanden hatte. Ich fand den Geist dieser Literatur auch in den damals verbreiteten Landser-Heftchen. Bei der Lektüre von Theleweits Untersuchung[4] fällt mir auch die schon erwähnte kindliche Begeisterung für Soldaten und Militär ein, meine starke Rührung bei Umzügen und Paraden, die ich mir lange nicht eingestehen wollte.

Lange Zeit ist es mir im realen Leben nicht möglich, diese recht extremen Persönlichkeitsanteile zu versöhnen. Meine weiblichen und kindlichen Anteile konnte (und wollte) ich nicht voll ausleben, ebenso wenig wie meine männlichen, solange Männlichkeit und Faschismus synonym waren. Das Ergebnis dieser sich widerstrebenden und gegenseitig blockierenden Anteile: Unsicherheit, Verhinderung von Wachstum, Identitätsdiffusion und eine Unfähigkeit, als junger Mann eine eigenständige Sexualität zu entwickeln.

Kolumbus und die Indianer
Le bon sauvage - l'homme civilisé

Kolumbus ist - noch vor der 500-Jahr-Feier der Entdeckung Amerikas - in die Schlagzeilen der Zeitschriften geraten. In einer „Energien vom wilden Mann" überschriebenen Titelgeschichte macht der „Spiegel" (Nr. 40, 1989, S. 228-254) eine „globale Krise der Männlichkeit" aus: „Für männliche Großtaten scheint kaum noch Raum. Der Mann war auf dem Mond, aber er war bloß noch ein ferngesteuerter Held der elektronischen Technik. Die Sterne sind zu weit, die Welt ist erschlossen einschließlich ihrer Naturgesetze. Der Mann hat als Weltentdecker ausgespielt." (S. 233) Christoph Kolumbus wird neben Marco Polo als Kronzeuge einer versunkenen Männergesellschaft erwähnt, „(...) aber ihre Kühnheit bezeichnete ein Ideal von Männlichkeit, das in unserer kartographierten Welt versunken ist." (ebd.)

Als Jugendlicher konnte ich die Begeisterung meiner Freunde für Weltentdecker und ihre Abenteuer kaum teilen. Ein prachtvoller Band über die Eroberung Mexikos - ein Konfirmationsgeschenk meines Patenonkels - blieb

---

[4] Theleweit, Klaus: Männerphantasien. 2 Bde Reinbeck 1987 u. 1990

lange Zeit ungelesen. Schon bald tauchte in meinem Bewußtsein hinter den Weltenbezwingern das Bild ihrer Opfer auf, mit denen ich mich stärker identifizieren konnte, während meines Studiums vor allem in der Gestalt des „bon sauvage" der Literatur der französischen Aufklärung. Er forderte mich zur Identifikation nicht nur als Opfer europäischer Machtexpansion und weltumgreifender Eroberung, sondern faszinierte mich auch als Gegenbild des triebunterdrückten zivilisierten Europäers: der von gesellschaftlichen, vor allem sexuellen, Zwängen verschonte Indianer, der friedlich und glücklich sich einer natürlichen Lebensform und Sexualität erfreut. Diese Utopie des friedlich sich selbst verwirklichenden Indianers entlastete mich bis zu einem gewissen Grad von der Verantwortung für mein eigenes Leben und meine Schwierigkeit, erwachsen zu werden und ein eigenverantwortliches Sexualleben zu führen. Waren doch die Lebensgrundlagen für solchermaßen erfülltes Leben dank europäischer Kolonisation und Ausplünderung inzwischen fast völlig vernichtet. In meinem Geschichtsunterricht unterstreiche ich die Rolle der Opfer in der Geschichte - meine Schüler nehmen wohl ohne Schwierigkeiten wahr, auf welcher Seite meine Sympathien liegen, sicherlich war ich nicht oft in der Lage, ihnen ein positives Bild von Menschen mit tatkräftiger Entdeckerfreude zur Identifikation anzubieten.

Auf dem Weg zum eigenen Selbst

E. und M. Polster sehen die grundlegende Arbeit, die Therapie zu leisten habe, darin, gegensätzliche persönliche Kräfte wieder miteinander in Kontakt zu bringen. Die Autoren sprechen in diesem Zusammenhang von einer „Komposition" verschiedener persönlicher Bestandteile, die sich im Idealfall erneuern und ergänzen wie bei einem chemischen Prozeß. „Dieser Prozeß, alte Richtungen auszubauen und neue einzuschlagen, ist der Kern der Psychotherapie. Wenn man zwischen den relevanten Kräften neuen Kontakt schafft, dann entdeckt man die Stärke der entfremdeten Teile des Selbst." (S. 66) Auf mich persönlich übertragen, heißt das, meine weiblichen und männlichen Persönlichkeitsanteile zuzulassen und in Kontakt zu bringen, für meinen Unterricht bedeutet das, den Schülern nicht nur Opfer der Geschichte zur Identifikation anzubieten: Anne Frank, die europäischen Juden, die Indianer. Einzig Dr. von Eck läßt sich nicht in diese Reihe einordnen. Beim Spielen dieser Rolle habe ich einen persönlichen Anteil von mir selbst dargestellt, notwendigerweise ein Teil von mir, sonst wäre mir die Darstellung nicht gelungen.

Auch die Opel-Arbeiter stelle ich den Schülern in gewisser Weise als Opfer dar - als Opfer einer gesellschaftlichen Entwicklung (der Industrialisierung).

48

Sicherlich sind sie das auch gewesen, aber sie haben kollektive Widerstandsformen gegen ihr „Opfer-Sein" entwickelt (politische und gewerkschaftliche Interessenvertretungen), die als spezielle Widerstandsformen der Arbeiterklasse gegen diese gesellschaftliche Entwicklung in meinem Unterricht einen größeren Stellenwert erhalten müssen. Etwas schwieriger ist es in der Unterrichtseinheit Kolumbus-Indianer, denn ein Großteil der amerikanischen Indianer (und in gewisser Hinsicht auch ihre heutigen Nachkommen) sind ja Opfer der europäischen Eroberung geworden. Hier hat allein das methodische Verfahren „Identifikation" den Schülern die Möglichkeit gegeben, sich mit den „Tätern", den Spaniern, zu identifizieren - zu meiner eigenen großen Überraschung haben einige Schüler diese Gelegenheit durchaus genutzt.

Meine weiblichen Persönlichkeitsanteile zu spüren und zuzulassen, das ist mir in Therapie und Ausbildung leichter gefallen als die männlichen zu zeigen. „Weiche" Bewegungen, „fließender" Körperausdruck, Bewegtheit der Stimme, Tränen sind Bestandteile meiner Persönlichkeit. Wenn ich sie zulassen kann, bereichern sie mich, und ich erlebe sie nicht als Schwäche (wie früher oft), sondern als Stärke. Meine Kreativität liegt in diesem Persönlichkeitsbereich: meine Einfälle beim Spielen, meine Wandlungsfähigkeit im darstellenden Spiel, meine Begeisterungsfähigkeit und meine Integrationsfähigkeit. Es gab auch Momente während der Ausbildung, in denen ich mit großer Freude meine körperlichen Kräfte und meine ausgeprägte körperliche Gelenkigkeit gespürt habe. Alte Zuschreibungen („Du bist unsportlich." „Du hast zwei linke Hände.") kann ich allmählich - sehr spät und bei gelegentlichen Rückschlägen - auflösen. Die Integrationsarbeit, von der E. und M. Polster sprechen, beginnt, angeregt von Therapie und Ausbildung, spät, und sie wird wohl eine lebenslange Aufgabe bleiben. Der lange Weg.

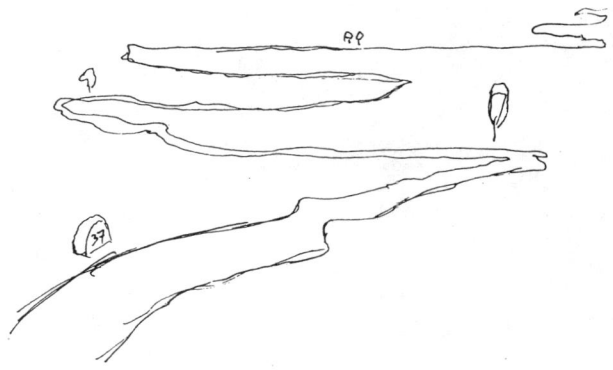

Veronika Lieber
„Es war, als hätt' der Himmel Die Erde still geküßt ..."
Eine Arbeit über die Sehnsucht, die Realität und die Poesie

1. Über die allmähliche Verfertigung der Arbeit beim Schreiben

Die Beschäftigung mit dem Thema „Abschlußarbeit" löst bei mir zunächst heftige Unlust und Zweifel an dieser Anforderung aus. Der Widerstand formuliert sich in meinem Kopf als ein Satz: „Ich habe doch schon zwei anspruchsvolle akademische Arbeiten geschrieben, meine schriftlichen Arbeiten für das erste und zweite Staatsexamen, das sollte eigentlich reichen." Ich stelle mir die Frage, für wen oder für was ich schreibe. Bei den beiden Staatsexamina gab es etwas zu „gewinnen": einen akademischen Grad und einen Arbeitsplatz. In die Gestaltpädagogik-Ausbildung habe ich aus eigenem Antrieb Mühe, Zeit und Geld investiert: der „Gewinn" kann nur ein persönlicher, kein institutioneller sein.

In diesem Zusammenhang finde ich den Begriff des „persönlich bedeutsamen Lernens"[5] passend, und damit eröffne ich mir den Zugang zu dieser Arbeit. Die Beschäftigung mit dem Thema der Arbeit soll für mich bedeutsam werden, die Arbeit soll meiner Selbst- und Welterfahrung nutzen. Ich erkenne einen Unterschied zu meinen beiden anderen Arbeiten: als ich sie anfertigte, beugte ich mich abstrakten, wissenschaftlichen Anforderungen und schrieb mich damit auch „von mir weg". Ich hoffe, daß der Leser dieser Arbeit merkt, daß ich mich „zu mir hin" geschrieben habe.

Mein Zögern gegenüber dem Schreiben der Arbeit hat noch eine Wurzel. Die Abschlußarbeit markiert das Ende der Gestaltausbildung, den Loslösungsprozeß von der Ausbildungsgruppe und den Trainern, das Loslassen der Hoffnungen und Wünsche, ja, in mancher Hinsicht auch der Illusionen, die ich vor allem mit dem Beginn der Ausbildung verbunden habe.

Das Schreiben der Arbeit war ein Prozeß von gut einem Jahr und bedeutet auch das Einverstandenwerden mit dem Abschluß der Ausbildung. So ist diese Arbeit für mich eng verbunden mit der Anerkennung meiner jetzigen beruflichen und persönlichen *Wirklichkeit*. So haben die Begriffe *Sehnsucht* und *Realität* aus der Themenstellung auch ihre Bedeutung für den Schreibprozeß der Arbeit.

Für diese Abschlußarbeit sollte ich mir ein *Thema suchen*. Das „Suchen" stellt mir die Falle meiner Ansprüche: es muß etwas ganz Besonderes, etwas

---

[5] Bürmann, Jörg: Gestaltpädagogik und Persönlichkeitsentwicklung. Bad Heilbrunn 1992.

Neues und Einmaliges sein, über das ich schreibe. Und schon zeigt sich die Kehrseite: bevor's etwas Banales wird, dann fange ich doch lieber gar nicht erst an, schreibe ich am besten über nichts!

In dieser Kluft greife ich den einfachen Vorschlag auf, mir anzuschauen, was ich an schriftlichen Ausarbeitungen in die Supervision mitgebracht habe, und zu schauen, was sich beim Sichten ergibt. So *hat mich mein Thema gefunden*: Gedichte haben mich beschäftigt - diese Entwürfe sind mir wichtig, bedeutungsvoll über die Tagesarbeit in der Schule hinaus. Ich beginne damit, meine eigene Beziehung zu Gedichten zu erarbeiten, am Anfang meiner gestaltpädagogischen Arbeit steht mein Kontakt zum Gegenstand von Unterricht.

2. Meine Beziehung zu Gedichten

a) Ein Versuch, Gedichte zu begreifen

Nun stehe ich vor dem Gegenstand meiner Arbeit und betrachte ihn:

G e d i c h t e

Beim Betrachten verdichten sich meine Empfindungen:
Begeisterung und Ablehnung.

Ich beginne mit der Begeisterung. Ich finde Gedichte schön, habe seit meiner Schulzeit immer neue kennengelernt, gelesen und auswendig gelernt. Gedichte gehören zu bestimmten Phasen meines Lebens, meist waren es gefühlsintensive und aufgewühlte Zeiten. Zeilen fallen mir ein, ich sage sie im Kopf oder halblaut vor mich hin: schön, daß ich diese Worte und Sätze weiß! Ich vergleiche die Wirkung von Gedichten auf mich mit der von Musik: beides berührt tiefe Schichten von Gefühl, fängt Stimmungen wie in einem Prisma auf, verdichtet sie und bewahrt sie auf, so daß sie von dem Augenblick, zu dem sie gehören, unabhängig werden.

Ich formuliere: *Gedichte* sind Sprache und Form gewordene Lebens- und Welterfahrung. Sprache und Form machen es möglich, diese Erfahrungen festzuhalten und mit anderen darüber in *Kontakt* zu treten. Gedichte sind also auch Mitteilung von Lebens- und Welterfahrung an andere. Gedichte sind sicher auch vieles andere. Ich möchte diese Formulierung als Grundlage und Hypothese für meine Arbeit verwenden.

Nun nähere ich mich dem ablehnenden Teil. Während der politisch-revolutionären Zeit meines Studiums und in meinen ersten Schuljahren als

Lehrerin haben mich Gedichte nicht mehr interessiert, ich habe sie nicht als Thema von Unterricht ausgewählt. Wohl hielt ich sie für Luxus und Ballast einer bürgerlichen Herkunft? Gedichte gehörten nicht zu meinem gesellschaftskritischen Gepäck, und ich nahm bejahend vorweg, daß Schüler mir sagen würden: „Was soll denn der Scheiß, das brauchen wir ja doch nicht!"

Ich merke beim Schreiben, daß die Seite der Ablehnung schwach geworden ist. Die Praxis meines Unterrichts hat die Ablehnung längst entkräftet. Gerne beschäftige ich mich damit, welche Gedichte ich in meinen Deutschunterricht einbringen kann. Ich habe dabei das Gefühl, meine Schüler mit etwas besonders Kostbarem vertraut zu machen und fürchte nicht die Frage nach der praktischen Nutzanwendung, die Fragen nach dem Verwendungszusammenhang im alltäglichen Leben.

b) Lesen statt Leben - ein Aspekt meiner Lese-Geschichte

Daß ich in einer Phase meines Lebens Gedichte nicht mochte, hat seine Wurzeln in meiner Lese-Geschichte. Lesen bedeutete für mich Flucht aus der Wirklichkeit und Ersatz für Leben.

„Lesen statt Leben"

Ich las Tonio Kröger von Thomas Mann, war von der Titelfigur fasziniert und identifizierte mich mit ihr. Mich ergriff etwas, was ich heute das „Tonio-Kröger-Syndrom" nennen möchte. Thomas Mann konstruiert in seiner Erzählung einen Gegensatz zwischen Kunst (hier der Literatur) und Leben. Tonio hat nicht Anteil am Leben, schaut neid- und sehnsuchtsvoll auf die „Blonden, Blauäugigen", die wirklich leben, lieben und leiden. Tonio hält sich vom Leben fern und wählt das Schreiben.

Als Knabe erwacht seine Sehnsucht, und er flieht aus unerwiderter Liebe in die Literatur: „Er blickte aber in sich hinein, wo so viel Gram und Sehnsucht war. Warum, warum war er hier? Warum saß er nicht in seiner Stube am Fenster und las in Storms 'Immensee' und blickte hier und da in den abendlichen Garten hinaus, wo der alte Walnußbaum schwerfällig knarrte? Das wäre sein Platz gewesen. ... Sie müßte kommen! Sie müßte bemerken, daß er fort war, müßte fühlen, wie es um ihn stand, müßte ihm heimlich folgen, wenn auch nur aus Mitleid, ihm ihre Hand auf die Schulter legen und sagen: Komm herein zu uns, sei froh, ich liebe dich. Und er horchte hinter sich und wartete in unvernünftiger Spannung, daß sie kommen möge. Aber sie kam keines Weges. Dergleichen geschah nicht auf Erden."[6]

So las ich und las mich fort aus den Zwängen meines großbürgerlichen Elternhauses, fühlte mich blockiert und unverstanden, aber auch dadurch getröstet, daß es Tonio Kröger genauso ging, daß er Schriftsteller wurde und das Leben in all seinen Banalitäten anderen überließ.

Als Studentin der Germanistik finde ich mich wieder in der Vorlesung über Romantik, gehalten von Herrn Professor Burger an der Frankfurter Universität im Wintersemester 66/67. Doch nicht lange saß ich dort als scheues Erstsemester. Bald kehrte sich bei mir das Tonio-Kröger-Syndrom um. „Literatur ist nur Krampf im Klassenkampf" - stand als Parole an der Wand des Deutschen Seminars und herrschte bald auch in meinem Kopf.

Ich sagte der Literatur ab und setzte auf die Realität, darunter verstand ich damals allerdings die revolutionäre Veränderung von Wirklichkeit. Nun glaubte ich mich ganz auf der richtigen, weil proletarischen Seite der Realität, wollte von Sehnsucht nichts mehr hören. Ich kehrte mich wieder ab vom Leben, allerdings nun unter dem Vorzeichen, daß alles, die ganze bürgerliche Gesellschaft, umgewälzt werden müsse. Ich blieb, so sehe ich das heute, auch dabei im Herzen Romantikerin, hatte auch jetzt Sehnsucht, träumte vom „besseren Leben", allerdings zu einer gesellschaftskritischen Melodie. Ich sprach nur nicht von Gefühlen und Wünschen, sondern von Kapital und Arbeit. Ich las keine Gedichte, sondern Marx.

c) Auf den Spuren „meiner" Gedichte

Eichendorff, Verlaine, Gedicht für meinen Vater,
Erich Fried

Mondnacht
„Es war, als hätt' der Himmel,
Die Erde still geküßt ..."

Joseph von Eichendorff

Ich habe mir vorgenommen, Gedichten nachzuspüren, die Spuren in mir hinterlassen haben - zumindest die Spur, daß ich sie ganz oder teilweise auswendig kenne. Ich beginne an einem warmen Frühsommerabend in meinem Elternhaus, einer großzügigen Villa mit ausgedehntem Garten. Ich bin

---

[6] Mann, Thomas: Die Erzählungen I. Frankfurt a. M. und Hamburg 1967, S. 216-217.

ungefähr 12 Jahre alt und lerne für die Schule ein Gedicht auswendig - und es paßt: mein Gefühl, die mich umgebende Situation und die Worte Eichendorffs stimmen zusammen. Nur Poesie kann ein Gefühl so verdichten, so durchdringen und erfassen. Heute gebe ich dem, was ich damals empfunden habe, den Namen Sehnsucht, Ahnung und Verlangen nach Hingabe, eine Erwartung von künftigem erotischem Glück?

>„Es war, als hätt' der Himmel
>Die Erde still geküßt,
>Daß sie im Blütenschimmer
>Von ihm nun träumen müßt."

Die Artikel *der* und *die* verleiten mich dazu, „der Geliebte" und „die Frau" einzusetzen, so daß die Strophe die Bedeutung einer Liebesbegegnung bekommt. Die Erde ein „Blütenschimmer" - ich denke an den weißen Schmuck einer Braut. Die liebende Vereinigung von Himmel und Erde - Chiffre für eine von mir ersehnte Erfüllung in der Liebe - so konventionell und romantisch, wie ich sie mir eben damals vorstellte.

>„Und meine Seele spannte
>Weit ihre Flügel aus,
>Flog durch die stillen Lande,
>Als flöge sie nach Haus."

Sie begleitet mich durch mein Leben: die Sehnsucht nach Zugehörigkeit. Ich war damals „zu Haus" - behütet, geborgen, - aber auch unterdrückt, diszipliniert. Ich las diese Zeilen, spürte etwas von Heimat und sehnte mich nach einem weiteren (transzendenten) Zuhause. Ich überstieg den Rahmen meines bequemen großbürgerlichen Zuhauses und sehnte mich „fort". Sehnsucht nach Zugehörigkeit hat mich seitdem begleitet. In welchem Umfang sie existiert, durfte mir erst wieder im Laufe meiner Gestaltausbildung deutlich werden.

Das romantische Gedicht hatte mir „die *bestmögliche* Ausdrucksform" für meine damaligen Empfindungen gegeben.

Dieckmann beschreibt das Verhältnis von innerem Erleben und sprachlichem Ausdruck mit dem Begriff der „aktiven Imagination": „Eine aktive Imagination würde hingegen dann vorliegen, wenn ein Patient von einer inneren Leere und Kälte betroffen wird und beginnt, sich mit dieser auseinanderzusetzen, und sie in der Form einer Winterlandschaft mit kahlen Bäumen in einem Gedicht ausdrückt. Dies Symbol der Winterlandschaft ist dann die *bestmögliche Ausdrucksform*, die er für das Geschehen finden kann, das in ihm vorgeht."[7]

> „Il pleure dans mon coeur
> comme il pleut sur la ville"

Paul Verlaine

Als Heranwachsende liebte ich das Gedicht von Paul Verlaine: „Il pleure dans mon coeur". *Melancholie*, die Grundstimmung dieser Verse, war das vorherrschende Gefühl dieses Lebensabschnitts.

Ich bin ungefähr 17 Jahre alt und sehr traurig. „Tristesse sans cause" - in den Gedichten französischer Schriftsteller finde ich den treffenden Begriff, in ihren Gedichten den bestmöglichen Ausdruck für mein Lebensgefühl. Immer noch Schuldgefühl - ich hatte doch „alles" (so sagten meine Eltern) und fühlte mich doch allein und unglücklich. Ich las die Gedichte von Paul Verlaine und fühlte mich in ihnen verstanden und getröstet, mehr als im Kontakt mit meinen Eltern und/oder Freunden und Freundinnen.

> „Il pleure dans mon coeur
> comme il pleut sur la ville"

Naturgeschehen und inneres Erleben greifen wieder eng ineinander. Der Regen ersetzt die ungeweinten Tränen und ergänzt die geweinten. Heute sehe ich Melancholie als nicht ausgedrückte oder bis zum Ende ausgelebte Trauer.

Selbstausdruck fand ich damals vor allem im Lesen: Literatur als ein Bereich, der dem Verständnis und dem Zugriff meiner Eltern entzogen war, zugleich aber auch als „wertvoll" akzeptiert wurde und mir soziale Anerkennung verschaffte. Hier liegt wohl auch eine Wurzel für meinen Beruf der Deutschlehrerin.

Nach dem Abitur war ich zunächst orientierungslos, blieb dann gerne auf dem mir vertrauten Terrain der Schule und der Literatur.

> „Gedicht für meinen Vater"

Ich beginne einen Arbeitstag damit, ein Gedicht für meinen Vater zu verfassen: beim Schreiben dieser Arbeit erfahre ich mich so an und mit Gedichten, wie

---

[7] Dieckmann, Hans: Dichtung und gestaltete Sprache als Möglichkeiten der Konfliktbearbeitung und Individuation aus der Sicht der Tiefenpsychologie C. G. Jungs. In: Petzold, H./Orth, I.: Poesie und Therapie. Paderborn 1985, S. 347-361.

ich auch in der Schule mit meinen Schülern arbeite. Ich verwende die gleichen Verfahren wie im Unterricht: ich schreibe ein Gedicht selbst, und ich schreibe ein bekanntes Gedicht um. Es gefällt mir, meiner Geschichte mit meinem Vater, so wie ich sie in der Ausbildung begreifen durfte, auch die Form zu geben, die Gegenstand der Arbeit ist. Bei der Arbeit an dem Gedicht erlebe ich intensiv, daß *Dichtung* auch *Verdichtung* ist - hier der vielen Aspekte einer Beziehung.

In knappen Sätzen und Wortbildern kann so „verdichtet" und damit auch geklärt werden, was immerhin die Geschichte einer wichtigen Beziehung von vierzig Jahren ist. Beim Schreiben fühle und denke ich über uns nach.

„Realitätsprinzip" von Erich Fried
Umdichtung: „Mein Realitätsprinzip"

Im 5. Jahr der Gestaltpädagogik-Ausbildung hat wieder ein Gedicht große Bedeutung für mich gewonnen. In einer Supervision tauchte für mich die Frage auf, was denn Realität sei: das, was ist - also für mein damaliges Verständnis bloße Affirmation der auch „schlechten" Wirklichkeit oder Wirklichkeit als zu verändernde, sei es unter dem Vorzeichen der Humanität oder politischer Vorstellungen. Die Auseinandersetzung darüber betraf mich tief. Mein Prozeß in der folgenden Zeit war, mein Verhältnis zur Realität zu überfühlen und zu überdenken. Als Ergebnis bin ich nunmehr dazu in der Lage, die schroffe Trennung - hier schnöde Realität, dort ersehntes Ideal - aufzugeben, zu sehen und zu bejahen, daß beides zusammengehört und sich mischt. Nichts wird dadurch allerdings einfacher! Nun konnte ich auch beginnen, das Gedicht „Realitätsprinzip" von Erich Fried, das ich als meine Hilfstruppe in die Supervision einbrachte, so umzuschreiben, daß daran für mich Wertvolles erhalten bleibt, es zugleich aber mehr meinem erworbenen Verständnis von Realität entspricht. Ich halte dies auch für eine gute Form, Schülern Gedichte anzubieten: sie dem Schein des Endgültigen zu entkleiden und als Material für eigene Gestaltungsideen zur Verfügung zu stellen.

Der Vorteil besteht darin, daß ein „Wortgebäude" zugleich inspiriert und Sicherheit gibt, das als Gerüst dienen kann, von dem aus weiter Eigenes gebaut werden kann. Eine Struktur ist vorgegeben, die eigene Gestaltungsversuche erleichtert, aber bei „respektlosem" Umgang genug Spielraum läßt für den Ausdruck eigener Erfahrungen. Hier sei nur erinnert an Brechts theoretische Begründung und an seinen praktischen Umgang mit der Montage und der Verfremdung als literarische Techniken.

Das Gedicht „Mein Realitätsprinzip" verbindet sich für mich mit trauriger Gefaßtheit und Ruhe. In ihm wird klar ausgedrückt, was ich als Ergebnis meiner Gestaltausbildung akzeptiere: daß ich erwachsen geworden bin. Die

Ausbildung hat die Sehnsucht und die Schmerzen meiner Kindheit noch einmal neu aufleben lassen. Zugleich hat sie die Spanne zwischen meinem tatsächlich gelebten Leben und meinen Träumen verringert. Dazu paßt als Zitat die Zeile eines Gedichts von Erich Fried, das ich sehr mag:

„Es ist, was es ist".

Noch immer ist die Sehnsucht da nach dem, was mein Leben auch sein könnte. Ich erlebe dies jetzt als Spannung, die meinem Leben Anreiz gibt, manchmal allerdings auch Anlaß von Traurigkeit ist.

So schließe ich einen Bogen zu Eichendorff. Ich bleibe im Herzen Romantikerin, spüre die Spannung von Ideal und Wirklichkeit, allerdings nicht mehr nur als leidvolle, sondern auch als anspornende.

Erich Fried	Veronika Lieber (nach E. Fried)
Realitätsprinzip	Mein Realitätsprinzip
Die Menschen lieben	Die Menschen lieben
das heißt die Wahrheit hassen.	Das heißt, nicht mit allem einverstanden sein,
Wer lieben kann	Was ist.
der kann alles lieben	Wer lieben kann,
nur sie nicht	Der muß nicht alles lieben.
	Ich darf Kriegsflugzeuge hassen.
Die Wahrheit lieben?	Die Wahrheit lieben?
Vielleicht.	Vielleicht.
Erkennen kann Lieben sein.	Erkennen kann lieben sein.
Aber nicht die Wirklichkeit:	Aber nicht alles, was ist.
Die Wirklichkeit ist nicht die Wahrheit	Nicht alles, was Menschen gemacht haben,
	Ist es wert, weiterzubestehen.
Was wäre das	Was wäre das
für eine Welt	Für eine Welt,
wenn die Wirklichkeit rund um uns	Wenn wir nicht über das
auch die Wahrheit wäre?	Hinausdenken und -hoffen könnten,
	Was uns heute
	Als unsere Wirklichkeit entgegenschaut?
Die Welt vor dieser	In dieser Welt
Wirklichkeit retten wollen.	Die Hoffnung auf Vernunft
Die Welt wie sie sein könnte lieben:	Und Menschlichkeit nicht verlieren.
Die Wirklichkeit	Die Welt, wie sie ist, annehmen.
aberkennen	Unvollkommen versuchen,
	In dieser Welt als Mensch zu bestehen.

3. Vom Umgang mit Gedichten im Unterricht

a) Ich bin Deutschlehrerin

In der Gestaltpädagogik kommt der Arbeit an der Persönlichkeit des Lehrers große Bedeutung zu. Verschiedene Übungen haben eine Klärung der Motivation für diesen Beruf und die Darstellung eines berufsbezogenen „Lebenspanoramas" zum Thema.

So möchte ich den unterrichtspraktischen Teil meiner Arbeit mit meinem Selbstverständnis als Deutschlehrerin einleiten. Dies markiert eine Nahtstelle zwischen der Beschäftigung mit meiner Biographie und der Darstellung meiner Arbeit mit den Schülern. Eine wichtige Rolle spielt dabei ein Ausbildungs-Wochenende im dritten Ausbildungsjahr. Im Prozeß der Gruppe wird der Übergang von mehr selbsterfahrungsbezogenen Themen zu Schule und Unterrichtspraxis deutlich. Bisher habe ich im Rahmen dieser Arbeit vor allem mein Verständnis von Literatur als Rückzugsmöglichkeit dargestellt und die Tatsache, daß ich meinen Beruf als Lehrerin mehr zufällig ergriffen als gewählt habe. In einer Identifikationsübung mit dem Unterrichtsfach Deutsch wurde mir deutlich, welche kommunikative Bedeutung das Fach hat. Deutschunterricht ermöglicht den Schülern *Kontakt* zu ihrer sprachlichen und schriftlichen Umgebung, zum Ausdruck ihrer Gefühle und Interessen, was ihnen vor allem in schriftlicher Form ohne Anregung und Anleitung schwerfällt. Das Unterrichtsfach „Deutsch" spricht für sich selbst:

„Ich bin reizvoll und interessant, zugleich aber auch anstrengend und mühsam. Ich ermögliche Dir (d. h. dem Schüler, V. L.) den Zugang zu Büchern, in denen niedergelegt ist, was Menschen vor Dir gefühlt und gedacht haben. Durch Lesen kannst Du daran teilhaben. Ich ermögliche es Dir, Dich schriftlich zu verständigen, damit andere von Dir erfahren und Du auf sie Einfluß nehmen kannst." (Zitat aus meinem Ausbildungstagebuch)

Seither gehört es zu meinem beruflichen Selbstverständnis, daß Deutsch als Unterrichtsfach den Schülern wichtige Fähigkeiten vermitteln und Ausdruckmöglichkeiten eröffnen kann, die nun so gar nichts mehr mit einer „Abkehr vom Leben" zu schaffen haben. Diese Aufgabe wird zunehmend schwieriger, weil das Lesen von Büchern oder gar eigenes Schreiben im Leben der Schüler, mit denen ich zu tun habe, fast keine Rolle mehr spielt.[8] Ja, sogar das Gespräch miteinander, das über den Austausch von Alltagssätzen hinausgeht, scheint in vielen Familien nicht mehr üblich und möglich zu sein. Ich weiß noch nicht, welchen Einfluß das Vordringen der neuen elektronischen

---

[8] Ich unterrichte an einer Integrierten Gesamtschule in einem Industrievorort der Stadt Frankfurt.

Medien in den Alltag der Schüler haben wird. Wird es in Zukunft noch gelingen, den an den Konsum von Videofilmen gewöhnten und von ihren PCs faszinierten Kindern etwas vom Reiz des Bücherlesens zu vermitteln, sie dafür zu gewinnen, ihre Sprache in Wort und Schrift zu kultivieren?

b) Den Zugang zu Gedichten öffnen

In Gesprächen mit Erwachsenen gewinne ich manchmal den Eindruck, als habe „die Behandlung" von Gedichten in der Schule ihnen ein für allemal die Lust an der Poesie ausgetrieben. Wie angewidert berichten sie von schriftlichen Gedichtinterpretationen (etwa nach dem Motto: „Was will der Dichter uns damit sagen?") oder vom Auswendiglernen langer und schauerlicher Balladen. Ich frage mich also: „Warum sollen sich meine Schüler mit Gedichten beschäftigen" und „Wie kann ich verhindern, daß die Begegnung mit Gedichten mißglückt?"

Gedichte haben für mich einen wichtigen Platz im Unterricht als Ausdrucksform für existentielle Themen: der Kreislauf der Jahreszeiten, Einsamkeit, Liebe und Tod, Nähe herstellen und Abschied nehmen. Gedichte können diesen Erfahrungen Ausdruck und Form geben, sie machen es möglich, darüber mit anderen in *Kontakt* zu treten. Die poetische und häufig sehr bilderreiche Sprache von Gedichten läßt dem Lesenden einen weiten Spielraum für Assoziationen, ja, sie fordert den Leser geradezu auf, den Spielraum „zwischen den Zeilen" mit sich selbst zu füllen. Die Offenheit der Sprache und Form läßt den Schülern Raum zur Selbstfindung, hilft ihnen zu verstehen, was sie noch unklar empfinden und erleben. Dies halte ich gerade in einer Zeit und einer Umwelt für wichtig, in der die Phantasie immer mehr vom Fernsehen und von Videofilmen vorgeprägt und eingeschränkt wird.

Ich habe verschiedenes im Unterricht ausprobiert, um den Schülern neue und kreative Zugänge zu Gedichten zu eröffnen. Die Anregung dazu stammt aus den Erfahrungen, die ich mit mir selbst in der Ausbildung gemacht habe, in den theoretischen Seminaren „Kreative Medien" und „Körper und Bewegung" zum Beispiel. Sie haben mich ermutigt, unkonventionell mit Gedichten zu arbeiten, die Ebene der bloßen Textinterpretation mit meinen Schülern zu verlassen.

Die Arbeit an und mit Gedichten sollte „*mehrkanalig*" sein, d. h. den Schüler auf verschiedenen Ebenen, nicht nur der der Sprache, ansprechen. Das Lesen des Textes sollte umfassend vorbereitet werden durch das Ansprechen anderer Sinne, und die Verarbeitung erschließt sich andere Ausdrucksformen als eine schriftliche oder mündliche Interpretation. Dieses Vorgehen entspricht dem theoretischen Prinzip der Gestaltpädagogik, den Schüler als Ganzheit,

d. h. als eine Einheit von Geist - Seele - Leib zu betrachten. Nach meinen Erfahrungen ist die Einbeziehung des Körpers besonders schwierig, weicht sie doch weit von dem ab, was Schüler und Lehrer als Methoden von Unterricht gewohnt sind. Körperübungen können Unsicherheit und Angst auslösen, müssen von daher besonders behutsam (und vor allem freiwillig!) eingeführt werden.

Vor allem eine *„mehrkanalige"* Vorbereitung auf die im Gedicht angesprochenen Themen erweist sich als günstig für einen persönlichen Zugang zum Gedicht. Dies kann geschehen durch das Malen eines Bildes zu einem Stichwort aus dem Text zum Beispiel. Die Schüler arbeiten dann zunächst an ihren eigenen Vorstellungen und mit ihren „inneren Bildern", bevor sie der gebundenen Sprache als Ausdrucksform begegnen.

Weiterhin ist es wichtig, den *„respektlosen"* Umgang mit Gedichten zu erlauben, d. h. zunächst Zeilen herauszulösen, die gefallen oder die Unverständnis erregen. Wir betrachten Gedichte dann nicht in erster Linie als in sich geschlossene Kunstwerke, denen sich ein Schüler nur ehrfürchtig nähern darf, sondern die Schüler können spielerisch mit ihnen umgehen. Das Verstehen der Einmaligkeit und Bedeutung der Form folgt später. In diesen Zusammenhang gehört auch, Gedichte als Material, sozusagen als „Steinbruch" für eigene Gestaltungsversuche zur Verfügung zu stellen. Es gibt die Möglichkeit, Gedichte weiterzuschreiben, umzuschreiben, zu „inszenieren" oder was inspirierten Schülern und Lehrern noch dazu einfallen mag.

Im Zentrum eines solchen Unterrichtes steht nicht die Unantastbarkeit des Kunstwerks, sondern das Individuum mit seinen Bedürfnissen und Ausdrucksmöglichkeiten. Sozusagen der „Königsweg" wäre das eigene Dichten, ein Weg, den ich bisher noch wenig beschritten habe. In diesem Zusammenhang wird mir deutlich, daß ich den Schwerpunkt bisher auf die Rezeption von Gedichten gelegt habe und meine Schüler noch zu wenig dazu ermutigt habe, selbst produktiv zu werden, d. h. Gedichte selbst zu schreiben.

In der Praxis des Unterrichts ist vor allem wichtig, den Schülern einen persönlichen Zugang zum Text zu ermöglichen. Im Vordergrund steht dann nicht mehr: „was der Dichter uns sagen will", sondern: „wo wir uns selbst im Gedicht begegnen, was wir mit dem Text anfangen können." Dies schließt nicht die Kenntnis literarischer Fachbegriffe oder literaturgeschichtlicher Informationen aus, sondern es ist einfach eine Frage der Wertigkeiten. Sie dienen als „Rüstzeug", um den persönlichen Umgang mit dem Gedicht zu ermöglichen, sie haben keinen Wert als „Bildungsgut" an sich.

Stichwortartige Zusammenstellung von „Techniken" zu und mit Gedichten:
- gelenkte Phantasie, Phantasiereise in den Horizont des Textes
- Malen eines Bildes (gut mit Wachsmalstiften!), Kleben einer Collage

- Körperübung, Bewegung
- szenische Gestaltung eines Gedichtes oder von Teilen daraus
- Montage: weiterschreiben, umschreiben, parodieren etc.
- Fragen an den Autor (mit einem Stuhl, Klärung des zeit- und lebensgeschichtlichen Hintergrundes)

c) Vorüberlegung zu dem Gedicht

„Im Nebel" von Hermann Hesse
Ein Beispiel aus meinem Unterricht

Vor den Herbstferien machen wir aus, die Zeit danach (ca. 2 Wochen) mit Gedichten zum Herbst zu beginnen. In den Ferien fallen mir Bruchstücke von Gedichten ein, die ich als Schülerin gelernt habe, vor allem, wenn ich draußen bin. Das Gedicht „Im Nebel" von Hermann Hesse fällt mir oft ein. Ich habe eine besondere Beziehung zu diesem Gedicht. Gerne sage ich mir einige Zeilen vor, wenn ich mich allein, enttäuscht oder verlassen fühle.

Dieses Gedicht hat den Nebel zum Thema. Der Schluß vom Geschehen in der Natur (Nebel) zur Introspektion (niemanden mehr „erkennen", sich einsam fühlen) kommt sehr unmittelbar, beides ist sogar vermischt: „Einsam ist jeder Busch und Stein". Dieses Gedicht macht es also den Schülern sehr leicht, zu erkennen, daß die Naturlyrik Erscheinungen der Natur und menschliche Empfindungen oder Lebenserfahrungen miteinander verbindet, das eine zum Spiegel oder zum Symbol des anderen werden läßt. Im Nebel zu gehen (weniger Auto zu fahren!) hat für mich großen Reiz: Eine Mischung von Angst und großer Konzentration. Sicher hängt das damit zusammen, daß ein Sinn, auf den wir uns zu verlassen gewohnt sind, fast ausfällt: das Sehen. Das fördert die anderen Sinne und das Horchen nach Innen, macht aber auch hilflos und gefährdet uns. Diese Erfahrung soll der Ansatzpunkt für die Arbeit am Gedicht werden.

Meine Entscheidung für das Gedicht wird bestärkt: Einsamkeit kennen die Schüler alle, aber werden sie ihr ausweichen oder sie als unangenehm oder zu privat für sich behalten wollen? Mein Verhältnis zur Klasse ist gut. Bei anderen Gelegenheiten haben die Schüler gerne und für mich erstaunlich offen über sich gesprochen (vor allem im Kreisgespräch). So kann ich erwarten, daß sie sich auch mit diesem Thema beschäftigen werden.

Wir könnten auf einen Tag warten, an dem es morgens nebelig ist. Denkbar und von der Witterung unabhängig ist die Einleitung, daß die Schüler mit geschlossenen Augen im Raum umhergehen und dabei darauf achten, wie sie sich fühlen, wie sie ihren Mitschülern begegnen, wenn sie nicht sehen. Ich möchte dazu die erste Zeile des Gedichtes vorlesen: „Seltsam, im Nebel zu wandern".

Bei diesen wie bei allen körperbezogenen Übungen bin ich noch unsicher: sie weichen sehr von den Schülern (und Lehrern) vertrauten Unterrichtsformen ab, rufen daher leicht Unsicherheit und Widerstand hervor. Ich möchte es trotzdem ausprobieren, da diese Übung ins Zentrum des Gedichtes trifft: nicht sehen, veränderte Wahrnehmung von sich selbst und veränderter Kontakt zu den Mitschülern. Ich könnte Schülern, die sich nicht auf die „Körperübung" einlassen wollen, anbieten, vor der Tür den Text des Gedichtes zu lesen. Die anschließende Besprechung soll zum Thema haben: was ist daran „seltsam"? Danach möchte ich (im Kreis) das ganze Gedicht vorlesen, möglichst jeden das Gedicht sprechen lassen und die Schüler sich spontan zu dem Gedicht äußern lassen. Welche Zeile hat dir gefallen, was war dir fremd oder unverständlich?

Die systematische Erarbeitung des Gedichts soll damit beginnen, daß die Schüler im Text, in verschiedenen Farben, unterstreichen, was Hesse über sich selbst (über sein Leben), was er über seinen Natureindruck an diesem Tag sagt. Beide Aussagen sollen im Tafelanschrieb einander gegenübergestellt werden, um die Erkenntnis zu ermöglichen, daß eine Naturerscheinung (Nebel) für Hesse zum Anlaß wird, sein momentanes Empfinden zu schildern und über sein Leben zu reflektieren. Interessant ist dabei die Form des Gedichtes. Die erste und die vierte Strophe beginnen mit der Zeile „Seltsam, im Nebel zu wandern". Dazwischen liegen zwei Strophen, in denen Hesse, allerdings sehr resigniert, sein Leben reflektiert. Das Reimschema ist einfach, der Rhythmus eingängig, fast leichtfüßig - seltsam, bei diesem Inhalt.

Daran könnte sich ein Gespräch über die Gründe anschließen und über die Dauer dieser Stimmung. Vielleicht durch eine eher provokative Frage: Ob sich Hesse auch an einem „strahlenden Maimorgen" so resigniert und so alleine gefühlt hätte? Dieser Zustand muß so kein endgültiger sein: so wie die Jahreszeiten sich verändern, wechseln auch unsere Lebenszustände, das Alleinsein mündet vielleicht wieder in die Erfahrung der Gemeinsamkeit, so wie der Mai auf den November folgt. Wir könnten sammeln, was sich im Herbst ereignet: Rückzug der Natur, Stillstand des Wachstums und Vorbereitung auf den Winter, Dunkelheit - im übertragenen Sinne Tod und Trauer - (Feiertage im November!)

Die Schüler sollen das Gedicht abschreiben. Eine Illustration erscheint mir hier sehr schwierig. Reizvoll erscheint es mir, nach der Besprechung des Gedichtes noch einmal eine Bewegungsübung zu machen: „Übertreibe die vorsichtigen Bewegungen eines Menschen, der nicht sieht". Denkbar auch als Partnerübung, in der die Berührung zum Thema werden kann, allerdings nur in Gruppen, die schon liebevoll und angstfrei miteinander umgehen können. Besprochen werden könnte eine Hierarchie der Sinne: wenn das Sehen ausfällt, wird das Hören wichtig und die Sinne, die Nähe brauchen - Riechen und Tasten.

Zum Abschluß soll sich im Gespräch oder als schriftliche Arbeit die Schilderung einer Situation anschließen, in der die Schüler sich einsam gefühlt haben (evtl. in Partnerarbeit und nicht in der Großgruppe). Um den resignativen Grundton, den das Gedicht von Hesse hat, nicht übermächtig werden zu lassen, möchte ich mit den Schülern darüber sprechen, wie diese Situation sich gelöst hat oder wie sie sie überwunden haben: „Was hilft dir, wenn du alleine bist oder dich einsam fühlst?"

Hermann Hesse: Im Nebel

Seltsam, im Nebel zu wandern!
Einsam ist jeder Busch und Stein,
Kein Baum sieht den andern,
Jeder ist allein.

Voll von Freunden war mir die Welt,
Als noch mein Leben licht war;
Nun, da der Nebel fällt,
Ist keiner mehr sichtbar.

Wahrlich, keiner ist weise,
Der nicht das Dunkel kennt,
Das unentrinnbar und leise
Von allem ihn trennt.

Seltsam, im Nebel zu wandern
Leben ist Einsamkeit.
Kein Mensch kennt den andern,
Jeder ist allein.

Barbara Klein
Mein Verhältnis zur Kunst und zu meinem Kunstunterricht

1. Erste gestaltpädagogische Erfahrungen in der Ausbildungsgruppe

Eine Begegnung mit Herzog Wolfgang Wilhelm von Pfalz-Neuburg

Es war in Bückeburg, während der Ausbildungsgruppe, als Jörg Bürmann, der Trainer der Gruppe, uns zum ersten Mal die Aufgabe stellte, eine Unterrichtssequenz mit gestaltpädagogischen Elementen zu entwickeln. Selbstverständlich wurden dann alle unsere Einfälle in der Gruppe ausgeführt. Meine erste Reaktion war Angst, „oh Gott, mir fällt bestimmt nichts ein." So war es dann aber doch nicht. Die Idee einer kleinen praktischen Aufgabe verwarf ich schnell, auf dem Terrain fühlte ich mich unsicher.

Ich bevorzugte eine Arbeit mit einem Bild, es gab mir mehr Sicherheit. Dann erinnerte ich mich an ein Bild der Bremer Kunsthalle, ein Bildnis des Herzogs Wolfgang Wilhelm von Pfalz-Neuburg. Antonin van Dyck hat dieses Herrscherporträt 1629 gemalt. Der Herzog ist in seiner ganzen Größe abgebildet. Er steht in imponierender, doch entspannter Haltung vor dem Betrachter. Seine schwarze spanische Hoftracht ist reich, aber nicht prunkvoll. Sein Blick ist wachsam und freundlich. Seine linke Hand hält er am Degen. Die Rechte zeigt auf den Orden vom Goldenen Vlies, den er an einer unauffälligen Kette um den Hals trägt. Links neben ihm steht sein Hund, auf dem Halsband die Insignien des Herzogs. Herzog und Hund stehen auf einem kostbaren Teppich. Im Hintergrund rechts ein blaßroter Vorhang, links eine Säule, und daneben führt der Blick in eine Gebirgslandschaft. Säule und Vorhang dienen der Erhöhung der Figur, während Hund und Teppich Rang und Würde betonen. In diesem Bildnis halten sich Charakterisierung der Person und maßvolle Idealisierung die Waage. Das Bildnis ist in dunklen Farben gehalten, was dem damaligen Anspruch des Katholizismus entsprach. Ich habe mich nie ausführlich mit diesem Bild beschäftigt, aber es hat sich mir doch mehr eingeprägt, als ich wahrgenommen habe. Es ist die Väterlichkeit des Herzogs, die mich anspricht. Er ist nicht als absoluter Herrscher dargestellt. Mir erscheint er menschlich, selbstbewußt, väterlich, durchaus eine Autorität. Aber keine, vor der ich erzittern muß, sondern eine, die mir Schutz und Sicherheit bietet. Auch in der Situation, in der ich eine Unterrichtsidee von mir zeigen werde.

Meine Intention war es, jedem einen subjektiven Zugang zum Bild zu ermöglichen. Schaffe ich es, eine oder, genauer gesagt, meine Beziehung zum

Lerngegenstand herzustellen, dann kann Lernen zu einer Erfahrung werden und bleibt nicht Anhäufung und Auswendiglernen von Wissen. Ein wesentliches Anliegen der Gestaltpädagogik ist, den Schülern Lernen als Erfahrung zu ermöglichen. Als Ausgangspunkt dazu wählte ich den Stand sowie die Haltung des Herrschers. Der erste Blick sollte nach innen führen, um den jetzigen emotionalen Standort bewußt zu machen. Diese Selbstwahrnehmung leitete ich mit Hilfe einer einfachen Körpererfahrungsübung. Die folgende Identifikation mit dem Herrscher sollte dann den Zugang zum Bild ermöglichen. Als dritten Schritt plante ich ein Gruppengespräch, um die Erfahrung der Selbstwahrnehmungsübung auszutauschen und um das Bild zu betrachten. Auf ein großes Blatt Papier zeichnete ich dann das Bildnis des Herzogs, entsprechend meiner Erinnerung, Haltung, Hund und Säule. Alle anderen Aspekte des Bildes wie Malweise, Farbe konnte ich nicht berücksichtigen, dazu hätte ich eine Reproduktion benötigt. Das Bild hängte ich an die Wand.

Zum Verlauf:
„Wir beginnen damit, daß jeder durch den Raum geht und sich auf den eigenen Gang konzentriert ... nimm deine Füße wahr, wie sie den Boden berühren ... spüre, wie dein Körper sich bewegt, und achte auf deine Gefühle ... bleib stehen und nimm wahr, wie du stehst ... wie fühlt sich dein Stand an? ... geh noch mal weiter ... jetzt bleib stehen und stell dich so hin, als seiest du der Herrscher des großen Landes ... wie fühlst du dich so? ... jetzt schau dir das Bild an der Wand an, es ist das Bildnis eines Herrschers ... laßt uns im Halbkreis um das Bild setzen und unsere Erfahrungen austauschen." Es folgte ein angeregter Erfahrungsaustausch. Der eine spürt am langsamen Gang seine Müdigkeit, ein anderer bemerkt, daß ein Bein beweglicher ist als das andere. Wieder andere spüren ihre innere Hektik oder ihre Lust an der Bewegung, da es Abend war und wir viel gegessen hatten. Alle sind in Kontakt zu sich gekommen. Bei der Aufforderung, die Haltung eines Herrschers anzunehmen, fällt mir auf, wie viele sich recken und strecken, den Kopf hoch und die Brust nach vorne schieben und mehr Kraft und Anwesenheit spüren. Manchen fällt auch die Anstrengung hinter dieser Pose auf. Die eigene Haltung wird durch die Gegenüberstellung der Herrscherpose noch deutlicher.

Die Haltung des Herrschers nehme ich dann als Anknüpfungspunkt zur Bildbetrachtung. Alle haben einen gefühlsmäßigen Zugang zum Bildnis gefunden, nachdem sie sich selbst einen Moment als Herrscher fühlen konnten. Folgende Fragen kamen ins Gespräch:
- wie wird der Herrscher dargestellt?
- wie ist sein Blick?
- was bedeutet der Hund neben ihm?

- wofür steht die Säule?
- welches Verhältnis hat er zu seinem Volk?
- in welcher Zeit könnte er gelebt haben?

Auf Grund einer fehlenden Reproduktion des Bildes und der Kürze der Zeit können alle Fragen nur oberflächlich behandelt werden.

Die Rückmeldungen der Kursteilnehmer zeigen, daß die Verbindung zwischen Selbstwahrnehmung und Bildbetrachtung als belebend und anregend empfunden wird. Interessant sind die unterschiedlichen Assoziationen zu dem Bildnis, was auf unterschiedliche Vorstellungen und Erwartungen an einen solchen Menschen schließen läßt. Das Bild dient so als Projektionsfläche und kann genutzt werden, um die eigenen Vorstellungen, Ängste und Bedürfnisse zu klären. Ich werfe noch einen Blick auf das Bildnis: es weckt in mir die Sehnsucht nach einem Vater, der für mich anwesend ist, mir ein Vater ist. Mein Vater lebt noch, aber er war mir nicht solch ein Vater.

Meine Familie - mein Vater

Mein Vater war der Sohn einer Bauarbeiterfamilie in Duisburg. Er wuchs streng katholisch in intellektuell und materiell engen Familienverhältnissen auf. Sobald er konnte, versuchte er der Enge zu entfliehen, indem er sich weiterbildete, Englisch und Esperanto lernte, sich der FKK-Bewegung anschloß und in politischen Gruppen tätig war. Von Beruf war er technischer Zeichner. Meine Mutter kam aus einer Tischlerfamilie in Düsseldorf. Sie war das zwölfte von dreizehn Kindern und ebenfalls streng katholisch erzogen. Als die vielen Kinder älter waren, kam ein buntes Spektrum der verschiedenen politischen Positionen zusammen. In meiner Vorstellung muß es dort sehr lebhaft zugegangen sein. Meine Mutter war die zweitjüngste, und es lag oft an ihr, sich um die Eltern zu kümmern. Eine Berufsausbildung kam ihr nicht zugute. Stattdessen lernte sie ein Jahr in einem katholischen Nonnenkloster Haushaltsführung. Als meine Eltern heirateten, waren sie beide schon älter. Gleich darauf wurde ich geboren und zwei Jahre später meine erste Schwester und sieben Jahre später meine jüngste Schwester.

Soweit ich mich erinnere, war die Atmosphäre in unserer Familie sehr spannungsgeladen. Meine Mutter war eine strenge und dominante Frau. Sie erledigte die im Haushalt anfallenden Arbeiten sehr gründlich und bezog uns Kinder, jedenfalls die älteren, oft mit ein. Sehr oft hörte ich den Satz „Erst die Arbeit, dann das Spiel." Doch vieles, was mit Spiel verbunden war, wurde von meinem Vater abgewertet. Er war, im Gegensatz zu meiner eher geselligen Mutter, an deren Lachen und Singen ich mich gerne erinnere, ein Asket und

Einsiedler. Er fühlte sich den höheren Idealen im Leben verpflichtet und war ständig auf der Suche nach Neuem, was die körperliche Gesundheit verbessern könnte. Wir lebten vegetarisch. Mein Vater ideologisierte viel, und alles, was „normal" war, wertete er ab. Ob Vegetarismus, FKK-Verein, politische Orientierung in einer kleinen, nie erfolgreichen Partei, später Transzendentale Meditation, was er vertrat, war immer etwas Besonderes. Nur uns Kindern gab er weder Orientierung noch Halt. Im Gegenteil, wir wurden für vieles ausgelacht und lernten zu schweigen. Unser sehnlichster Wunsch war, einfach dazuzugehören. Das gab es für uns nicht. Die Werte meiner Familie waren für die damalige Zeit so extrem, daß ich außerhalb der Familie einen Teil meines Lebens verstecken mußte. Die Spannungen zwischen meinen Eltern führten dazu, daß mein Vater sich aus der Familie in Vereinsarbeit zurückzog und für uns Töchter wenig anwesend war. Als ich dann zum Gymnasium kam, betrat ich eine Welt, die meinen Eltern und mir fremd war. Spätestens jetzt hätte ich mir einen Vater gewünscht, der mir Sicherheit, Halt und Orientierung geben könnte. Er hielt sich ganz raus, zu Elternabenden ging meine Mutter. Andererseits legte er meinen schulischen und beruflichen Wünschen nichts in den Weg, er war an meinem sozialen Aufstieg interessiert, den ich dann auch schaffte.

Aber die Verbindung zwischen meinem Denken und meinen Gefühlen riß immer mehr ab, es waren zwei Welten, die ich nicht zu verbinden wußte.

Ein Gespräch zwischen Dürer und van Gogh

Diese Kunststunde entstand während des Seminars „Unterrichtsgestaltung und Planung" im Januar 1985 in Beversee. Ennio, Eva und ich fanden uns zusammen, um eine Stunde für den Kunstunterricht zu entwerfen und in der Gruppe durchzuführen. Es sollte eine kunstgeschichtliche Stunde werden, weil es uns im Unterricht schwerfällt, Kunstgeschichte interessant zu gestalten. Wir hatten viel verschiedenes Bildmaterial zur Verfügung. Um Ideen zu entwickeln, schauten wir uns alle Bilder an, suchten Ähnlichkeiten, Unterschiede, ließen uns ansprechen oder legten Bilder desinteressiert beiseite. Dieser Prozeß dauerte lange, und zwischendurch waren wir sehr frustriert, denn wir hatten den Anspruch, unsere gestaltpädagogischen Erfahrungen umzusetzen. Diese Stunde sollte anders werden als unsere übliche Unterrichtsgestaltung. Schließlich entschieden wir uns für den Bereich des Selbstporträts. Zur Verfügung standen uns viele Selbstporträts von van Gogh und eines von Dürer. Die Unterschiedlichkeit, fast Gegensätzlichkeit der Bilder und Künstler reizte uns zu einem Vergleich der Bilder, Künstler und

Epochen. Wir wählten das Selbstporträt Dürers von 1498 und das Selbstporträt mit Strohhut und Pfeife von van Gogh von 1887.

Zum Ablauf:
Wir sitzen im Kreis und zeigen beide Bilder. Jeder soll sich für das Bild entscheiden, welches ihm/ihr besser gefällt. So entstehen zwei Gruppen, jede mit der Aufgabe, Fragen an das Bild zu stellen. Die Fragen werden auf ein großes Blatt, das neben dem Bild hängt, geschrieben. Es kommen sehr unterschiedliche Fragen zusammen: Entstehungsjahr, Zeitepoche, Maltechnik, Kleidung, Wert, Stand, Lebensweise und andere. In der nächsten Phase kommen beide Gruppen zusammen und gemeinsam beantworten wir die gesammelten Fragen. In der Gruppe ist sehr viel Vorwissen vorhanden, und soweit es nötig und uns möglich ist, ergänzen wir. Als letzten Schritt lassen wir einen Dialog zwischen beiden Künstlern entstehen, um Zeitspezifisches und unterschiedliche Auffassungen über Inhalt und Technik herauszuarbeiten.

Beide Bilder hängen nebeneinander an der Wand, und unter jedes Bild stellen wir einen Stuhl. Jeder hat jetzt Gelegenheit, in die Rolle der Künstler zu schlüpfen, sich auf den jeweiligen Stuhl zu setzen, und Rede und Antwort zu stehen. Wir sind nicht immer konsequent im Einhalten dieses Settings. Es öffnet sich leicht zu einer Diskussionsrunde. Hier ist Jörgs Hinweis hilfreich, den Rollenwechsel bei Gesprächsbeiträgen einzuhalten. Die Auseinandersetzung verläuft sehr lebendig und humorvoll, wobei Herr Dürer viel Unterstützung und Verständnis findet, während van Gogh sich sehr verteidigen muß. Viele haben sich mit Dürer identifiziert und sich auf seinen Stuhl gesetzt. Sein Bild ist klar strukturiert, mit Detailgenauigkeit gemalt, kein Pinselstrich läßt die Frage seiner Bedeutung offen. Ihm geht es um die Wiedergabe der Wirklichkeit mit ihren plastischen Formen, um die Stofflichkeit der Oberfläche und um die Darstellung einer Person, hier seiner Person. Alles ist offensichtlich. Diese Ordnung und Klarheit macht es leicht, sich mit ihm zu identifizieren. Anders bei van Gogh: die Farben haben ihre Lokalfarbe verloren, sind subjektiv gesetzt. Der Pinselstrich ist bewegt. Ihm geht es auch um die Wiedergabe seiner Person, aber nicht um die äußere Ähnlichkeit mit Stofflichkeit, Plastizität und Detailgenauigkeit, sondern um einen inneren Ausdruck seiner selbst. Und um diese ganz persönliche Aussage zu erreichen, verwendet er sehr persönliche Gestaltungsmittel. Auf die Selbstdarstellung van Goghs kann man leicht den Chaoten, den Spontanen, den Explosiven und, wegen seiner unkonventionellen Malweise, den Dilettanten projizieren. Die Stunde mit Dürer und van Gogh habe ich heute noch in guter Erinnerung, denn diese kurzen Ausschnitte der Kunstgeschichte sind sehr lebendig und sichtbar geworden. Wir hatten alle unseren Spaß daran, besonders an der Arbeit mit dem Stuhl.

Nun wieder zu den gestaltpädagogischen Elementen. Die freie Wahl zwischen den beiden Bildern ermöglicht eine erste Beziehungsaufnahme. Das Sammeln und Anschreiben der Fragen fordert zu Eigenaktivität auf und läßt jegliche Wertung draußen. Alle Fragen werden auf dem Blatt sichtbar, der Teil eines jeden wird somit sichtbar. Indem jeder aufgefordert ist, Fragen an das Bild zu stellen, wird auch Neugierde auf die Antwort geweckt, das folgende Gespräch verliert seine Beliebigkeit. Ein Element wurde aus der Gestalttherapie entliehen: der Rollentausch mit Hilfe des leeren Stuhls. Setzt man sich auf einen der beiden Stühle, wird man für kurze Zeit selbst zum Künstler. Wie fühlt sich das an? Die Identifikation kann hier wieder zum Mittel der Selbsterkenntnis werden. Mit wem identifiziere ich mich und mit welchem Teil des Bildes oder Künstlers? Kunstwerke sind Mittel zur Projektion und, wenn man sich dieser bewußt wird, zur Selbsterkenntnis.

Für mich waren Bilder lange Zeit eine Projektionsfläche für meine Gefühle. Der Prozeß der Bewußtwerdung kam erst viel später. Im Blick zurück frage ich mich nach meiner Beziehung zu den gezeigten Bildern und den Künstlern. Mit den Bildern Dürers und van Goghs habe ich mich intensiv beschäftigt, als ich noch in der Sekundarstufe II gearbeitet habe. Beide Künstler schätze ich sehr. Wenn ich mir die Porträts ansehe, finde ich in beiden etwas von mir wieder. Meine spontane Assoziation: ich verhalte mich wie Dürer, distanziert, gefaßt, überlegt, kontrolliert, klar, und fühle wie van Gogh, intensiv, chaotisch, explosiv. Nur meine Gefühle werden für viele Menschen nicht sichtbar - aber doch langsam für immer mehr. Die Gefühlsintensität und die Direktheit der Bilder van Goghs spricht mich immer wieder sehr an. In sein Leben kann ich mich hineinfühlen, weil ich mich in vielen Lebensbereichen lange als Außenseiterin gefühlt habe. Auch heute noch empfinde ich die Intensität meiner Gefühle manchmal als bedrohlich und entscheide mich dann für kontrolliertes und distanziertes Verhalten, ach, ab und zu explodiere ich auch.

Ein Ausflug nach Worpswede

Ich erinnere mich nicht an eine bewußte erste Begegnung mit Kunst, aber es muß in Worpswede gewesen sein. Als ich 13 oder 14 Jahre alt war, unternahmen meine Eltern mit Freunden und deren Kindern jeden Winter eine Wanderung nach Worpswede. Höhepunkt war dann die Rast im Haus im Schluh bei heißen Getränken und mitgebrachten Broten. Das Haus im Schluh wurde 1920 der Wohnsitz von Martha Vogeler, nachdem sie sich von ihrem Mann Heinrich Vogeler getrennt hatte. Dort lebte sie mit ihren 3 Töchtern und baute eine Weberei auf. Das Haus war 1964 noch im alten Zustand und wurde von Martha Schnaas-Vogeler und Bettina Müller-Vogeler bewohnt, den

Töchtern von Martha und Heinrich Vogeler. Auch die Handweberei wurde von ihnen weiter betrieben.

Wir saßen dann in der guten Stube, umgeben von Bildern Heinrich Vogelers, wärmten uns auf und plauschten. Und hier, in der gemütlichen Atmosphäre des Bauernhauses, sah ich zum ersten Mal Heinrich Vogelers Bild „Der Frühling". Er hatte seine Frau Martha in eine erwachende Frühlingslandschaft gestellt, Birken mit zartem Grün, Vögel. Martha steht mit Blick zum Himmel auf einer Wiese. Sehnsuchtsvoll und verträumt schaut sie. Schön gekleidet in ein zartblaues langes Empirekleid, ist sie ein Ausdruck der Sehnsucht, fernab der alltäglichen Anforderungen der Wirklichkeit, keine Frau von Fleisch und Blut. Die Zartheit des Bildes und das Spiel der Farben zwischen Blau und Grün haben mich sehr angesprochen. Der Blick Marthas erinnert mich an Paßbilder von mir, als ich zwanzig Jahre alt war, entrückt und sehnsuchtsvoll. Über viele Jahre habe ich die Bilder Heinrich Vogelers sehr geliebt.

Im Rückblick auf Bilder dieser Zeit bleibe ich immer wieder an einem anderen Bild hängen: „Mädchen mit Katze" (1914) von Heinrich Vogeler. Dargestellt ist Mascha Vogeler, die jüngste Tochter des Künstlers. Sie sitzt mit hochgezogenen Knien in der Mitte des Bildes und bedeckt fast die ganze Leinwand. In ihren Händen hält sie eine Katze auf ungewöhnliche Weise, indem sie das Tier an den Vorderpfoten hochhält und dem Betrachter den Bauch und die Geschlechtsteile zeigt. Ich erinnere mich genau, daß ich mich in dem verschlossenen Blick des Mädchens wiederfand, während ich die Katze nicht verstehen konnte. Wollte der Vater, daß die Katze so gehalten wird, oder war es die Entscheidung des Mädchens? Noch jetzt irritiert mich das Tier. Schützt sich das Mädchen mit der Katze? Wie drohend hält sie die Katze, die entblößt und hilflos auf mich wirkt. Konnte ich die Katze nicht ertragen, weil ich dann meine Ohnmacht und Hilflosigkeit gespürt hätte? Vielleicht erst später in der Therapie konnte ich fühlen, welche Gefühle ich hinter meinen verschlossenen Augen verbarg: Sehnsucht nach meinem Vater, Angst, abgewiesen zu werden, und Ohnmacht und Verzweiflung.

Bei weiteren Worpswedebesuchen lernte ich auch Bilder der anderen Maler kennen, Fritz Mackensen, Otto Modersohn, Hans am Ende, Fritz Overbeck und Paula Modersohn-Becker. Doch meine eigenen Stimmungen sah ich in den Bildern Vogelers am deutlichsten gespiegelt. Und um mir diese Bilder häufiger ansehen zu können, begann ich Kunstpostkarten zu sammeln. Ich war begeistert von der Kunst, weil sie meine Gefühle aussprach, es war ein heimliches Verständnis zwischen mir und den Bildern. Die Gefühle, die in meiner Familie so wenig Raum hatten, konnten hier wahrgenommen werden. Und bei den winterlichen Wanderungen nach Worpswede oder Fischerhude lernte ich immer mehr Bilder kennen, später kamen noch Kunsthallenbesuche hinzu.

Künstlerleben - mein Ideal

Welche Umstände, welche Atmosphäre in meinem Elternhaus ermöglichten meine Orientierung an der Kunst? Es muß mehr gewesen sein als die Ausflüge nach Worpswede. Als Anfang der 60er Jahre der Fernseher in die bundesdeutschen Wohnzimmer einzog, entschieden meine Eltern sich gegen einen Kauf. Für uns Kinder hatte das mehrere Folgen. In den täglichen Pausengesprächen in der Schule waren wir immer ausgeschlossen, wenn es um das Fernsehprogramm vom Vortag ging, um Fernsehstars oder Sternchen. Meine Eltern lehnten diese Welt der Shows ab, sie war ihnen zu künstlich. Aber Fernsehen bietet über die Unterhaltung und Information hinaus auch Vorbilder zur Identifikation und Kommunikationsanlässe. Andere Bereiche, in denen Jugendliche sich einige Zeit orientieren, sind die Jugendillustrierte und die Musikkultur.

Es bleibt immer noch ein Schmerz, zu sehen, wovon wir ausgeschlossen waren. Da meine Eltern diese Werte ablehnten, übernahm ich ihre Haltung unbemerkt doch. In der Schule fand ich mich oft zusammen mit einer Freundin und zwei Mitschülern, die alle eine Vorliebe hatten für klassische Musik, alle ein bißchen altmodisch waren, mehr am Rande der Klasse lebten. Wir waren Kinder von Eltern, denen das Normale aus den verschiedenen Gründen nicht genug war, und so war es uns auch nicht gut genug. Wir schauten auf die anderen herab, wären aber am liebsten mitten unter ihnen gewesen. Nur wir wußten nicht, wie wir das erreichen konnten. Musik, klassische und Volksmusik, Theater, Kunst und Sport betrachteten meine Eltern als förderlich für uns. Auch wenn es eine Welt war, die ihnen in ihrer Jugend verschlossen war, öffneten sie sie für uns. Aber sie selbst schauten in diese Welt mit einem Blick nach oben. So wie sie den Bereich der Massenmedien und des Vergnügens entwerteten, so stellten sie die Künste nach oben. In der Mitte blieb nicht viel. Ich griff diese Angebote gerne auf. Mit 16 hatte ich mein erstes Jugendtheater-Abonnement und war begeistert von dieser geheimnisvollen und faszinierenden Welt. Nachdem ich „Romeo und Julia" gesehen hatte, las ich weitere Dramen von Shakespeare, dann von Schiller und Goethe, zum Teil durch die Schule angeregt. In der Zeit gab es in Bremen hervorragendes Theater. Die Klassiker wurden auf moderne Art und Weise aufgeführt sowie einige spektakuläre moderne Stücke.

Zuhause lebten wir viel mit Musik. Meine Schwester und ich sangen oft, wenn wir im Haushalt helfen mußten. Ich hatte Spaß am Geigenunterricht, und meine Schwester lernte Gitarre. Ich schaute ihr so viel ab, daß ich lernte, unsere Lieder zu begleiten. Beim Singen konnten wir unsere Gefühle ausdrücken und erlebten Gemeinsamkeit. Meine Eltern hörten oft klassische Musik. Wie andere Schüler Popstars sammelten, begeisterte ich mich für Opernsänger, Geigenvirtuosen oder Pianisten und Komponisten. Sorgfältig legte ich ein Büchlein an, in das ich die Lebensgeschichte von Künstlern schrieb, sammelte Prospekte und klebte Künstlerfotos ein.

Über diese Beschäftigungen wuchs in mir eine Vorstellung vom Leben des Künstlers: Ein Künstler lebt seine Gefühle aus, ist lebensfroh, vital, begehrt, liebt und wird geliebt, ist etwas Besonderes. Ein Künstler fühlt und weiß, was er will, die künstlerische Arbeit ist ihm das größte Anliegen. Er liebt die Freiheit und hat den Mut, sich über bürgerliche Konventionen hinwegzusetzen. Ein Künstler ist stolz auf seine Werke, hat zwar oft wenig Geld, aber dafür ein freies, unabhängiges Leben. Schaue ich heute auf meine Vorstellungen vom Leben eines Künstlers, so sehe ich darin meine Projektionen, denn die Realität vieler Künstler sah ganz anders aus. Ich idealisierte Kunst und Künstler in unerreichbare Höhen und übersah die Disziplin, Mühsal und Entsagung, oft auch die innere Not dieser Menschen. Dieses Künstlerbild war ein Ausdruck meiner Sehnsucht nach dem Leben Ich wollte teilhaben am Leben, mich, meine Gefühle ausdrücken. Wollte gesehen werden, geliebt werden und lieben. Und ich meinte, nur geliebt zu werden, wenn ich etwas Besonderes bin. Künstler waren für mich etwas Besonderes. Aber davon war ich weit entfernt in jener Zeit (im Alter zwischen 15 und 20 Jahren), und die Kunst war wie ein Rettungsring für mich, um die Hoffnung auf ein besseres, befriedigendes Leben im Blick zu behalten.

2. Zeit der Supervision
Meine privaten Bedingungen

Dann kam die Zeit der Supervision, in der wir unsere Erfahrungen in der Schule erprobten. Von meinen Schritten, mich mit Gestaltpädagogik in der Schule und mich mit der Schule in der Supervision zu zeigen, zeugen die nächsten Kapitel. Es sind kaum ausgearbeitete Unterrichtseinheiten, sondern einzelne Stunden, die ich in der Supervision zeigte und die immer wieder auf unerwartete Weise mein Verhältnis zur Kunst sichtbar werden ließen.

Die Supervision machte ich gemeinsam mit vier Frauen aus der Ausbildungsgruppe bei Jörg Bürmann. Für mich fiel sie in eine Zeit, in der ich privat sehr belastet war. Im August 1985 wurde unsere Tochter Merle Sophia geboren. In den kommenden Monaten mußten wir drei lernen, uns aufeinander einzustellen. Bernd und ich lebten erst seit zwei Monaten in unserer gemeinsamen Wohnung, und die neue Situation forderte uns beide. Die Pflege und Betreuung von Merle nahm uns sehr in Anspruch, zumal sie als Baby wenig schlief. Die Tage waren mit ihr ausgefüllt. Unsere Beziehung war dieser Belastung damals nicht gewachsen. Jeder war enttäuscht vom anderen: ich, weil ich bei der Betreuung von Merle wenig Unterstützung fand bei Bernd. Er, weil ich nur Zeit für das Kind hatte, nicht für ihn. Als ich dann nach sechs Monaten wieder in die Schule ging, war Bernd lange krank. Die Schule war für mich ein Neubeginn. In der vorangegangenen Zeit hatte sich viel in meinem Leben verändert. Die Schule hatte darüber an Bedeutung verloren. Ich ging gerne wieder hin, weil mir die sozialen Kontakte wichtig waren und ich dort den Vormittag „in meinem Tempo gehen konnte". Es war eine turbulente Zeit.

Auf der ersten Supervisionssitzung hatte ich dann Merle dabei, denn ich stillte sie noch. Die nächste Sitzung war bei uns in Bremen. Meine Aufmerksamkeit war wieder sehr gespalten. Sobald das Kind schrie, war ich innerlich in Alarmbereitschaft. Von da an war ich ohne Kind dabei. Wir trafen uns in Osnabrück, und immer mehr genoß ich den Tag ohne Familie. Mehrere Sitzungen verliefen, ohne daß ich etwas aus meinem Unterricht mitbrachte. Ich fühlte mich unter Druck. Alle hatten schon etwas aus ihrer Berufspraxis gezeigt, zum Teil sogar schriftlich ausgearbeitet. Ich war mit meinen Schwierigkeiten mit Schülern, Unterricht, Konkurrenz, Autorität und Leistung konfrontiert, was sowohl eine Hilfe als auch eine Belastung war. So begegnete ich in jeder Sitzung meiner Angst, abgewiesen zu werden, weil meine Leistung nicht genügen könnte - und dann machte ich jede Sitzung die Erfahrung, angenommen zu werden.

Bilder aus meinem Unterricht

Nun will ich beschreiben, wie es war, als ich zum ersten Mal Bilder meiner Schüler in der Supervisionsgruppe zeigte. Leider habe ich sie damals nicht fotografiert, jetzt fehlen sie mir. Vielleicht, weil ich bedaure, wie ich damals mit ihnen umgegangen bin.

Mit einer Klasse des 8. Jahrgangs wollte ich Plattenhüllen entwerfen. Diese sollten sich in ihrer Gestaltung an Musik orientieren, die ich mitgebracht hatte. Es waren drei verschiedene Stücke, ein klassisches von Vivaldi, eine moderne Rockmusik und eine sehr gefühlsbetonte Musik von A. Vollenweider. Zu Beginn der Stunde hörten wir uns die Musik an. Die Schüler saßen mit geschlossenen Augen und sollten während der Musik auf ihre Gefühle achten. Dann malte jeder ein Bild zu dieser Musik, die ihm am besten gefallen hatte, während die Musik wieder spielte. Mit Hilfe der Bilder haben wir besprochen, was sie beim Hören erlebt haben und was die gewählte Musik für sie bedeutet. Fast alle Schüler fanden eine Musik, die ihnen zusagte, selbst die klassische

Musik wurde gewählt. Es war das erste Mal, daß ich Schüler nach Musik malen ließ. Die Bilder bestanden zum Teil aus verschiedenfarbigen Linien, im Rhythmus der Musik gemalt, oder aus Symbolen, die ihnen spontan eingefallen waren.

Am Samstag fuhr ich mit den Bildern nach Osnabrück. Einerseits war ich froh, endlich etwas zu zeigen, andererseits fühlte ich mich unsicher mit diesen Bildern. Nachdem ich die Bilder zu Hause angesehen hatte, sah ich die Schwierigkeit, diese spontanen Gefühlsäußerungen mit Text zu versehen und in eine werbewirksame Plattenhülle zu verwandeln. In der Supervision wollte ich mir Hilfe zur Weiterarbeit holen - natürlich wäre es mir lieber gewesen, etwas Fertiges, Gelungenes zu zeigen. Ich war aufgeregt und verunsichert, als ich nach Osnabrück fuhr. Als ich von meinem Unterricht erzählte, legte ich die Bilder ungeordnet auf den Fußboden. Einige waren dadurch verdeckt und kaum zu sehen, alles sah wie ein Durcheinander aus, es fehlte eine liebevolle Ordnung. An der Art und Weise, wie ich die Bilder der Schüler zeigte, wurde sichtbar, daß ich sie abwertete. Sie waren mir nicht gut genug. Die anderen Teilnehmer kritisierten sie kaum. Wie können die Schüler Vertrauen entwickeln, sich über ihre Bilder zu zeigen, wenn ich die Ergebnisse nicht achte, nicht annehme? Im Mittelpunkt der Besprechung standen dann folgende Fragen:

- wem war ich nicht gut genug?
- wie gehe ich mit meinen Bildern um?

Die erste Frage führte mich zu meinem Verhältnis zu meiner Mutter, die zweite zu meiner Geschichte mit meinen Bildern, die geprägt wurde durch den als Schülerin erlebten Kunstunterricht und das Kunststudium. Der Blick zurück in die Vergangenheit verläuft meist schmerzlich. So mußte ich erkennen, daß ich mit meinen Schülern umging wie meine Mutter mit mir. Ich brauchte in der Supervision immer wieder das Gefühl, unabhängig von meiner Leistung angenommen zu werden, um einen kleinen Teil mehr von mir zu zeigen. Den emotionalen Rückhalt brauchen Schüler auch, um sich in der Klasse wohlzufühlen und zeigen zu können. Diese annehmende Atmosphäre wird vom Lehrer hergestellt - oder auch nicht.

Für den weiteren Unterricht nahm ich die Anregung mit, als Brücke zum Plattencover mit den Schülern eine Gestaltungsübung zu machen, in der sie Schrift und Bild einander zuordnen sollten. Dazu schnitt ich viele verschiedene Bilder und Schriften aus Illustrierten aus. Sie sollten zu einem Bild die formal passende Schrift - die Bedeutung der Schrift war unwichtig - aussuchen und an geeigneter Stelle auf das Bild aufkleben. So lernten sie Gestaltungselemente des Layout kennen, um sie später auf ihrem Cover anzuwenden. Sie probten, bis jeder eine passende Lösung gefunden hatte. Die Ergebnisse besprachen wir.

Sie sahen viele Beispiele für die Bedeutung einer Schriftform und deren Zusammenhang mit dem Bildinhalt. Nach dieser Layout-Übung arbeiteten sie an der Gestaltung des Plattencovers. Letztlich hatten die meisten ganz neue Ideen entwickelt, und nur wenige griffen in der Gestaltung auf die nach der Musik gemalten Bilder zurück. Das Malen nach Musik war wichtig als Auseinandersetzung mit der Musik und als Einstimmung auf das Thema. Die Musik wurde so bewußter gehört und mit der Tätigkeit der Hand verbunden.

Meine Familie - meine Mutter

Ich werfe wieder einen Blick zurück in meine Kindheit, auf mein Verhältnis zu meiner Mutter. Womit beginne ich, was zeige ich, was nicht? Was könnte sie zu sehr verletzen? Die Schwierigkeiten mit meiner Mutter begannen damit, daß ich ein Mädchen war. Ein Spruch von ihr dazu: „Lieber fünf Jungen als ein Mädchen." Ich war ihr zweites Kind; vor mir gebar sie einen Jungen, der im Alter von 9 Monaten unter unglücklichen Bedingungen starb. Soweit ich mich erinnere, fühlte ich mich von meiner Mutter abgelehnt, ständig kritisiert und stand in Opposition zu ihr. Als ich zwei Jahre alt war, wurde meine Schwester Birgit geboren. Sie hatte den Vorteil der niedlichen, charmanten Jüngeren. Die Nachteile und die vergeblichen Anstrengungen dieser Rolle sah ich damals nicht. Es gab wenig Wärme, Nachsicht und Schutz in meiner Familie, dafür viele Anforderungen und Kontrolle. So lebte ich mehr aus meinem Kopf, und die Vielfalt meiner verdeckten Gefühle war mir nicht bewußt. Spürbar blieben die Gefühle der Unzufriedenheit, der Minderwertigkeit und Ausgeschlossenheit. Ich lernte früh, Rücksicht zu nehmen, aufzupassen, eben die Ältere, Verantwortungsvollere zu sein, und fühlte mich ständig zurückgesetzt und übersehen. Einerseits trotzte ich heftig gegen meine Mutter, andererseits versuchte ich es ihr recht zu machen, um ihre Liebe zu bekommen. Es war nicht leicht. Ich erinnere mich an Situationen, wo ich Staub wischen mußte und mich bemühte, alles ordentlich sauberzumachen. Als sie dann kam, um nachzusehen, stand hinten auf einem Regal eine kleine Vase, die ich nicht hochgehoben hatte, um darunter zu wischen. Meine Mutter entdeckte sie sofort und schimpfte. Ich war furchtbar enttäuscht und gedemütigt.

Später, als ich auf dem Gymnasium war, hatte ich gelernt zu argumentieren. Ich wußte mehr als sie und wehrte mich damit. Ihre Anerkennung fand ich so nicht. Als die Zeit der Pubertät kam und wir uns heimlich schminkten oder uns besonders schön machen wollten, kam von ihr der Spruch „Oben hui und unten pfui". Diesen verletzenden Spruch habe ich inhaltlich lange nicht verstanden, wohl aber die Abwertung meiner Weiblichkeit gefühlt. Nicht nur meine Mutter war abwertend, mir fallen ähnliche Situationen mit meinem Vater ein: meine

Schwester und ich spielten in derselben Volleyball-Mannschaft. Manchmal brachte mein Vater uns zum Turnier und sah zu. Dann stand er gleich neben dem Spielfeld und gab uns bei allen Patzern gute Ratschläge, die uns nur wütend machten. Wir hatten ihn nicht gerne dabei.

Kunstunterricht bei Herrn Busch

Wie gehe ich mit meinen Bildern um, welche Geschichte verbirgt sich dahinter?

Auf dem Gymnasium erhielt ich Kunstunterricht bei Herrn Busch. Er war sowohl Kunstlehrer als auch Künstler. Eine Verbindung, die öfter bei Kunstlehrern zu finden ist. Meistens ist diese Verbindung ein notwendiger Kompromiß, weil das durch die Kunst verdiente Geld nicht zum Lebensunterhalt reicht. Herr Busch stellte in Worpswede aus und verkaufte dort. Den Unterricht machte er lieblos nebenbei. Oft kam er mit einer Schnapsfahne, und ab und zu entdeckten wir eine Flasche in seiner Tasche. Während des Unterrichts verzog er sich häufig in einen Nebenraum und malte seine eigenen Bilder, Blumenbilder oder Landschaften. Manchmal durften einige von uns Schülern, auch ich, ihm beim Arbeiten zusehen. Dies war ein Privileg. Ich lernte wenig bei diesem Lehrer und erinnere mich nur an zwei Bilder von mir, die mir gut gefielen. Er vermittelte uns, daß unsere Bilder im Verhältnis zu seiner Kunst wenig Wert hatten. Oft gab er uns Aufgaben, die uns beschäftigen sollten. In der 10. Klasse ließ er uns mehrmals Tapeten anmalen. Das Fundament, welches in diesem Kunstunterricht gelegt wurde, reichte nicht dazu, selbstbewußt an die Kunstakademie zu gehen - aber meine Lust trieb mich dahin. Oder war es meine Sehnsucht?

Die Zeit an der Kunsthochschule

In der Erinnerung erscheint mir die Studienzeit an der Kunsthochschule in Braunschweig wie ein verschnürtes graues Paket, wo oben das Papier abgerissen ist und nur wenige Farben zu sehen sind. Ich merke beim Schreiben, daß ich lustlos und resignativ bin und muß mir selbst einen Anstoß geben weiterzuschreiben, noch einmal genauer in diese Kiste zu schauen. Mir fällt mein erstes Zimmer in Braunschweig ein: Ich wohnte in einem Mietshaus unterm Dach. Von einem langen Flur gingen 4 Zimmer ab und ein Bad. Alle Zimmer waren an Studentinnen vermietet, und das Bad nutzten wir gemeinsam. Es war ein unmöbliertes Zimmer, und ich richtete es selbst ein: baute mir Kästen für Bücher, besorgte Matratzen, strich alles in roter oder weißer Farbe an und entwarf sogar eine Lampe. Ich fühlte mich dort sehr wohl und war stolz auf mein Zimmer. Im Einführungsseminar Malerei bei Siegfried Neuenhausen freundete ich mich mit mehreren Kommilitonen an. Dieses erste Semester ist die einzige Zeit in meinem Leben, in der ich fast nur mit Männern Kontakt hatte. Ich führte ein freies Leben, fuhr abends oft mit Manfred nach Hannover in den „Maulwurf", eine Szenekneipe, und staunte über die vielen flippigen Menschen, die hier versammelt waren. Aber mein Verhältnis zu den Männern war ein kameradschaftliches, und ich fühlte mich als Frau übersehen und dadurch verletzt. Im zweiten Semester verliebte ich mich dann in Meinhard. Wir zogen zusammen und heirateten bald. So fand die ungebundene Zeit schnell ein Ende.

Mein Studium an der SHfBK (1970-74) fiel in eine Phase der Politisierung der Kunstpädagogenausbildung. Der Schwerpunkt verlagerte sich von der praktischen Auseinandersetzung mit Kunst zur theoretischen Aneignung. Wir setzten uns mit Kunstsoziologie, Kunstgeschichte, Visueller Kommunikation und Marxismus auseinander. In einem Seminar lasen wir das „Kapital" von Karl Marx. Ich erinnere mich an das Gefühl des Unverständnisses, weil ich das Gelesene nie konkret auf die Realität übertragen konnte. In fast allen Seminaren wurde gesellschaftskritisch gearbeitet. Herrschaftsansprüche, die über Kunst und Kultur vermittelt werden, sollten aufgezeigt werden. Damals war ich überzeugt, daß mit Hilfe von Aufklärung und Agitation die bundesrepublikanische Wirklichkeit zu verändern sei. Der Wert der eigenen Arbeit wurde an einem sehr hohen Maßstab gemessen: Trägt die theoretische wie die praktische Arbeit zur Aufklärung des Volkes bei? Ein Bild mußte eine politische Aussage haben, sonst wurde es verlacht. Diesen Anspruch erlebte ich als erdrückend und eng. Ich hätte gerne malen gelernt, aber eine negative Erfahrung im Pflichtkurs Malerei des 1. Semesters, viel Konkurrenz und kaum Hilfestellung, hatte mich abgeschreckt. Von da an arbeitete ich mit Fotografie, Siebdruck und Film. Auch in den Themen paßte ich mich an: für die Mappe machte ich eine Siebdruckreihe zur politischen Wahlpropaganda im Stil von Klaus Staeck und eine andere für den Kampf um die Chancengleichheit der Frau. Die künstlerische Examensarbeit war eine Ton-Bild-Schau zur Geschichte des 1. Mai. Mit dieser Arbeit war und bin ich sehr zufrieden.

Es war mein Wunsch, Kunst zu studieren, und ich war stolz, an der SHfBK zu sein. Heute wünschte ich mir, ich hätte im künstlerischen Bereich mehr gelernt, hätte meine Ausdrucksmöglichkeiten gefunden. Damals war mir der politische Anspruch viel zu hoch, als daß ich gewagt hätte, meine Gefühle künstlerisch auszudrücken. Mein Leben ist begleitet von der Konfrontation mit Autoritäten, denen ich mich lange anpaßte. Zuhause gab es die Autorität der Eltern, besonders meiner Mutter, der ich nicht genügte. An der SHfBK gab es die Autorität des politischen Anspruchs, dem meine Bilder und ich nicht genügten - halt, mir genügte es nicht, ich habe mein Staatsexamen mit „gut" bestanden, offiziell genügte es also doch! Warum übersehe ich das so leicht?

In der Supervision sitzt ein Therapeut, und ich befürchte, daß ihm mein Unterricht nach gestaltpädagogischen Kriterien nicht genügt. Und die Bilder der Schüler genügen mir nicht. Noch etwas fehlt: meine Bilder genügten mir nicht. Selbst in der Gestaltausbildung habe ich alle Bilder, die ich malte, an den jeweiligen Tagungsorten vergessen. Eins gefiel mir aber so gut, daß ich es zu Hause sofort in mein Tagebuch nachmalte. Ich konnte nicht akzeptieren, wie meine Bilder waren. Die Bilder zeigten mein Gefühl, und um zu meinem Gefühl zu stehen, fühlte ich mich nicht sicher genug. Mein Anspruch als Kunstlehrerin war mir im Weg.

Ein Beispiel aus meinem Unterricht
Letzte Stunde der Unterrichtseinheit „Wir zeichnen Menschen"

Es ist Freitag, 2. und 3. Stunde Kunstunterricht in der Klasse der 8r. Gut gelaunt gehe ich in den Unterricht. Wir sehen uns nach 3 Wochen Weihnachtsferien wieder. Obwohl es ein langer Einschnitt war, will ich das alte Thema wieder aufgreifen. Während der UE haben die Schüler sich gegenseitig gezeichnet, wobei der ganze Körper in seinen Proportionen richtig erfaßt werden sollte. Als Hilfestellung hatten sie ein Proportionsschema zur Verfügung, bei dem der Kopf als Maßeinheit gilt. Viele Schüler machten nur wenig Gebrauch davon, und so mußten sie häufig radieren, was einige sehr frustrierte. Die eigenen Zeichnungen regten sie sehr zum gegenseitigen Betrachten und zum Lachen an. Die 2. Zeichnung war eine Karikatur des gezeichneten Schülers, wobei sie ihrer Phantasie folgen konnten.

Und nun zur Stunde: Besprechen der Arbeiten.
Ich legte die Mappe mit den Arbeiten auf den langen halbhohen Wandschrank und forderte die Schüler auf, die ersten Zeichnungen auszulegen. Neben wessen Bild liegt es gut und wo darf es auf keinen Fall liegen? Bei einem kurzen Blick auf die Bilder fiel mir deren Steifheit auf, im Gegensatz zu den lebhaften Bewegungen der Schüler, wie sie einen Platz für ihr Bild suchten. Spontan forderte ich sie auf, ihre Bilder zu lassen und locker, auf sich konzentriert durch den Raum zu gehen. Sie waren erstaunt und machten mit. Ich gab ihnen ein Zeichen stehenzubleiben, ihren Stand zu spüren. Viele bezeichneten ihre Stellung als angenehm und entspannt. Jeder holte jetzt das Bild, auf dem er abgebildet war, und sie stellten sich, das Blatt vor dem Bauch, in zwei Reihen gegenüber. Sie sollten dann die Haltung der Zeichnung einnehmen! Es sah sehr lustig aus, wie sie sich bemühten, die Schultern

hochzuziehen, die Beine zusammenzupressen und die Füße im Winkel von 90° nach außen zu drehen. Sie erkannten sofort die Steifheit ihrer Zeichnungen und führten sie auf zeichnerisches Unvermögen zurück. Viele hatten trotzdem das Ziel, Ähnlichkeit in bezug auf die Proportionen des Körpers, erreicht. Nun nahmen wir die Karikaturen zur Hand und stellten uns mit ihnen vor dem Bauch in einen Kreis, betrachteten und verglichen mit der Realität, wobei es viel zu lachen gab. Der Stundengong beendete dann diesen Teil.

In der nächsten Stunde hängte ich folgende Reproduktionen nach vorne: Selbstporträt von Albrecht Dürer, 1498 und „Königin Elisabeth I." von Hillary. Die Schüler konnten sich ein Bild aussuchen, um es zu beschreiben. Wie ist die Person dargestellt? Was war dem Künstler wichtig? Da die Schüler im Deutschunterricht gerade Bildbeschreibungen geübt hatten, waren sie damit vertraut. Wer Lust hatte, las seine Beschreibung vor, und wir arbeiteten die Unterschiede der Bilder heraus. Dürers Anliegen war es u. a., seine Person naturgetreu abzubilden, wobei alle Details sehr genau ausgeführt waren. Das Bild wirkt lebendig und verrät persönliche Haltungen des Künstlers, Selbstbewußtsein, Stolz etc. Im Gegensatz dazu zeigt Hillary sein technisches Können in der Detailgenauigkeit des Schmuckes und der Kleidung, während das Gesicht sehr undifferenziert gearbeitet ist, steif und wächsern wirkt. Er präsentiert mehr den Reichtum der Königin als ihre Persönlichkeit. Zum Stundenschluß können die Schüler in die Position Dürers schlüpfen, um dessen Haltung nachzuempfinden. Mit der 2. Halbgruppe habe ich einige Wochen später diese Stunde wiederholt. Ich hatte den Austausch der Schüler über ungewohnten Unterricht nicht bedacht, und so waren sie sehr genau informiert. Mir fehlte die Überzeugungskraft, die durch meine Spontaneität entstanden war, wir hatten weniger Spaß zusammen, und die Konzentration war geringer.

Über die Stunde in der 1. Halbgruppe freue ich mich heute noch. Ich konnte vom Gewohnten und Geplanten abweichen und bin einem spontanen Impuls gefolgt. Das Aufnehmen dessen, was bei den Schülern sichtbar wird, hier der lebendige Ausdruck ihrer Bewegungen, um es ihnen bewußt zu machen und damit zu arbeiten, habe ich immer wieder als Prinzip der Gestaltpädagogik erfahren und schätzen gelernt. Der Aspekt der Spontaneität ist dabei ebenso wichtig wie das Überraschungsmoment für die Schüler.

Mein Verhältnis zur Kunstbetrachtung

Beim Blick auf das in dieser Arbeit besprochene Material aus der Ausbildungsgruppe und dem Unterricht fällt mir die häufige Thematisierung von Kunstwerken auf. Zwei unliebsame Fragen schieben sich in den Vordergrund: Welche Bedeutung hat das Zeigen und Besprechen von

Kunstwerken im Unterricht für mich? Warum zeige ich in dieser Arbeit viele Stunden mit kunstgeschichtlichem Anteil, obwohl die große Mehrzahl meiner Unterrichtsstunden praktisches Tun zum Inhalt hat?

Ich beginne mit der ersten Frage. Zum besseren Verständnis schildere ich den formalen Ablauf einer Unterrichtseinheit, die praktisches Tun beinhaltet. Am Anfang gibt es eine Einführung der neuen Aufgabe, und danach arbeitet jeder Schüler am Bild, an der Collage, an der Maske, je nach Themenstellung. Ich gebe Hilfestellungen, Ermutigungen, Anregungen, damit jeder die Aufgabe bewältigen kann. In manchen Stunden ist mein Rat pausenlos gefragt, in anderen wenig. Dann sitze ich hinter meinem Pult, nehme die Arbeitsatmosphäre wahr, gehe meinen Gedanken nach, bisweilen nehme ich ein Blatt Papier und zeichne oder langweile mich. Wenn, meist nach mehreren Wochen, alle Schüler ihre Arbeiten beendet haben, setzen wir uns im Kreis zusammen und schauen die Bilder gemeinsam an. Früher habe ich in solchen Besprechungen an Hand der zu Beginn des Unterrichts gestellten Kriterien geschaut, was ist erreicht worden, was nicht. Diese Stunden waren gefüllt mit Kritik und vielen Ablenkungsmanövern der Schüler, verständlicherweise, wer läßt sich gern von seinen Mitschülern öffentlich kritisieren. Heute betrachten wir mehr die Vielfalt der Problemlösungen, die unterschiedlichen Möglichkeiten, etwas Ähnliches auszudrücken und, noch sehr vorsichtig, die Beziehung des einzelnen Schülers zu seinem Bild.

Im Kontrast dazu stehen die Kunstgeschichtsstunden, in denen ich es genieße, im Mittelpunkt zu stehen und mehr in Aktion zu sein. Diese Stunden beinhalten eine andere Herausforderung für mich, hier kann ich mein Wissen zeigen. Dieses Wissen, das ich den Schülern über die Kunstwerke vermitteln kann, bewerte ich gefühlsmäßig höher als die vielen praktischen Hilfestellungen, die ich ihnen beim Arbeiten an ihren Bildern gebe. Schaue ich auf die Schülerseite, ist es genau umgekehrt; die meisten sind mehr am praktischen Tun als an kunstgeschichtlichen Exkursen interessiert.

Früher hatte ich manchmal ein Gefühl der Sinnlosigkeit meines Tuns als Kunstlehrerin, angesichts der vielen Probleme, die sich Schülern in ihrem Alltag stellen. Das, was ich in meinem Fach vermittle, schien mir wertlos und überflüssig zu sein im Vergleich zu den leistungsbetonten Fächern wie Deutsch, Mathematik und Fremdsprachen. Das Einzige, dem ich dann in meinem Fach Bedeutung beimessen konnte, war die Vermittlung von Kunstgeschichte, als Weg zum Erfassen unserer europäischen Kultur. Heute verstehe ich es so, daß ich in Zeiten, in denen ich mich wenig akzeptieren konnte, meine Minderwertigkeit auch auf meinen Beruf projiziert habe. Ich sehe noch eine andere Seite, das Bedürfnis zu vermitteln, was für mich persönlich Bedeutung hat und mit viel Lebendigkeit und Vergnügen verbunden ist. Ich zeige so nicht nur mein Wissen, sondern auch etwas von mir. Die Freude an der Auseinandersetzung mit Kunstwerken ist seit meiner Pubertät ungebrochen, während mein Verhältnis zu meiner Kreativität belastet ist. Klar, was ich dann lieber zeige!

Nun zur zweiten Frage, deren Antwort ja ähnlich ausfallen wird. Schon in der Ausbildungsgruppe habe ich mich unter Leistungsdruck gefühlt, in der Supervisionsgruppe dann noch stärker. Zu meinen künstlerischen Fähigkeiten hatte ich wenig Vertrauen. Zur Bewältigung des Unterrichts reichen sie allemal, aber zum Zeigen meiner Ideen fehlte mir die gefühlsmäßige Sicherheit. Hier machten meine inneren Wertungen mir Schwierigkeiten. So nahm ich ein Bild zu Hilfe, das ich in den Mittelpunkt z. B. des Experiments stellte. Dieses Kunstwerk besaß eine Autorität, die ich so mit in mein Schulzimmer oder in die Supervisionsgruppe getragen habe, eine geliehene Autorität. Die innere Ambivalenz war spürbar für mich. Die Leistung, die ich zeigte, und mein Gefühl waren nicht im Einklang miteinander. Immer noch war ich auf der Suche nach Anerkennung und Zugehörigkeit. Oft habe ich sie bekommen, ohne sie annehmen zu können, mein Mißtrauen war zu groß. Mittlerweile habe ich verstanden, daß ich mich annehmen muß, so, wie ich bin. Es ist die einzig mögliche Lösung dieses Konfliktes. Wenn ich mich als Mensch, so wie ich bin, akzeptiere, kann ich meine Stärken sehen und meine Grenzen und Schwächen annehmen und endlich mehr die Mitte leben. Es ist dann nicht mehr notwendig, einen Teil zu überhöhen und den anderen zu verachten, das nämlich habe ich einerseits mit den Kunstwerken und andererseits mit den Bildern der Schüler und meinen Bildern gemacht. Vielleicht finde ich von diesem Standpunkt aus einen neuen Zugang zu meiner Kreativität?

Schlußbemerkung

Diese Arbeit ist im Rahmen der Gestaltpädagogikweiterbildung entstanden. Was ist an ihr gestaltpädagogisch?

Als Schwerpunkt der Arbeit sehe ich für mich die Selbstreflexion, die Auseinandersetzung mit meinen Projektionen, Wertungen, Haltungen im Zusammenhang mit meiner Lebensgeschichte und deren Auswirkungen auf meine schulische Arbeit. Ich sehe die Klärung der Beziehung des Lehrers zum Thema und zu seinen pädagogischen Interaktionen als wichtige Voraussetzung für einen offenen und lebendigen Lernprozeß. Die bewußte oder meist unbewußte Haltung des Lehrers spielt in der Lernsituation für die Schüler eine wesentliche Rolle. Sie ermöglicht Schülern einen offenen Umgang mit dem Thema oder aber setzt Tabus und Grenzen. So machte z. B. meine unbewußt abwertende Haltung den Schülerarbeiten gegenüber es den Schülern schwer, Vertrauen in ihre künstlerischen Fähigkeiten zu entwickeln.

Das, was mir von meinen alten Aufzeichnungen und Erinnerungen bedeutsam war, ist bearbeitet und beschrieben. Ich hoffe, ich habe nichts Wesentliches vergessen. Es fällt mir schwer, diese Arbeit loszulassen, viele Verletzungen sind sichtbar geworden. Es bleibt ein Gefühl der Ernüchterung und der Unfertigkeit. Der Ernüchterung, weil meine mit Kunst verbundenen Illusionen geplatzt sind. Aber ich bin so meiner Realität näher gekommen, was mich innerlich erleichtert. Ich habe erlebt und verstanden, was Bilder mir geben und bedeuten. Dazu hat diese Arbeit viel beigetragen.

Auch auf dem Hintergrund meiner alten Examensarbeiten während Studium und Referendariat, die Gruppenarbeiten waren und versehen mit vielen Zitaten, bin ich in dieser Arbeit auf der Suche nach meiner Sprache, um Erfahrungen aus meiner Lebensgeschichte wiederzugeben. Letztlich ist die Suche nach der eigenen Sprache und Geschichte ein Schritt auf dem Weg zur eigenen Identität.

Ennio Gasparoli
Abschied von James Bond - ein Theaterjournal

Einführung

Ich gehe davon aus, daß dieser Text von Praktikern gelesen wird. Wer es mit Schülern zu tun hat, die kurz vor Schulaustritt stehen (15 Jahre alt), wird sich oder seine Schüler im Arbeitsjournal stellenweise wiedererkennen. Interessant für ihn kann es sein, aufgrund dieses Materials nachvollziehen zu können, was der gestaltpädagogische Anteil dieser Schulsequenz ist. Daher sind dem Theaterjournal Überlegungen beigefügt, die dem Zweck dienen sollen, das Wesen von Gestaltpädagogik zu erhellen. Zur Hauptsache werde ich mich darin als Mensch vorstellen. Denn Gestaltpädagogik ist im Lehrer wirksam, wenn eine innere Verbindung zwischen dem beruflichen Feld und seiner selbst erwächst. Daran nährt sich auch der Schüler.

Allerdings komme ich in der Schilderung meiner Person nicht besonders gut weg. Ich glaube sogar, ich vermittle ein einseitiges Bild von mir und meiner Geschichte. Das ist eigentlich alles andere als „gestaltpädagogisch". Hingegen will ich mir diese Einseitigkeit verzeihen und sie als Ausdruck meiner damaligen Befindlichkeit verstehen. Sie war geprägt vom Bedürfnis, mit dem fertig zu werden, was Schmerzen verursacht hatte. Daher sind Kränkungen erwähnt, die geheilt werden sollen. Heilung geschah in erster Linie über versöhnliches Wiederkäuen des Erlebten im Schutze einer Gruppe von LeidensgenossInnen. Diese Versöhnung ist der Kern von Gestaltpädagogik. Aus der Befriedung von Vergangenheit (die meine Befindlichkeit maßgeblich beeinflußt) und der Gegenwart wird Energie frei, die meine Einstellung zu mir, also auch zur Welt, z. B. gegenüber dem Schüler immerfort (Zukunft) formt. Ich mußte damals meine guten Gründe haben, mich recht unvorteilhaft darzustellen. Heute bräuchte ich dies weniger zu tun, ich bin auch vier wichtige Jahre älter geworden. Diese Einstellung übertrage ich auch auf Schüler X: „Ich verstehe Dich nicht, aber ich stelle mich so auf Dich ein, daß ich Dich als gewachsenen Menschen wahrnehme. Vielleicht ergibt sich daraus ein Dialog. Mag sein, daß wir uns beide dadurch bereichern."

1. Arbeitsjournal

Die Herbstferien sind vorbei. Mit dem Gedicht „Der Knabe im Moor" von Annette von Droste-Hülshoff will ich die Schüler zum Rezitieren anregen.

Die letzten zwei Strophen:

Da birst das Moor, ein Seufzer geht
Hervor aus der klaffenden Höhle;
Weh weh, da ruft die verdammte Margret;
„Ho, ho, meine arme Seele:"
Der Knabe springt wie ein wundes Reh;
Wär nicht Schutzengel in seiner Näh,
Seine bleichenden Knöchelchen fände spät
Ein Gräber im Moorgeschwele.

Da mählich gründet der Boden sich;
Und drüben, neben der Weide,
Die Lampe flimmert so heimatlich,
Der Knabe steht an der Scheide.
Tief atmet er auf, zum Moor zurück
Noch immer wirft er den scheuen Blick:
Ja im Geröhre war's fürchterlich
O schaurig war's in der Heide.

Nachdem die Schüler das Gedicht auswendig gelernt haben, bereiten sie sich in kleinen Gruppen vor, das von jeweils einem einzelnen Schüler vorgetragene Gedicht mit passenden Geräuschen zu untermalen. Dafür benutzen sie Geräte aus dem Physikunterricht. Die einen blasen mit einem Schlauch ins Wasser, andere lösen mit Pumpen Wind- und Zischgeräusche aus.

Einige Wochen später lernen die Schüler über eine Schulfunksendung kennen, wie unterschiedlich Rezitation einen Text prägen kann. „Die Entwicklung der Menschheit" von Erich Kästner wird von drei verschiedenen Schauspielern vorgetragen. Schließlich getrauen sich nur wenige Schüler, ihre Interpretation ebenfalls offen vorzutragen, hingegen sind sie alle bereit, diese auf Band zu sprechen. Das Band wollen dann auch alle gerne hören. Anschließend hat jeder Schüler ein Schultheater aus einer Liste möglicher bestehender Schultheaterwerke zu lesen und dann das Gelesene der Klasse vorzustellen. Ein Ziel dieses Auftrags ist, daß sich der Schüler bewußt wird, daß es viele schon geschriebene Theaterstücke für Schüler gibt, daß sich praktisch alle Themen für ein Theater eignen und daß einige Stücke enger, andere weiter strukturiert sind. Schließlich soll das Lesen von bestehenden Werken die Schüler ermutigen, selbst ein Stück zu erfinden.

Die Schüler lesen die angebotenen Stücke gerne. Stefan versteht sein Stück, das er als Lektüre auswählte, nicht. Er bittet um Unterstützung. Die Schüler lassen sich auf meinen Vorschlag ein, einzelne Szenen als Standbilder („Wie wenn das Theaterstück bei den wichtigsten Stellen photographiert würde ...") darzustellen. Dadurch wird allen der Zugang zum Stück erschlossen. Trotzdem gefällt es Stefan nicht. Es ist ihm zu moralisch. Das Stück heißt „Die

Gerechtigkeit" von Christian Gurzeler. Ein Schultheaterstück nach einer Geschichte aus Tausendundeiner Nacht.

November

„Wir wollen ein richtiges Theater spielen."
Aufbau des Rollenverständnisses über Prosatexte.
Die Schüler wählen aus (von mir bestimmten) Texten markante Stellen, die sie dann als Standbild darstellen.

Beispiel:
E. Kästner: Sechsundvierzig Heiligabende

Markante Stellen:
- Der achtzig Jahre alte Vater, der „den Ofen hält, damit er nicht umfällt."
- Die Mutter, die ans Fenster tritt und auf die weißgemützten Häuserruinen gegenüber schaut und vor sich hinflüstert: „Mein guter Junge."
- „... dann wird sie ihre Brille aufsetzen und meinen Brief nochmals lesen." etc. etc.

Die Schüler „erledigen" brav den gestellten Auftrag, ohne sich jedoch wirklich auf die Darstellung der Personen auch emotional einzulassen. Meine Fragen „Wie fühle ich mich als ...? Bin ich gerne eine Mutter, ein Hausierer?" etc., greifen sie nicht auf. Tags darauf begründen sie ihre Widerstände damit, daß diese Übungen noch nicht das „richtige Theater" seien. Im richtigen Theater würden sie sich dann schon einlassen, meinen sie. Rückblickend denke ich, die Schüler hätten selbst Texte sammeln können, die ihnen Spaß gemacht hätten. Daß ich dies nicht vorschlug, lag daran, daß ich befürchtete, sie würden mit demselben Argument jegliche Texte verweigern. Dies ganz einfach aus dem Grund, weil Text ihren Widerstand gegenüber Schule, der sich in dieser Phase darin äußerte, daß sich die Schüler möglichst schadlos bis zum Ende der Schulzeit retten wollten, verstärken würde. Daher versuchte ich am Montag, 1. Advent, sie mit ihrem eigenen Wunsch nach dem „richtigen Theater" zu konfrontieren.

„Wir wollen nicht Theater spielen"
Die erste Reaktion war die Mitteilung von Daniela und Thomas, daß sie lieber nicht Theater spielen möchten. (Daniela wird später auf ihre Weise ihrem Vorsatz gerecht werden.) Roger schlägt vor, auf dem Boden zu sitzen. Alle sind einverstanden. Um die brennende Adventskerze geschart, entwickelt sich

ein lebendiges Gespräch in Kleingruppen. Diana möchte gerne einen Film drehen. Filmtitel werden erwähnt, die fürs Theater „geeignet" wären: „Eis am Stiel", „Porki II" und andere. Porki II war ein Video-Film, den die Schüler sich für die letztjährige Weihnacht gewünscht hatten. Ich hatte dies dann damals zum Anlaß genommen, über das Thema „Schund" und Gewalt in den Medien, insbesondere in den Videos, die sie sich herumreichten, zu wettern. Ich selbst hatte dann die Vorführung dieses Filmes bestreikt, nachdem ich einige Ausschnitte gesehen hatte, und begründete meine Verweigerung anschließend auch. Viele Schüler hatten so getan, als verstünden sie meine Empörung nicht, und hatten gemeint, noch ganz „andere Streifen" gesehen zu haben. Daher lachten nun einige, weil sie mich damit provozieren wollten. Auf diese Provokation reagiere ich innerlich gereizt. Äußerlich versuche ich dies zu verbergen.

Den Schluß daraus zu ziehen, in aller Entschiedenheit überfordernde Provokationen aus dem Unterricht möglichst auszugrenzen, mich also offen als schutzbedürftig zu bekennen, fällt mir schwer. In diesem Zeitpunkt wäre es mir schon besser gegangen, wenn ich deutlicher wahrgenommen hätte, daß ich meine Nerven schonen muß. Ich weiß mir jedenfalls einzugestehen, daß ich, wenn ich mich von den Schülern provozieren lasse, egal ob ich dies auch zeige oder nicht, eine aktive Rolle übernehme, die Provokation als solche auch als Störung oder Bereicherung auffasse. Dies wird sich nicht verhindern lassen. Hingegen kann ich ebenso aktiv dafür sorgen, daß ich sie nicht zur Kränkung verzerre. Die Kunst besteht wohl darin, den gesunden Anteil des „Rufes" in Provokation (lat. „provocare", heraus-, hervorrufen) zu erkennen.

Einen Versuch, aus den Rängen der Klasse etwas Gegengewicht zu destruktiver Provokation zu schaffen, erkenne ich darin, daß sich nun einige Schüler an die letzte Theatererfahrung erinnern. Wir hatten nämlich in der siebten Klasse auch ein eigenes Theaterstück entwickelt. Es hieß „Lisi" (Elisabeth) und handelt von einer Schülerin, die in eine neue Klasse eintritt. Lisi erfährt anfänglich Ablehnung, doch schließlich wird sie in die Klasse aufgenommen. Nun, die Erinnerung an das gelungene Projekt löst heiteres Lachen aus, doch ein „Lisi II", darüber sind wir uns einig, soll es nicht wieder geben. Auch daß ich ab und zu das Tonbandgerät einschalte, wirkt für kurze Zeit als Stimulus, bei einem Thema zu bleiben und sich darüber auch wirklich auszutauschen. Doch schon bald verzweigt sich das Gespräch wieder, einen gemeinsamen Konsens zu finden, scheint alle im Moment eine Überforderung zu sein. Diana versucht, konkrete Vorschläge zu sammeln, über die dann abgestimmt werden soll. Zwar schien mir damals schon problematisch, über eine Abstimmung zu einem Theater zu kommen, doch immerhin war es ein Versuch, zu einem Konsens zu gelangen.

Ich schlage also auch ein Stück vor, nämlich „Kaspar Hauser", und zeige dazu Photos aus einer Beschreibung eines Schultheaters. Jolanda schlägt „Kleider machen Leute", andere Schüler schlagen weitere Titel vor. Schließlich setzt sich Pias Vorschlag durch: „Graf Bobby", nach einer Verfilmung mit Peter Alexander. Mein Verdacht, daß viele diesen Film zwar selber nicht gesehen haben, ich übrigens auch nicht, oder gar den Film mit einem anderen verwechseln, wird mit meinem Nachfragen bestätigt. Trotzdem halten die Schüler am Vorschlag fest, teils, weil sie Pias gutem Geschmack trauen, teils weil sie nicht mehr gewillt waren, sich dem Druck eines Konsenses weiterhin auszusetzen. Nach zweistündiger Debatte bin ich selber enttäuscht, daß „Kaspar Hauser" nicht bei den Schülern ankam, doch meine ich den Fehler auch bei mir selber suchen zu müssen, insofern ich nicht so recht daran geglaubt habe, daß er den Schülern angemessen gewesen wäre. Auch halte ich von Peter Alexander wenig, doch ich versuche, den Konsens der Klasse zu respektieren.

2. Dezember

Die Suche nach einer Aufzeichnung von „Graf Bobby" verlief bisher erfolglos. Ich hole schriftliche Stellungnahmen ein, wie denn das Theater sein soll. Die Auswertung ergibt, daß das Theater in erster Linie witzig, spannend und unterhaltend sein soll. Es müsse „action" haben, und eine heimliche Liebesgeschichte sollte darin vorkommen.

10. Dezember
Steckbrief und Gipskopf

„Verfaßt einen 'Steckbrief' von der Rolle, die ihr am liebsten vorspielen möchtet", lautete mein Auftrag an die Schüler. Ich verspreche mir, eine größere Spielfreude bei den Schülern auszulösen, wenn sie sich mit ihrer Rolle besser identifizieren können. Die Schüler haben nun ihren Text fertig geschrieben, und ich heiße sie diesen der Klasse vorzustellen. Ich versuche es ihnen leichter zu machen, indem ich sie auffordere, den für eine Maskenherstellung früher verfertigten Positivabguß ihres Kopfes und nicht sich selber als Rollenträger der Klasse vorzustellen. Die Schüler gehen auf meinen Vorschlag nicht ein, den Gipskopf zu halten. Sie willigen aber darin ein, daß ich ihn an ihrer Stelle für die Klasse sichtbar auf meinem Pult aufgerichtet halte. Zuletzt fordere ich die Schüler auf, auch eine typische Geste ihrer Rolle vorzuspielen. Die wenigsten kommen jedoch dieser Aufforderung nach.

An dieser Stelle vermied ich es, innerlich den Widerstand der Schüler mit meinem eigenen Widerstand, mich zu zeigen, zu verbinden. Statt dessen grollte ich den Schülern, daß sie sich nicht zu zeigen wagten. Eine praktische, aber eher technische Möglichkeit wäre gewesen, sie spielerisch zur Identifikation zu verlocken: „Stellt euch vor, ihr müßtet, wie beim ‚Heiteren Beruferaten' Lembkes, raten, wen ihr vor euch habt. Wer spielt seine Rolle so überzeugend, daß wir alle seine Charakterzüge erraten?"

Doch auch dies überzeugt mich wenig, zumal der Zeitpunkt noch verfrüht gewesen wäre. Hingegen glaube ich vielmehr in der nachträglichen Analyse Anhaltspunkte vorzufinden, die mir heute in dieser Frage weiterhelfen. Abgesehen von den individuellen Klärungen von Widerstand, boten auch mir in der Ausbildungszeit Gestaltseminare gruppendynamische Strukturen an, Hemmungen dieser Art abzubauen. Aber auch schon das „Auswahlseminar" vor dem Beginn der Ausbildung weckte in mir die Lust, mich über „Gestalt" besser und echter vor Publikum zeigen zu können.

Jörg Bürmann leitete damals, 1982, die Gruppe. Ich hatte mich in der großen Gruppe oft zurückgehalten. In kleineren Gruppen konnte ich mich besser artikulieren. Zum Beispiel erinnere ich mich noch, daß wir uns zu einer Zeichnung zum Thema „Was bringe ich mit, was ist mein Hintergrund?" in einer Dreiergruppe äußern sollten. Ich hatte ein durchsichtiges Ei mit einem roten, wirbel-ähnlichen Eidotter gezeichnet. Ich habe die Zeichnung jetzt gerade vor mir. Sie drückt die Fragilität meiner Identität im damaligen Zeitpunkt aus. Heute wie damals erwärmte mich das Gezeichnete, und ich konnte mich, wenn auch recht oberflächlich und indirekt, meinen zwei Gruppenpartnern mitteilen. Als nun Jörg dazutrat, schnürten Tränen meine Kehle zu. Ich war nicht fähig, mit Worten zu sagen, was ich meinte mit Farbstift ausgedrückt zu haben. Statt mich von meinem Kloß im Halse zu befreien, erstarrte ich in Trauer, einmal mehr mich allein und unverstanden fühlend. Diese Erfahrung prägte sich mir als eine verpaßte Gelegenheit ein, mich zu zeigen. Stets übermächtig erschien mir der Widerstand immer dann, wenn ich selber für mich sprechen sollte. Diese Struktur ist mir insofern vertraut, als ich mich in meinem Vater wiedererkenne. Auch er vermied dann Konflikte, wenn sie seine Person betrafen. Rational wußte ich das schon längst, für mich war die Frage die, wie ich diesen Widerstand abbauen kann, ohne mich gleich im Moor neuer Widerstände zu verstricken. In „Gestaltpädagogik" fühlte ich mich, insbesondere durch Jörg Bürmann, insofern gefördert, als ich in vielen Interventionen der Therapeuten Angebote erhielt, mich auch zu zeigen. Die Seminare wurden zum Übungsfeld, meinen Gefühlen zu trauen und diese mitzuteilen. Ich lernte in kleinen Schrittchen z. B. meinem Kloß im Hals erstmals wieder zu trauen, statt ihn gleich als behindernd zu bewerten. Dadurch konnte ich auch die Regungen zulassen, die Selbstgenesung einleiten.

Hier im Prozeß der Theaterarbeit ging es also darum, möglichst den Schülern angemessene Chancen anzubieten, ihre Hemmschwelle als Darsteller einer Rolle zu senken. Mit Vermeidung hatte ich mich selbst gegen zu hohe

Anforderungen, mich zu zeigen, geschützt. Da ich mir Vermeidung immer noch übelnehme, tat ich dies emotional auch den Schülern gegenüber. Mein Gefühl, es handle sich hier um Vermeidung, war vielleicht richtig, falsch war, daß ich den Vorwurf auf die Schüler richtete und daß ich dies, ihnen Schüchternheit vorwerfend, von mir wies.

Am Freitag, den 11. Dezember, setzen wir diese Vorstellungsübungen fort. Auffällig lebendiger werden die Schüler, wenn ich oder Schüler dem Gipspositiv Fragen zu stellen beginnen: „Welches Auto fährst du? - Hast du auch einen Liebhaber?" etc. Aufgrund der im Steckbrief gezeichneten Kostüme bilden wir zwei Spielgruppen. Doch diese Zuordnung schafft Probleme, denn die Schüler äußern ihren Mißmut, „ausgerechnet" mit gewissen anderen Schülern spielen zu müssen. Verletzende Sprüche fallen. Diese Auseinandersetzung betrübt mich, und ich gebe diesem Gefühl Ausdruck: „Eure Zeichnungen drücken Vorfreude zum Spiel aus, andererseits macht ihr euch mit Worten fertig." Schließlich schicken sich die Schüler an, ihre Wunschrollen in einem noch zu erfindenden Stück auszuprobieren.

Eine Gruppe zeigt ihre Einfälle, die sie aufgrund der Rollenbildung der Vortage hatte. Sie stellt ein streitendes Ehepaar, die Trennung eines Ehepaares, einen Fernseher, von Schülern gespielt, eine Abschiedsszene im Flughafen, eine Begegnung zwischen einem Mann und einer Frau in einem Flugzeug, eine Schlägerei rivalisierender Frauen, die Scheidung einer Ehe dar. Bei der Besprechung der Improvisation sind viele unruhig. Ich beschränke mich daher auf ein einziges Thema. Statt es beim Darüberreden bewenden zu lassen, fordere ich alle Schüler der Klasse auf, den Abschied am Flughafen zu spielen. Ich heiße die Knaben sich in eine -, die Mädchen in eine andere Reihe gegenüber zu stellen. Nun sollen sich die Gegenüberstehenden als Paare zusammentun. Ich griff zu dieser Form von Paarbildung, weil ich von früheren Erfahrungen wußte, daß sich sonst viele vor der Paarbildung drücken würden. Auch wollte ich damit gegengeschlechtliche neue Konfrontation provozieren, denn das Beziehungsmuster schien mir festgefahren, es hätten sich wieder dieselben „sicheren" Paare gefunden, und Einzelgänger wären wieder auf der Strecke geblieben. Ich versuche nun, den lauthals vorgetragenen Protest zu überhören und fordere die Paare auf, zu vereinbaren, wer von beiden schließlich abfliegen wird. Das anschließende Spiel verläuft jedoch unkonzentriert. Viele Schüler können sich nicht einlassen, sie halten sich unverdrossen an der direktiven Partnerzuweisung auf, ohne sich auf das Gegebene einzulassen. Auffälligerweise besteigen alle Knaben das Flugzeug, währenddem die Mädchen auf dem Flughafen stehengelassen werden. Es ist ein „Stehenlassen" und kein Abschied. Doch auch diesen Reflexionen schenken die Schüler kein Gehör. Viele sind aufgeregt. Als ich sie dann schließlich die Bühne aufräumen lasse, ertappe ich Pia und Roger, wie sie sich am Boden umarmen und drücken. Ich heiße sie aufstehen und aufräumen helfen, doch auch andere Schüler nehme ich sehr aufgedreht wahr. Als ich dann später Pia als Knutschpia anspreche, überhört sie meine Provokation. Ich erinnere mich dabei an die Beobachtung des Vortages, wo die Schüler ohne meine direkte Aufsicht zusammen probten. Als ich dann schauen ging, wie es bei ihnen so läuft, saß Stefan am Boden und hielt Pia in den Armen. Sie schaukelten und Stefan stöhnte lustvoll. Sobald sie mich plötzlich im Zuschauerraum gewahrten, standen sie jäh auf. Der Vorhang wurde zugezogen. Sandro rief: „Oder willst du lieber im Schulzimmer die Schulbank drücken?" Stefan brüllte: „Vergewaltigung Polizei". Dann schien der Spuk vorbei zu sein, und sie spielten „Theaterüben". Ich versuchte mit einer Ermahnung, die Spannung etwas zu lösen und meinte, sie sollen nicht „über die Schnur hauen", sonst müsse ich „deutlicher" werden.

Heute verstehe ich meine Intervention so: „Liebe Schüler, gebt mir eine Chance, das Thema Erotik und Sexualität zu verdrängen, es ist mir zu heiß. Insbesondere ist es zu brisant, weil der Kontakt zu euch zu schlecht ist, als daß wirklich ein guter Austausch stattfinden könnte. Verlegt also bitte euer Geschlecht auf außerhalb der Schule."

Wie wenn die Schüler meine innere Botschaft doch verstanden hätten, spielt dann tags darauf die andere Schülergruppe ihre Einfälle vor: Heimliche Liebe in strengem Haus, Happyend mit Hochzeit. Es kommt auch eine sehr gemütliche, verständnisvolle Großmutter vor. Zum Abschluß dieser zwei Vorführungen sammeln wir diejenigen Einfälle, die sich zum Thema „Kontraste" eignen. Ich wollte den Schülern damit deutlich machen, daß ein Theater auch aus der Spannung von Kontrasten lebt.

Auch in dieser Arbeit konnte ich mich nur am Rande emotional einlassen. Zwar gehe ich im Abschnitt zu meiner Pubertät auf dieses Thema ein, doch eigentlich will ich mich dazu hier nicht öffnen. Hingegen war meine Geschlechtlichkeit und meine Beziehung zu Frauen und Männern ein wichtiges Thema in der Gestaltausbildung.

Dieser Tag zeigt mir heute drastisch auf, wie viele Themen wir Erwachsenen, allein durch unsere Präsenz als Menschen, den Schülern zur Verarbeitung vorgeben. Ich persönlich gab ihnen durch meine Lebensgeschichte auch Anlaß dazu. Sie hatten die Trauer über die Scheidung von meiner Frau mitbekommen, aber auch das Absurde dieser Entscheidung, insofern ich mich selber von der Tragweite derselben überwältigt fühlte. Das Verhalten der Schüler verstehe ich also auch als eine Form der Spiegelung, die ich für meine Selbsterkenntnis nutzen lernen kann.

Auch thematisierten sie ihren bevorstehenden Abschied von der Schule und ihren Eintritt ins Erwachsenenleben. Gegenüber soviel Emotion war es auch verständlich, daß sie sich heimlich hinter die Kulisse flüchteten, um sich dort zu drücken, oder sich in die heile Welt der Großmutter retteten, insofern „Großmutter" für die Schüler die nicht mehr aktive Sexualität symbolisiert.

4. Januar

Der erste Schulmorgen im neuen Jahr. Ich bin von den Weihnachtsferien sehr zufrieden. Ich habe mich in einem Clownkurs sehr lebendig gefühlt und Hals über Kopf in eine Frau verliebt.

In der Aula leite ich einige Entspannungsübungen an. Die Schüler lassen sich erstaunlich gut darauf ein. Anschließend setze ich ihnen in der Kreismitte ein langes Seil und ein Tuch vor. Ich fordere sie auf, mit diesen Requisiten zu zweit oder zu dritt zu spielen. Anfänglich wird das Seil noch als Seil benutzt, später erfährt es Verwandlungen: Jemand wird gefesselt, ein Pferd wird mit dem Lasso eingefangen, ein Sklaventreiber zieht zwei Sklaven hinter sich her. Als diese nach Wasser lechzen, uriniert der Treiber, indem er das Seilende dazu benutzt. Aus dem Seil wird eine Schlange, die von einem Schlangenbeschwörer gebändigt wird. Ein Schüler wird zum Staubsauger, der andere führt ihn etc. Nach diesen sehr lebendigen Darbietungen ermuntere ich die Schüler, ihre sich selbst zugewiesenen Rollen zu überdenken und bis in zwei Tagen in entsprechender Kostümierung zu erscheinen. Als ich am Nachmittag die Darbietung nachholen lasse, die vor den Ferien die zweite Gruppe noch nicht hatte vorführen dürfen, langweilen sich die zuschauenden Schüler. In der Auswertung fallen Stichworte wie „verhalten" und „halbherzig". Auch die Spieler bestätigen, daß sie sich nur nicht getraut hätten, zuzugeben, daß sie inzwischen zu ihren alten Ideen Distanz verspüren. Ich ermuntere sie, ihre im Steckbrief festgelegte Rolle auch dahin zu überprüfen, ob sie immer noch stimme, diese entsprechend zu korrigieren und insbesondere an die Spielfreude des Morgens anzuknüpfen. Es stimmte mich hoffnungsvoll, daß die Schüler selber den Unterschied zwischen engagiertem Spiel und bravem „Tun als ob", - doch eigentlich teilnahmslosem Spiel -, bewußt wahrgenommen hatten. Jolanda, eine Schülerin, die sonst zu den überangepaßten, also letztlich auch verhaltenen Schülern zu zählen ist, hatte es am Morgen zustande gebracht, das Seil aus dem Stand heraus so konzentriert zu führen, daß sie zu ihrer eigenen Überraschung das rennende „Pferd" (Martin) auf Anhieb von einer Distanz von über vier Metern mit dem Lasso einfangen konnte. Schade war nur, daß sie anschließend das Ereignis mit Zufall gleichsetzte und es so abwertete. (Doch auch in dieser Form falscher Bescheidenheit erkenne ich mich selbst wieder.)

6. Januar

Übungen im Kostüm
Ziel: Kontakt zur Rolle, Beweglichkeit in der Rolle.
- Im Kreis schreiten und anhalten (abwechselnd zwei Takte).
- In die Kreismitte gehen und zurückschreiten.
- Mit Blickkontakt Paare bilden, sich begegnen, begrüßen und den Platz des Partners im Kreis wieder einnehmen.
- Über die Diagonale der Bühne paarweise eine Begegnung stattfinden lassen. Improvisation eines Sketchs in der Kleingruppe.

Meine Bedingung, daß für die Improvisation nur diejenigen spielen dürfen, die auch ein Kostüm tragen, löst eine heftige Auseinandersetzung mit Stefan aus. Marlene will nicht mehr eine dicke Magd spielen. Diana will hingegen gerne die Rolle der Magd übernehmen. Ich bedaure diesen Wechsel, weil sich beide nun neue Rollen zuweisen, die sie oft schon im Alltag einnehmen. Meine Ermunterungen, mehr zu wagen, fruchten nicht.

Die Einfälle in den Sketchs sind ganz andersartig als noch vor den Ferien. Die Handlung spielt sich in einem Restaurant ab. Thomas entpuppt sich als souveräner Kellner. Er trippelt sehr eigenartig von Gast zu Gast. Als sich die Gäste über Maden im Fleisch beschweren, pflichtet er ihnen, ohne mit den Wimpern zu zucken, bei. Die Gäste sind von dieser Offenheit entwaffnet. Als dann schließlich James Bond erscheint, verliert sich die Story in eine Auseinandersetzung, die für den Zuschauer unklar ist. Hauptursache der Verwirrung ist die Distanz zwischen Rolle und Rollenträger: Die Hierarchie innerhalb der Klasse und die Klassenbezüge sind stärker als die neue, von den Rollen her beeinflußte soziale Rangstellung und Beziehungsordnung.

Um eine Auseinandersetzung mit der neuen Rolle anzuregen und eventuelle neue Bezüge in der Gruppe zu beschleunigen, erarbeite ich mit der Klasse an der Wandtafel eine Ortsklärung. Wo wohnst Du im Stück? Was für Attribute verbindest Du mit Deiner Rolle? Es entsteht eine Weltkarte, die die Schüler in ihre Hefte übertragen. Doch selbst auf der Karte gruppieren sich die Schüler nach vorgefügten Beziehungsordnungen.

8. Januar

Einstimmung ähnlich wie am Vortag.
Beeinflußt durch die Begegnungsübungen, spielen die Schüler „Party". Gastgeber ist „Jerry" (Roger). Das Spielklima ist sehr spontan und daher lebendig.

Im Kreis versammelt, versuchen wir nun eine Fortsetzung der Party zu kreieren. Pia, Nicole und Stefanie beschweren sich, nicht ins Spiel einbezogen zu werden. Ich mache sie auf ihren Anteil aufmerksam, der ihre Isolation mitverursacht. Die Schüler versteifen sich auf die Idee eines Fernsehfilmes, der sie besonders zu beeindrucken scheint. - Das Thema des Filmes lautet: Immer um Mitternacht stirbt jemand, und der Täter stammt aus den Reihen der eingeladenen Gäste.- Als erste wollen sie Daniela umbringen lassen, „... weil sie ja eh nicht gut spielt." Die Schüler sind engagiert, jedenfalls erscheint ihre Anteilnahme sehr groß, doch leider dringen nur die Ideen der Lautesten durch. Schließlich, - es sind inzwischen zwei Stunden vergangen, - schicke ich die Schüler an ihre Schreibpulte mit dem Auftrag, ihre Fortsetzungen alleine weiterzuschreiben. Stefan protestiert heftig. Er möchte dies nicht tun. Viel lieber würde er mit der Klasse einen einzigen Text schreiben wollen. Ich setze mich aber durch. Alle Schüler sind in der Folge sehr mit Schreiben beschäftigt und überhören die Schulschlußglocke.

11. Januar

Nicole und Pia überraschen uns mit einem Drehbuch, das sie übers Wochenende geschrieben haben. Darin eingebaut sind schon die neuen Rollen von Stefanie und Nicole als Punks. Dadurch fällt es den Schülern leicht, ihren Rollenwechsel zu akzeptieren. Ihre siebenseitige Geschichte hat folgenden Inhalt:

Beim Pokerspiel verliert Johnny außer Sabrina auch sein Vermögen an Jerry. Auf der von Jerry gewonnenen Jacht wird Johnny später als Butler eingestellt. Die früheren Freunde Jerrys werden zu einer Party auf die Jacht eingeladen. Zwei Punks stoßen bei den Gästen auf Mißfallen. Sabrina, - inzwischen Jerrys Freundin, - wird von Jerry betrogen. Beim Roulettespiel gewinnt sie. Unter die spielenden Gäste mischt sich auch James Bond. Sabrina wird ermordet, doch Jerry scheint dies nicht zu bekümmern. Die Punks werden verdächtigt. Detektiv Clusot wird zur Aufklärung des Falles beigezogen.

Beim Zuhören werden einige Schüler ungeduldig. Vieles ist noch unklar und zusammenhangslos. Wir beschließen, die Geschichte unter der Regie von Pia nachmittags zu spielen.

Im nachhinein stelle ich fest, daß ich zu diesem Zeitpunkt die Geschichte hätte prägnant machen und mit den Autoren vorbesprechen sollen, um die mangelnde Konzentrationsfähigkeit der Klasse aufzufangen. Bestimmt hätten die Schüler dieser gerafften Form der Geschichte, wie ich sie jetzt nachträglich überarbeitete, aufmerksamer zugehört. Daß ich dies aber nicht tat, hängt mit zweierlei zusammen. Erstens glaube ich, daß ich den Wert der Ordnung damals unterschätzte. Zweitens beschleicht mich das unangenehme Gefühl, daß ich den zwei Schülerinnen gar nicht mehr zutraute, daß sie meine Korrekturen und sprachlichen Fähigkeiten schätzen würden und brachte mich dadurch um einen möglicherweise fruchtbaren Austausch. Ich erkenne heute auch im Zurückhalten angemessener stützender Interventionen Frustration und Trotz. Etwa nach dem Motto: Wenn ihr so widerständig tut, dann tue ich es auch. Tatsächlich erweist sich Pias Unterfangen als sehr anspruchsvoll für die Klasse. Die Schüler gehorchen ihr überhaupt nicht, geraten aber in einen erfrischenden Spieleifer und übertreffen sich gegenseitig mit witzigen Theatereinlagen, die jedoch von Pia nicht geplant sind. In dieser Stimmung können plötzlich zwei Schüler ungehemmt auf einem Tisch einen wilden Tanz vollführen, obschon sie vorher große Widerstände hatten, einen von mir vorgeschlagenen Tanz mitzutanzen. Ich hatte eine Melodie komponiert, die ich den Schülern, vorläufig noch ohne Text, vorgestellt hatte, und erwartete von ihnen, daß sie sich in einem einfachen Bewegungsmuster zu dieser Melodie hin und her bewegen würden. Die Bewegung sollte das Schaukeln eines Schiffes imitieren. Später, so hoffte ich, wenn die Schüler dies automatisiert hätten, würden sie am Text, den ich erfunden hatte, weiterspinnen. Ich beabsichtigte eine Ritualisierung des Songs, aus der heraus sich die Schüler auch die Sicherheit holen würden, aus sich herauszuwachsen und sich freier auf der Bühne zu bewegen. Dieser Song sollte in Zukunft wie ein Signet am Anfang der Theaterproben stehen und die Schüler zum gemeinsamen Spiel einstimmen.

Der von mir entworfene Text lautete:
    I'm Clusot, ich bin so hell und heiter,
    I'm James Bond, so clever und gescheiter,
    I'm Deborah ...

    Ref.: Wir steigen alle gern auf diese Jacht, Jacht, Jacht.

Leider wollten die Schüler nicht auf meinen Song eingehen. Ich setzte mich zwar durch, doch mit dem Preis innerer Verhärtung. Als dann Pia die Regie übernimmt, habe ich keine Lust mehr, die Schüler zu disziplinieren. - Jedoch wirkt ihr Spiel so erfrischend, daß mein Mitlachen ihre Spielfreude verstärkt. Thomas erkenne ich nicht mehr wieder. Als Butler strotzt er vor Humor, und außer Pia haben wir alle viel zu lachen.

In der darauffolgenden Turnstunde habe ich die größte Mühe, die Schüler beim Geräteturnen und anschließendem Spiel zu disziplinieren. Sie sind sehr ausgelassen, und ich fixiere mich auf meine Lehrplanziele, da eine obligatorische Turnprüfung (uns) noch bevorsteht, die auch einen Leistungsnachweis meiner Fähigkeiten als Turnlehrer darstellt.

Heute denke ich, daß ich an diesem Tag die Schüler einem zu starken Wechselbad meiner Stimmungen ausgesetzt hatte, das sie verwirren mußte. Zuerst mit der Paukerei, wo ich den Schülern den Song aufbinden wollte, dann mit meiner Ausgelassenheit bei ihrer chaotischen Theaterprobe, schließlich wieder mit meinem Offiziersstil in der Turnhalle. Daß dies bei den Schülern nicht gut ankam, ist vielleicht auch selbstverschuldet. Ich denke, ich wollte mich mit übertriebenem „laisser faire" an ihnen rächen, weil sie nicht mit Begeisterung auf „meinen" Song eingestiegen waren. Ich hatte es vermieden, ihnen meine Gefühle zu zeigen. Ihre Absage hatte mich nämlich an einem wunden Punkt getroffen. Erstens war ich stolz darauf, es erstmals gewagt zu haben, einen Song zu komponieren. Zweitens mißtrauten sie offensichtlich meinen dramaturgischen Fähigkeiten, indem sie sich nicht darauf einlassen wollten. Drittens schürten sie mein schlechtes Gewissen, im musischen Bereich meine und ihre Fähigkeiten viel zu wenig *energisch* gefördert zu haben. Aus diesem schlechten Gewissen heraus verstand ich ihre Verweigerung etwa so: „Glaub nur ja nicht, Du könntest jahrelang Versäumtes jetzt im Hopplahopp noch nachholen". Unabhängig davon, ob dieses schlechte Gewissen sachlich zutrifft, ist es ein primarlehrerspezifisches Problem, das wohl auch vielen Kollegen zu schaffen macht (Primarlehrer: Volksschullehrer; im Kanton Bern bis zum 9. Schuljahr). Wie gewichtig auch die Vorteile sein mögen, die Klasse in vielen Fächern zu unterrichten, beinhaltet diese familiärere Schulform auch große Nachteile. Dies um so mehr, als ich die Klasse schon fünf Jahre betreute. Um es allen „Fächern" recht zu machen, türmt sich der Stapel an Ansprüchen und Kompetenzen in jedem dieser Fächer. Das Resultat ist dann oft eine Verflachung des Wissens und eine Hektik, in der vor lauter Bäumen der Wald nicht mehr gesehen wird. Meine Gewissenhaftigkeit wird hier zum Nachteil, und ich bin heute gezwungen, auch in diesem Bereich Abgrenzung zu üben.

Samstag, 16. Januar

„Textprobe"

Zu meiner Überraschung haben die Schüler einen von ihnen verfaßten und korrigierten Text auswendig gelernt. Er ist inhaltlich sowohl auf Jerry als auch auf den Sprecher in seiner Rolle zugeschnitten.

Ich teile die Klasse in zwei Gruppen ein. Eine Gruppe soll zuschauen, die andere soll sich so aufstellen, daß ihre Beziehung zu Jerry auch räumlich stimmig ist (Nähe und Distanz). Nun heiße ich einen Schüler nach dem anderen seinen Text vortragen. Die Konzentration und die Bereitschaft, sich in die Rolle einzulassen, nimmt im selben Maße zu, wie sich die Schüler meiner fachlichen Kompetenz anvertrauen. Es ist eine Wechselwirkung: Meine Interventionen unterstützen den Spielfluß, und dieser trägt dazu bei, meine Wahrnehmungen weiterhin in derselben Präzision zu erfahren und dann den Schülern zu vermitteln. Ich erlebe mit den Schülern ein „Hoch".

Hier einige Interventionsbeispiele:
„Pia, laß dich gehen, schreite als Eveline von links nach rechts und wieder zurück und zeig, wer du bist. Jetzt bist du Eveline gewesen, kannst du die letzte Strecke nochmals wiederholen, und nimm dir noch mehr Zeit, wenn du die Ringe deiner Verehrer dem Publikum zeigst." „Marlene, jetzt bist du Deborah. Deborah trägt ein neues Kleid, das ihr viel besser steht. Gönne dir jetzt eine längere Atempause." Marlene atmet daraufhin in der Tat länger aus und ihre Stimme wird „fester". „Du bist jetzt eine reife Frau, Deborah. Schreite so wie Deborah." etc. „John, wende dich zum Publikum. Jetzt sprichst du zum Boden gewendet. Du bist ein Musiker, laß deine Beine sich rhythmisch bewegen. Jetzt spürst du Musik in deinem Körper. Musik, wie man sie in New York hört." „Clusot, schieß mit der Pistole, ziele auf einen Punkt im Zuschauerraum, ja meinetwegen kannst du auch auf mich zielen. Sprich nun den Text, währenddem du dich auf einen Punkt konzentrierst. Martin, deine Stimme kommt viel besser bei uns an, jetzt." „Barito, du sprichst total cool. Uns fröstelts hier im Zuschauerraum." „Roger, als Lebemann und Gastgeber bist du dir deiner Bedeutung bewußt". „Sönä, zeig deine kalte Schulter (sie wendet sich vom Publikum ab). Wende Dein Gesicht nur zum Publikum, wenn du zu ihm sprichst und setze dies sparsam ein. Mach es dir noch bequemer, noch viel bequemer (Stefanie liegt nun auf dem Bühnenboden und räkelt sich genüßlich). Präge dir dieses Lebensgefühl ein." „Sile (Nicole), kannst du jetzt wie ein Staubsauger, den man gerade aussteckt, die Tonhöhe verändern? Gut, jetzt noch tiefer. Genau. Jetzt sage ich dir stop, und dann bleibst du auf dieser Tonhöhe. Ja, stop, halte jetzt diese Tonhöhe, wenn du deinen Text nochmals sprichst. Nun auf der Tonhöhe von vorhin. Spürst du einen Unterschied. Wiederhole."
Auch die zuschauende Halbklasse nimmt aktiv an der Arbeit teil, sie ist beeindruckt von der neuen Qualität der Ausstrahlung der „Schauspieler". Ich versuche sie zu ermutigen, in dieser neuen Präsenz weiterzuspielen. Vom Erfolg dieser Textprobe bestärkt, suche ich nach weiteren Möglichkeiten, Identifikation mit der Rolle bei den Schülern zu verstärken. Eine belebende Wirkung erzielt ein „Beobachtungsbogen", mit dessen Hilfe die Schüler sich ihrer Rolle im Alltag, also noch konkreter, annähern können.

„Beobachtungsbogen"
- Wo treffe ich im Alltag solche Menschen an?
- Was will ich beobachten?
- Was zeichnet diesen Menschen aus?
- Wie ist sein Tagesablauf?
- Auffälliges zu Sprache, Gestik, Mimik, Räumlichkeit?

18. Januar

Pia hat ein Buch von zu Hause mitgenommen, das James B. in verschiedenen Filmen beschreibt. In der Aula heiße ich die Schüler in ihren Kostümen herumflanieren oder in einem bestimmten Takt voranschreiten. Dann sollen die Schüler alle gleichzeitig ihren Sprechtext wiederholen und sich mit Gestik und Mimik im Raum bewegen, wie wenn sie gerade allein oder zu zweit auf der Bühne wären.

Schließlich soll jeder Schüler, wenn er sich in der Rolle wohlfühlt, vor der Kamera erscheinen, damit ich ihn fotographieren kann. (Die Photos benutzten wir dann, um Figurinen herzustellen.) Anschließend ist die Textprobe für die letzten Schüler angesagt. Nach der Zehnuhrpause studieren wir gemeinsam eine Pokerszene aus einem Wildwestfilm, die Martin für diesen Zweck mitgebracht hat. (Schon am Samstag haben Robert und Martin die Klasse in die Regeln des Pokerspiels eingeweiht.) Diese Studie der Filmszene ist ein gutes Lernfeld, Mimik zu analysieren. Wir sammeln Beobachtungs-gesichtspunkte, die eine Rolle charakterisieren. Diese Auseinandersetzung bereitet das Beobachten einer Rolle vor, das die Schüler am Nachmittag im Alltag anwenden sollen.
- Nicole und Stefanie suchen in der Stadt Punks auf.
- Jolanda und Diana vereinbaren einen Termin mit einer Putzfrau eines renommierten Hotels in Bern.
- Pia will mit Nicole und Stefanie zusammen sein und reiche Frauen in Geschäften beobachten. Sie will diese aber nicht ansprechen.
- Sandro will sich in einem großen Musikgeschäft mit Musikern unterhalten.
- Thomas und Kay suchen nach Hotels, wo sie Dienstpersonal und betuchte Gäste beobachten können. (Leider wurden sie dann dort nicht lange geduldet.)
- Marlene will mit Daniela eine Bekannte besuchen, die in einem Bijouterie-geschäft tätig ist.
- Jamsched knöpft sich das Buch Pias und Videofilme von James B. vor.

- Roger, Stefan und Robert gehen das Studio eines bekannten Boxtrainers aufsuchen. Da Stefan den Leibwächter Rogers (Jerrys) zu spielen hat, wird er Roger auf Schritt und Tritt bewachen und die Anweisungen Rogers befolgen. (Im Alltag sind die Rollen eher umgekehrt.)
- Martin hat keinen Film mit Clusot aufgestöbert. Ich gebe ihm den Auftrag, sich über Checks und Kredite zu informieren, um dann darüber der Klasse in Form eines Vortrages Auskunft zu geben. (In der Pokerszene wollen die Schüler mit Checks ihre Einsätze begleichen.)

Mittwoch, 20. Januar

Die Beobachtungsergebnisse der Schüler sind sehr unterschiedlich. Den meisten hat es Spaß gemacht. Sie erzählen einander das Erlebte, schon bevor sie im Kreis sitzen. Auffallend wenig berichten diejenigen, die eine Figur aus der Filmwelt als Rolle ausgewählt haben. Auch die Punks sind resigniert: „Die hängen alle durch oder sind nicht zur Stelle, wenn wir Zeit haben, sie zu beobachten." Die Knaben führen in der Pause einander „Boxtraining" vor. Martin hat Prospekte von Banken mitgebracht, die er aber nochmals mit mir besprechen muß, bevor er darüber berichten will.

Abends in der Supervision:
Ich spreche den Zusammenhang zwischen meinem körperlichen Symptom, das ich bisher auch in dieser Arbeit verschwieg, und dem Theater an. Ich hatte dieses Thema schon am Vortag in der Einzeltherapie anzugehen versucht. Auch in der Supervisionsgruppe versuche ich es nochmals zu tun. Es handelt sich um Verdauungsprobleme, die mich durchschnittlich etwa zwei bis drei Mal monatlich in Form von Durchfallkoliken schwächen und in dieser Phase gehäufter auftreten.

Die Struktur meines Leidens wird offensichtlich, wenn ich unter Druck stehe:

Ich
bin der
ideale Leh-
rer, der mit
schwierigen Schü-
lern ein eigenes The-
ater auf die Beine stellt,
das bei Teilnehmern und Zuschauern Anerkennung erheischt und den
Maßstäben einer prozeßorientierten
Theaterarbeit, wie sie auch einem
ausgewachsenen Gestaltpädagogen,
wie ich einer bin, entspricht.

Das Theater fällt bei mir und allen
Teilnehmern durch. Nach dem Miß-
erfolg werde ich mir Vorwürfe
machen, und auch die Teilnehmer
und die enttäuschten Eltern werden ihre Vorwürfe an mich
richten. Ich werde hadern
und meinen, daß ich
doch gescheiter ein
bewährtes Schulthe-
ater hätte mit den
Schülern einstu-
dieren sollen
und auf diese
Arbeit hätte
verzichten
sollen.

Eine Erosion der Gipfel ist notwendig:

Ich bin ein wackerer Lehrer, der
mit durchschnittlich begabten Primar-
schülern ein Theater zur Aufführung bringt, das
einigen gefällt und anderen nicht. Es braucht auch keinen besonderen Maßstäben zu genügen. Bestenfalls haben wir
rückblickend mehr vergnügliche als betrübliche Stunden dafür
aufgewendet und bei der Aufführung den größten Teil der Zuschauer,
bestimmt aber nicht alle, unterhalten. Das Produkt ist aus gängigen Schultheatermustern und
mehr oder weniger gelungenen Ideen der Teilnehmer zusammengesetzt. Es bleibt vor allem
uns Teilnehmern in bewegter Erinnerung.

Die letzten Wochen vor der Aufführung sind insofern uninteressant, als sie allen vertraut sind, die ein Theater zum Abschluß zu bringen haben. Die Aufregung wächst, die ersten Pannen werden von neuen abgelöst, und die Hauptarbeit beschränkt sich auf Organisatorisches. Erwähnenswert scheint mir einzig noch, daß kurz vor der Premiere Sabrina, alias Daniela, erkrankt. Die Schüler bestürmen sie mit Anrufen. „Das kannst du uns doch nicht antun", lautet der Klassentenor. Auch ich werte Danielas Erkrankung als Widerstand. Es gelingt mir, die Klasse von der Idee zu überzeugen, daß ich der idealste Vertreter Danielas bin. Allerdings stehe ich damit zu Nicole in Konkurrenz, denn sie möchte auch Daniela vertreten. Schließlich entscheidet sich die Klasse zu meinen Gunsten. Mit Perücke und Schminke erlebe ich nun die Aufregung mit, und ich freue mich mit den Schülern, daß die zwei Schülervorstellungen gelingen. Es findet sogar „mein" Song im Publikum Anklang, obwohl sich einige Schüler immer noch pubertierend zieren und nicht aus sich herausgehen. Einen Operateur haben wir nicht. Die Schüler, die gerade nicht auf der Bühne sind, lösen sich unaufgefordert darin ab.

Trotzdem ist dann die Elternvorführung nochmals ein besonderes Ereignis. Auch viele meiner Freunde sind anwesend. Ich bin so aufgeregt, daß ich auch einige Freunde nicht begrüße. In dieser Phase des Prozesses kann ich mich innerlich auch nicht mehr distanzieren und rutsche auf die Ebene des Teilnehmers ab. Es ist eine strukturelle Vorwegnahme meines Abschieds von der Klasse, insofern ich mich der Rolle des Lehrers gänzlich entledige.

Ein ehemaliger Schüler bedient eine ausgeliehene Videokamera, (die sich leider hinterher als defekt erweist. Das Mikrophon hatte Wackelkontakt, daher ist nur eine Fassung ohne Ton verfügbar). Nun geht das Licht aus. Geschminkt, aber noch ohne Kostüm und Perücke, heiße ich alle Zuschauer willkommen. Ich überrasche auch die Schüler damit, daß ich allen zuerst einen kurzen Ausschnitt aus der Sequenz des Theateraufbaus über Tonband abspielen lasse, wo sie sich darüber streiten, wie das „richtige Theater" sein sollte. Die Zuschauer lachen über die verrückten Einfälle und die allzumenschlichen Querelen der Schüler.

Dann erst beginnt das Theater, und ich kann nicht verstehen, warum ich mich jemals so unter Druck habe fühlen können. Alle Zuschauer verfolgen amüsiert das Geschehen auf der Bühne und spenden uns wackeren Darstellern Applaus. Gewiß, die Darbietung war nicht ausgeschliffen theatralisch und durchsetzt mit unfreiwilliger Komik, *und* es war ein Schultheater, keine Gratwanderung.

2. Bezüge zu meiner Person und zu „Gestalt"

Im Rückblick stelle ich fest, daß viele verhältnismäßig „zufällig" ergriffene Lehrmittel oder auch von Schülern eingeschlagene Lösungswege eine Verbindung zu mir selbst und zu meiner Lebensgeschichte haben. Brisantestes Beispiel ist im nachhinein die Verbindung zwischen dem im Theater entwickelten Szenario der tötenden Gattin gegenüber meiner realen Situation, der ich mich in einer Lebenskrise befand, weil ich mich eben erst von meiner Gattin geschieden hatte. Im Theater erkenne ich insofern Unbewältigtes, als die Schuldfrage im Zusammenhang mit einer Partnerschaft und der schließlichen destruktiven Lösung zu Tage treten darf. Daß ich dann gar in die Rolle der Gattin schlüpfe und im Spiel den Gatten ermorde, wird Teil meiner eigenen Verarbeitung. Selbstverständlich ist dies nicht nur meinetwegen geschehen, die Schüler nahmen dieses Thema auch deshalb bereitwillig auf, weil es auch Teil ihres persönlichen Erlebens ist. Hingegen ist jetzt mein Anteil am Prozeß deutlicher. Ein weiterer „Zufall", den ich hier ausführlicher beschreiben will, ist die Verbindung zwischen dem gewählten Gedicht „Der Knabe im Moor" mit meiner bis zur Kränkung neigenden Angst dem Prozeß (lat. processus „Fortschreiten", procedere „vorwärtsschreiten") gegenüber. Dieser Zufall deutet an, in welcher Richtung Heilung zu finden ist.

2.1. Kränkung

Ein Vandalakt, der sich mitten in den Theaterproben ereignete, zeigte mir auf, daß sich Blößen nicht vermeiden lassen. Tatsächlich war jemand in das Schulzimmer eingefallen und hatte dabei deutliche verletzende Spuren hinterlassen. Beispielsweise lagen abgerissene Zweige der Zimmerpflanze auf meinem Pult. Wir konnten nicht herausfinden, wer der Täter war. Das Kränkende eines Vandalakts ist u. a. der Umstand, daß sich der Täter nicht stellt. Er wird nicht reale Figur und entzieht sich daher eines möglichen Kontakts. Die Bereitschaft des Betroffenen, sich vor weiterem Schaden zu schützen, wächst. Ein Schutzschild wird aufgebaut, das nicht mehr verhältnismäßig ist und Kontakt unterbricht. Kränkung wird zur Triebfeder, den Panzer zu verstärken. Dies nennt „Gestalt" Widerstand.

Der Knabe in Annette von Droste-Hülshoffs „Knabe im Moor" veranschaulicht das Muster des Widerstands. Es beschreibt die legitime Angst eines Knaben, der er mit Hektik entweichen will:

„Voran, voran' Nur immer im Lauf,
voran als woll es ihn holen'
Vor seinem Fuße brodelt es auf,
Es pfeift ihm unter den Sohlen
Wie eine gespenstige Melodei;
Das ist ...

Ja, wer ist das? Für den Knaben ist es
der Geigenmann ungetreu,
Das ist der diebische Fiedler Knauf,
Der den Hochzeitheller gestohlen!"

Und für mich? Muß es der Geigenmann bleiben? Habe ich heute alle Möglichkeiten ausgeschöpft, um z. B. hinter das Röhricht zu schauen, ob es wahr ist, daß es der Geigenmann ist? Oder vielleicht genügt es mir zu wissen, daß das Pfeifen unter den Sohlen mit der in ihnen austretenden Luft zusammenhängt, und ich kann auf die „archaische" Figur des Geigenmanns, ich stelle ihn mir schon mit Buckel vor ..., ganz verzichten. (Im Gedicht ist aber der Knabe gebeugt: „Hinducket das Knäblein zage.")

Die Vorstellung des Knaben, daß es der Geigenmann sein könnte, entspricht einem Widerstand. Der Knabe verknüpft assoziativ „Pfeifen" und „Geigenmann", ohne sich zu vergewissern, ob dem so ist. Dadurch setzt er sich seinen Ängsten aus, die bezüglich des Geigenmannes vielleicht real sind, denn immerhin hat er den Hochzeitheller gestohlen. Doch in der Verknüpfung mit den pfeifenden Sohlen erst geschieht widerstandsaktivierende, aber unverhältnismäßige Aktion. Daß der Knabe James-Bond-Phantasien hegt, ist verständlich, denn gegenüber einem Geigenmann kann er als Knirps nicht bestehen. Ich zitiere hier James Bond, weil er im Theaterstück vorkommt. Annette von Droste-Hülshoff erwähnt Schutzengel. Beide stehen für dasselbe, nämlich für eine „externe Autorität" (Polster, E. u. M.), die den Knaben schützen wird. Das ist ein Anrecht der Jugend, über Schutzengel zu verfügen, und das ist gut so, doch es ist für mich entscheidend, daß ich heute, im Wunsch nach einer grandiosen Autorität, erkennen kann, daß dieser zwar verständlich ist, aber in erster Linie dem Bedürfnis nach Autorität, nach Macht, entspringt. Ich „darf" also weiterhin von James Bond träumen, aber jetzt, wo ich das Moor überwunden habe und an der Scheide stehe, kann ich nicht mehr denken, daß James Bond oder sonst ein Archetyp mein Schicksal in die Hände nimmt. Hilfreich ist es vielmehr, festzustellen, daß ein Prozeß, insbesondere solch offener Art, bedrohlich ist und daß es darum geht, diesem Umstand bewußter Rechnung zu tragen.

Man kann jetzt einwenden, daß ja nicht ich, sondern die Schüler James Bond spielen wollten. Dieser Einwand ist real zutreffend. Aber alle Theaterimprovisationen der Schüler wiesen immer mich oder die Situation spiegelnde Anteile auf. Hinsichtlich des Gedichts erkenne ich jedoch deutlich den Bezug zu mir, habe ich und nicht die Schüler dies als Thema eingebracht. Schließlich erkenne ich z. B. in Danielas somatischen Verweigerungsmustern meine eigenen Formen wieder, mich über Totstellreflex der drohenden Herausforderung des Lebenstheaters zu entziehen.

2.2. Meine Geschichte

Die oben beschriebene Widerstandsstruktur stellt mich als Täter gegen mich selbst dar. Dies ist aber auch fremdbestimmt. Was kann der Knabe dafür, daß er durch das Moor gehen muß? Wie kamen die erwähnten Introjekte zustande?

2.2.1. Meine Kindheit

Ich erinnere mich, daß meine Mutter mein Arbeitsverhalten als Zehn-Elfjähriger mit „flatterhaft" qualifizierte. Heute noch verbinde ich mit diesem Wort Schuldgefühle. Ich nahm damals wahr, daß ich etwas falsch gemacht haben mußte, das Mutter Kummer bereiten würde, doch es war für mich schwierig herauszufinden, was denn besser als flatterhaft wäre. Ihre vorgelebte Widersprüchlichkeit zwischen rigider äußerer Ordnung und innerem Aufbruch ertrug ich in diesem Alter schlecht. Dies um so mehr, als ich, auf Stimmigkeit fixiert, von jeder Form von Unordnung mich hätte bedrohen lassen.

Als ich als Jüngster von vier Kindern auf die Welt kam, traf ich unglückliche Verhältnisse an. Unter schwierigen Umständen kam ich zur Welt, und als erstes mußte man mir das Fruchtwasser auspumpen. Diesem Eingriff schrieben die Ärzte meine Schluckstörungen zu. Außerdem waren zuvor auch meine Geschwister jahrelang von der Herterschen Krankheit geschwächt (das ist eine Magen- Darmschwäche; Durchfall ist deren Symptom) und meine Mutter am Rande ihrer Kräfte, weil sie damit schon genug gefordert gewesen war. Ich blieb dann sehr lange krank im Spital und setzte mich zudem in diesem Kranken-Ghetto, wie das Spital eines ist, auch immer neuen Krankheiten aus. Die Mutter pendelte, bis ich sieben Jahre alt war, vom Spital nach Hause und zurück. Manchmal waren wir bettlägerigen Kinder in der Überzahl. Manchmal hielt ich über längere Zeit zu Hause, mit Pulvermilch und Bananen aufgepäppelt, durch. Kaum war ich dann einigermaßen gesund, sog ich gierig die Welt ein, so wie ich es wohl an der Mutterbrust getan hatte. Die Mutter mußte oft lenkend eingreifen, um meine kompensatorische Überaktivität zu rhythmisieren. Zum Beispiel mußte ich noch in der sechsten

Klasse ein „Mittagsschläfchen" absolvieren, zu dem sie mich einmal sogar an den Haaren zu Bett gezogen hatte.

Meine ersten Schuljahre sind durchsetzt von Selbstbehauptungskämpfen, die vor allem auf dem Schulweg stattfanden. Meine damaligen Gegner erkenne ich in Schülern wie Stefan und Sandro, den harten Kern also des erwähnten „Klans", wieder. In diesem Zusammenhang gewinnt mein aufreibender Machtkampf mit diesen Schülern, von dem auch in dieser Arbeit die Rede ist, an Bedeutung, auf den ich aber jetzt nicht eingehen will. Ich steckte als Kind Schläge, aber vor allem Erniedrigungen ein. Ich selber konnte aber schlecht schlagen, ich erinnere mich jedoch, Schwächere auch gequält zu haben. Später wetzte ich meine Zunge und setzte mich mit dieser zur Wehr. Ich gewöhnte mir einen Sarkasmus an, hinter dem ich meine Verletzlichkeit zu verbergen versuchte. Der Erfolg gab der Methode recht, ich hielt damit nämlich meine „Feinde" vom Leibe, doch gleichzeitig erschreckte ich damit auch meine Freunde. Erst bei den ersten Sitzungen der Gestaltpädagogik nahm ich diese abweisenden, arroganten Äußerungen als solche wahr. Mit der Zeit erfuhr ich auch deren Tragweite, insofern ich merkte, daß ich mich selber auch oft auf höhnische Weise verspottete.

Meine Krankengeschichte ist aber nur ein Grund von vielen, warum ich in der Schulzeit in die Rolle des Außenseiters geriet. Ich hatte die erste Klasse im Tessin, in Bellinzona, besucht, wo ich zwar auch auf dem Schulweg einiges einstecken mußte, doch niemals soviel, wie ich es in der Deutschen Schweiz erfuhr. Aus beruflichen Gründen meines Vaters zogen wir, also die ganze Familie, nach Bern, als ich eben die erste Klasse beendet hatte. Dieser Schritt über den Gotthard bedeutete für mich eine erneute Streßsituation, spürte ich doch nun auch verbale und auf die andere Mentalität der Deutschschweizer bezogene Kontaktbarrieren. Ich wurde als eine Art Fremdarbeiter mit Schweizerpaß angesehen und war mit der damit verknüpften Integrationsproblematik konfrontiert. Allerdings nicht in derselben Heftigkeit, wie sie zum Beispiel Robert (Barito; in der achten Klasse von Jugoslawien in unsere Klasse eingetreten) hat erfahren müssen, denn ich war noch jung genug, mich rascher als er zu integrieren.

Allerdings baute sich auch in mir ein Gefühl der Heimatlosigkeit auf, das sich vor allem in der Sprache niederschlug. Ich übernahm dieselben Widerstandsmuster der Deutschschweizer der deutschen Sprache gegenüber, die darin bestehen, eine Sprache in der Schule sprechen zu müssen, die sich aber von der Mundart stark unterscheidet und zudem negativ besetzt ist, insofern auch der Lehrer, der sie spricht und vermittelt, ihrer nicht mächtig ist und sie teilweise als Pflichtübung absolviert und damit, mit der Sprache zusammen auch eine Sprachhemmung vermittelt, die sich negativ auf den Sprachgebrauch auswirken kann. Als Fremdarbeiter ist diese sprachliche

Schizophrenie besonders irritierend. Lernt er zuerst die „Hochsprache", wird er von den Einheimischen als überheblicher Fremder taxiert, lernt er aber zuerst die Mundart, dann findet er sich in der Hochsprache weniger gut zurecht. Er hat also beide Sprachen gleichzeitig zu lernen und muß sich von der Kontaktstörung der Einheimischen, der Hochsprache gegenüber, abgrenzen. Diese Bilingue-Problematik trug das ihre dazu bei, daß ich mich oft und manchmal noch heute, unverstanden fühle und mich fürchte, meiner Sprache wegen, von einer Gruppe ausgegrenzt zu werden.

2.2.2. Pubertät

Als Jüngling imponierte mir ein junger Bauer, dem ich in den Ferien gerne half. Dies unter anderem auch, weil er von kleiner, aber sehr kräftiger Statur war. Er schuftete, während sein Bruder studieren ging. Ich identifizierte mich mit ihm. Vielleicht aber, und das entzieht sich meinen Möglichkeiten der Selbstanalyse, lebte er mir vor, daß es auch möglich ist, krumm und kraftvoll zugleich zu sein. Obwohl ich schmächtig war, übernahm ich seine etwas nach vorne geneigte, trotzige Haltung und nahm sie also wohl als positiv besetzt wahr. Meine Mutter wies mich deswegen zurecht, doch ich machte mich aus Trotz noch krummer. In der Schule glaubte ich besonders „en vogue" zu sein und hing lässig im Stuhl, statt aufrecht zu sitzen. Auch fand ich, wenn ich O-Beine mache, stünden mir meine Jeans besonders gut. Auch die Maßregelungen der Lehrer dienten nur dazu, Bestätigung darin zu finden, daß ich durch Verweigerung über ein machtvolles Instrument verfüge. Die Beatleszeit sog ich wie ein trockener Schwamm auf. Ich verstand mich in meiner Auflehnung gegen Normen vom provozierenden Verhalten der Beatles bestätigt und trug selbstverständlich lange Haare. Daneben verschlang ich billige Wild-West-Romane meines Bruders, daher fand ich O-Beine besonders schick - und schwänzte die Aufgaben. An den Musikunterricht und die Turnstunden, die Pausen und den Schulweg denke ich am liebsten zurück. Auch das „Tierhäuschen", ein Schultheater, habe ich in schöner Erinnerung. Ich durfte dort den „Hahn" spielen (J. Bond auf kindlicher Ebene) und tat es natürlich bravourös, allerdings war ich damals etwas jünger. In meiner Pubertät fand ich dieses Stück natürlich kindisch.

Hier beende ich die kurze Schilderung meiner Pubertät. Sie ist nicht vollständig. Ich habe Themen aus Kindheit und Pubertät erwähnt, weil sie in der Fortbildung zum Gestaltpädagogen immer wieder als Fundus zur Wahrnehmung persönlicher oder schulischer Gegenwart in Erscheinung traten: Zwar gingen wir in der gestaltpädagogischen Arbeit immer vom gegenwärtigen schulischen Befinden aus, doch über kurz oder lang kamen wir bei Themen an, die früheren Ursprungs waren.

Beispiele, die sich heute, während des Schreibens dieser Arbeit anreihen, gibt es zuhauf: die Hektik des Knaben im Moor erkenne ich in der Mutter wieder, sei es, was ihre Schilddrüsen-Überaktivität anbelangt, sei es im Umstand, daß sie immer zwischen Spital und Familie hin- und herhetzen mußte, um möglichst allen gerecht zu werden. Auch zum Vandalakt erkenne ich Parallelen. Als kleines Kind im Spital zu liegen und nicht zu wissen, was ich getan habe, daß ich wieder von zu Hause weg muß, ist ein Trauma, das demjenigen eines anonymen Anschlags ähnlich ist. Ein Kind kann nicht „Krankheit" als abstrakte Erklärung seiner Isolation begreifen. Widerstand wird in dieser Phase zur Bewältigungsstrategie.

3. Resonanz

Gestaltpädagogik machte mich offener für den Austausch mit dem Schüler. Bezüglich der Unterrichtsgestaltung erfahre ich dieses Feld deutlich als ein mehrschichtiges Geben und Nehmen zwischen Parteien unterschiedlicher Erfahrung und Herkunft. Wird dieser Austausch wahrgenommen, finden beide Partner darin ihre Ressourcen. Wie kann Wahrnehmung diesbezüglich geschärft werden?

In Jörg Bürmanns Äußerungen wird, ausgehend von den Ausführungen Greensons zur „gleichmäßig schwebenden, frei flottierenden Aufmerksamkeit", die Fähigkeit, Resonanz in der Klasse zu prüfen, einsichtig gemacht:

„Nützlicher wäre ferner eine - möglichst schon in der Lehrerausbildung beginnende - langfristige Übung der Beobachtungsfähigkeit oder auch des Selbstgewahrseins, der inneren Distanzierungsfähigkeit und Selbstreflektion wie der Fähigkeit, die komplexe Situation „Unterricht" mehrperspektivisch zu erleben. Hierzu gehört auch die - für den Lehrer sicherlich nur in begrenzten Unterrichtssituationen mögliche - Fähigkeit, die Klasse insgesamt oder einen einzelnen Schüler mit einer „gleichmäßig schwebenden, frei flottierenden Aufmerksamkeit" wahrnehmen zu können. Er müßte allerdings schon bei der Planung von Unterricht darauf bedacht sein, sich für solche Beobachtungstätigkeit zeitweilige Freiräume zu verschaffen sowie die Lernprozesse so zu gestalten, daß sich eine hinreichende Eigendynamik überhaupt entfalten kann." (1986/3)

Die gleichmäßig schwebende, frei flottierende Aufmerksamkeit kann nur ein Produkt innerer Formen von Freiheit sein. Ich kann zwar wohl Unterricht so gestalten, daß dieser Raum gegeben wird, ausfüllen muß ich ihn im Vertrauen darauf, daß Resonanz geschieht. Dieses Wagnis einzugehen kann lohnenswert finden, wer nährende Resonanz erlebt hat. Darin erkenne ich auch den Unterschied zwischen souveränem Lehrer und „Fachdompteur".

Der Begriff „Resonanz" leitet sich aus der Akustik ab. In ihr erkenne ich materialisierte Form von Kontakt:

In einem begrenzten Raum angeschlagene Schlagzeugbecken erzeugen eine bestimmte Tonhöhe. Der wahrgenommene Ton setzt sich aus einer gewissen Anzahl Obertöne zusammen, die unser Ohr zu einem Ton „zusammenfaßt". Wird nun aber in demselben Raum ein Gong angeschlagen, der, bedingt durch seine Beschaffenheit, ein weit größeres Tonspektrum in Gang setzt, fangen die nicht direkt angeschlagenen Zimbeln tiefer zu schwingen an. Diesmal aber sind neue Töne vernehmbar, die sich vielschichtig im Raum bewegen, die aber aus ihnen selbst heraus erklingen. Da ich keinen Einfluß auf die Anlagen der Schüler habe, bevor sie in meine Klasse kommen, geht es also in erster Linie darum, den Gong, also den Lehrer, klangvoller zu gestalten. Auch die Beschaffenheit des Gongs gibt Hinweise, welche Eigenschaften den Lehrer klangvoller, kompetenter machen. Der Gong ist durch seine Größe und durch die atomare Struktur der Metallegierung in der Lage, so hart zu sein, daß er zugleich auch beweglich, elastisch ist. Resonanz ist nicht einfach so herstellbar, sowenig wie Kontakt auch nicht agiert oder „hergestellt" werden kann. Auch ist sie kein Zustand, sowenig wie ein „Klassengeist" oder eine „gute Beziehung" zu einem Schüler etwas Statisches ist, an dem man beliebig „anknüpfen" kann, sondern sie ist das Produkt im Hier und Jetzt, das aus meiner eigenen Schwingung und derjenigen der Schüler entsteht. Fällt Resonanz aus, müssen beide Partner sich neu aufeinander einstimmen.

Resonanz ist zudem zeitlich begrenzt, sie ist auf immer neue Impulse angewiesen, um sich manifestieren zu können. Die Sequenz von kontaktschaffenden Impulsen verstehe ich im Wort „Beziehung" ausgedrückt. Eine gute Beziehung zum Schüler erwächst aus der Summe zeitlich wohldosierter Kontakte. Es ist auch in der Akustik so, daß Resonanz gestört werden kann, wenn sie den Schwingungsgesetzen nicht folgt. Trifft ein Impuls nicht im richtigen Augenblick oder in falscher Form ein, so kann er den vorhergehenden neutralisieren. Die Suche nach der „Resonanz" erwächst aus dem Bestreben, *„Deflektion"* abzubauen. Deflektion beschreibt den Widerstand, der sich einstellt, wenn der vermeintliche Kontakt keine Wirkung erzielt, weil diese vorher abgeschwächt wurde. Am Beispiel des Gongs ist Deflektion das Phänomen sich gegenseitiger schwächender statt anregender Schwingungen. Bezogen auf die oben beschriebene Polarisierung erkenne ich in meinem Lebensstil deflektorische Tendenz, indem ich,

- erstens aus Introjekten heraus agierend, eine negative (oder zu positive) Vorwegnahme im Kontakt mit dem Anderen störend einfließen lasse,
- zweitens dem Anderen gar keinen zeitlichen Raum zubillige, auf meine Kontaktnahme in Schwingung zu geraten. (Ich überdecke mit großer

Aktivität, - oder dann aus Resignation mit zu geringer -, die Folgen des Kontaktes.)

Der Weg, diese Fähigkeit zu erlangen, führt über sinnvolles Tun. Jede „banale" Handreichung ist Träger eines sinnvollen Kontaktes. In ihr kann ich freies und zielgerichtetes Handeln erproben. Ausschlaggebend ist nur, daß sie Vitalität fördert. Auch schlage ich diesen Weg nicht in erster Linie den Schülern zuliebe ein, sondern zu meinem Lustgewinn. Der Gong klingt ja auch nicht, um die Zimbeln anzuschwingen, sondern seine Präsenz und die Beschaffenheit des Raumes und des Impulses lösen dies aus. Hingegen kann, quasi als Angebot, auch der Schüler davon profitieren.

Aus diesen Überlegungen ergeben sich relativ pragmatische Vorsätze, die ich nicht als mich belastend empfinde. Meine Alltagsgestaltung zu pflegen und in ihr auch pädagogische Werte zu erkennen, ist nur ein Beispiel eines solchen Vorsatzes. Direkt auf Schule bezogen fallen mir viele Dinge in den Sinn, denen ich während der Theaterarbeit zuwenig Nachdruck verlieh: Zuoberst steht die Wertschätzung der von den Schülern eingebrachten Impulse, aber auch die klare Abgrenzung gegenüber ihren destruktiven Formen von Interaktion, und auch mein Humor, den ich oft zugunsten falscher Moralität zurückstelle.

Dies ist auch der Wert der vorliegenden Arbeit. Gestaltpädagogik ist nicht die versprochene Aladinslampe, nach der ich anfänglich suchte. Nun weiß ich aber, daß es nicht darum geht, nach dieser zu suchen, sondern daß es sich lohnt, sich selbst im Spiegel der Klasse näherzukommen. So kann ich mich Stück für Stück von James lösen. Schmunzelnd stelle ich fest, daß Till Eulenspiegel als Figur mir die Hand reicht, wenn es unter meinen Sohlen pfeift.

Editha Hochreuter
Das Hühnchen Sabinchen

Zur Gestaltung meiner Arbeit

Gegenstand der schriftlichen Arbeit für mein Assessorexamen war eine Unterrichtsreihe zu Lewis Carroll, Alice in Wonderland, im Fach Englisch.

Ich las das Original und besorgte mir sämtliche damals verfügbaren Schullektüren. Die Auswahlkriterien der diversen Herausgeber wurden vergleichend untersucht, Vor- und Nachteile der einzelnen Schulausgaben (Anmerkungen, Vokabular, ansprechende Aufmachung usw.) wurden herausgestellt und abgewogen, ich gab schließlich über meine Entscheidung für eine bestimmte Schulausgabe Rechenschaft. Dazu wurde auch die „Situation der Klasse" herangezogen. Man verstand darunter die Frage nach der Anzahl von Jungen und Mädchen, den Entwicklungsstand der Kinder - sie waren alle in unterschiedlichen Phasen der Pubertät -, ihrer Lernbereitschaft/Motivation, die Frage nach der sozialen Stellung der Eltern, nach der Anzahl der Wiederholer etc.

Ich hatte eine bestimmte Anzahl von Unterrichtsstunden zur Verfügung. Der Stoff wurde auf diese Stunden verteilt. Die Methode gab der Fachleiter vor; besonders herausgehoben waren die Stunden zur Einführung der Texte, wobei Zweisprachigkeit verpönt war. Diese Methode wurde von niemandem hinterfragt, obgleich sie häufig groteske Hampeleien vor der Klasse notwendig machte. Das Stundenziel stand fest, Leitfragen führten dahin; die einzelnen Phasen der Unterrichtseinheit waren noch einmal genau im Minutenplan unterteilt, Hilfs- und Zusatzfragen in der Vorbereitung „Geplanter Verlauf" entwickelt und festgelegt.

Der letzte Teil der Arbeit bestand dann in der Unterrichtskritik, d. h. es mußte der tatsächliche Verlauf der Reihe mit ihrer Planung verglichen und Gründe für Abweichungen (die zunächst grundsätzlich negativ zu bewerten waren) genannt werden. Diese Gründe konnten an der objektiven Situation gelegen haben (z. B. weniger verfügbare Zeit als vorgesehen, Krankheit) oder in „falscher Planung" von mir, die also nachträglich offenbar geworden war und aus der ich als Lehrerin nun lernen konnte, indem ich sie optimierte.

Alle meine Ausführungen wie die der anderen Referendare/-innen sollten den Charakter von Wissenschaftlichkeit haben; ich selbst kam als Person nicht vor, auch die einzelnen Schüler/-innen nicht, sie waren Teil von Statistik. Wenn die Kinder trotzdem etwas während der Unterrichtsreihe erlebt haben sollten, dann könnte das an meiner Freude am Thema gelegen haben, über die ich aber niemandem Rechenschaft zu geben brauchte.

In Erinnerung geblieben sind die Stunden, in denen ich aus dem Schema ausgebrochen bin, z. B. eine Stunde, in der ich mit dem overhead projector die Raupe, der Alice begegnet, auf der Wand vergrößerte und die Klasse aufforderte: Characterize the caterpillar! Es wurde sehr lebhaft und lustig, und meine kleine Arbeit wurde von meinem Fachleiter in seiner „wissenschaftlichen" Arbeit deshalb zitiert.

Wenn ich mir jetzt überlege, was im Laufe der vielen Berufsjahre und besonders durch die gestaltpädagogische Arbeit in meinem Unterricht anders geworden ist, so soll das Neue auch in Form und Inhalt meines Rechenschaftsberichtes deutlich werden. Er kann in dieser Weise nur von mir geschrieben werden.

Ich berichte von Erfahrungen im Deutschunterricht der Oberstufe eines Gymnasiums in Wuppertal.

Ich werde dazu keine Lektüren auf ihre Eignung hin prüfen. Es geht mir vielmehr darum, die Bedeutung eines Themas für mich und eine bestimmte Lerngruppe herauszufinden. Seit langem arbeite ich zusätzlich zu den von der Fachgruppe ausgewählten Schulbüchern mit von mir erstellten Textblättern. Dadurch habe ich viel Freiheit, Wünsche und Bedürfnisse der Schüler/-innen, die sich während einer Unterrichtsreihe ergeben, zu erfüllen, selbst Schwerpunkte zu setzen, Aspekte zu vertiefen, einem Thema eine neue Richtung zu geben. Vollständigkeit kann ich nicht erreichen, es kommt mir darauf an, einen eigenen Weg durch den Dschungel des Möglichen zu finden.

Bei der Planung werden die Schüler/-innen in angemessener Weise beteiligt; wir diskutieren und kritisieren den gemeinsam zurückgelegten Weg, bemühen uns um Methodenvielfalt. Demokratisierung des Unterrichts heißt nicht: Verzicht auf Leistung oder Pünktlichkeit etc. Wichtiger als Wissenschaftlichkeit ist mir jedoch, daß der Unterricht lebendig bleibt, daß die Schüler/-innen gern in meine Stunden kommen, weil dort ein Klima herrscht, in dem Lernen möglich ist.

Ich empfinde es als eine sehr schwierige Aufgabe, in einer Lerngruppe eine Basis für Vertrauen zu schaffen, so daß die Schüler/-innen einigermaßen offen miteinander sprechen, daß ich etwas von ihrer persönlichen Situation erfahren kann, daß sie sich manchmal vom Thema berühren lassen, daß sie nicht immer nur herauszufinden suchen, was die Lehrerin hören will. Um den Schülern Raum zu geben, gehe ich zwar möglichst gut vorbereitet in meine Unterrichtsstunden, aber ich habe keinen minutiösen Plan und kenne das Ergebnis der Stunde, die Antwort auf Leitfragen, nicht im voraus. Auch ich lerne. Bei meinem Erfahrungsbericht gehe ich von mir selbst aus, von meiner augenblicklichen Situation, meiner eigenen Geschichte.

Dann berichte ich aus meinem Deutschunterricht in der Oberstufe in zwei Leistungskursen der letzten drei Jahre.

Dabei geht es mir
- um bestimmte Inhalte, die für uns wichtig waren,
- um besondere Situationen, die wir meistern mußten,
- um Methoden, die wir miteinander ausprobiert haben.

Germanistische Fachkenntnisse und solche in Methodik und Didaktik werden vorausgesetzt.

Mein besonderer Wunsch ist, zu zeigen, wie ich Einschränkungen, die ich durch Erziehung und Ausbildung erlebt habe, überwinde und mich bemühe, den Freiraum, den die Schule bietet, zu nutzen.

Mein Hier und Jetzt

Ich sitze in der Ferienwohnung im Ostallgäu. Meine Planung ist, in diesem letzten Teil der großen Ferien den Erfahrungsbericht über die Wirkung der gestaltpädagogischen Ausbildung auf mich und meine Arbeit in der Schule niederzuschreiben. Es ist eine Zeit des Zusammenziehens, des Ordnens, der Nachlese, nachdem ich in der zweiten Hälfte des Juli in New York meine große Tochter besucht und die Fühler ausgestreckt habe.

Anna war auch zugegen, als ich meine zweite Staatsarbeit über eine Unterrichtsreihe schrieb. Damals waren wir als junge Familie vier Wochen am Strand vor Venedig. Morgens, bevor Vater und Tochter aufwachten, schrieb ich jeweils die notwendige Anzahl von Seiten. Am Ende der Ferien war die Arbeit fertig. Es gibt viele Fotos von Anna und Hans aus der Zeit und nur eins von mir, das mir offensichtlich nicht gelang zu verhindern. Ich hatte damals keine Zeit, mich schön zu machen und wollte keine Dokumentation - es war während der absoluten Doppel- und Dreifachbelastung.

Jetzt geht es mir besser; meine Lebenszeit ist zwar schon weit fortgeschritten, aber ich bin dankbar, daß ich mich immer noch verändern kann. (Die Gespräche mit Anna in New York haben mir das deutlich gemacht.)

Meine Kindheit war geprägt durch ungeheure Übergriffe, Grenzüberschreitungen, mangelnde Achtung vor meiner Person. Kein Wunder, daß ich meine verbliebenen Reste zunächst einmal durch Rollen geschützt und gestützt habe. Die Rollenschemata zu hinterfragen, aus der Sicherheit der Rolle herauszutreten, war und ist meine Aufgabe; wie sich das in der Schule gezeigt hat, möchte ich aufschreiben und auch den Weg dorthin andeuten.

Wenn ich mir vorstelle, daß ich mit meinen Töchtern Probleme offen besprochen und Lösungsmöglichkeiten ausgehandelt und ausprobiert habe, daß ich sie gestützt und nicht bevormundet habe, dann werde ich traurig, wenn ich an meinen Lebensweg denke. Und immer noch gibt es Menschen, die besser als ich selbst zu wissen meinen, was für mich gut ist, und immer noch gerate ich in Situationen, in denen ich nicht mehr selbst Regie führe oder mir zu viel zumute.

Das Hühnchen Sabinchen

Genau vor zehn Tagen feierten wir den 80. Geburtstag meiner Mutter, den ich ihr zusammen mit meiner Schwester ausrichtete. Unter den Gästen war eine 75jährige Cousine meiner Mutter, die im Laufe des arbeitsreichen Tages immer wieder an meiner Seite auftauchte. Ich beobachtete auch, wie meine Töchter mit der weitgereisten Frau Kontakt hatten. Schließlich saßen wir in kleiner Gruppe auf dem Balkon, und ich sprach von meiner frühesten Erinnerung an sie.

Während des Zweiten Weltkrieges - ich lebte auf dem Bauernhof, von dem mein Großvater stammt - habe sie mir bei einem kurzen Besuch ganz wundervoll aus einem Kinderbuch vorgelesen. Es gelang uns gemeinsam, den Zeitpunkt des Besuches festzulegen, da ich erst danach in die Schule gekommen war und sie auf der Durchreise zu einer Famulatur in N. N. war, bevor sie das Kriegsende in der Charité erlebte.

Das Kinderbuch „Das Hühnchen Sabinchen" kann ich heute noch weitgehend auswendig; ich rezitierte auf dem Balkon daraus und berichtete, daß ich deshalb vorzeitig in die Schule durfte, einige Wochen nach ihrem Besuch, weil ich vorgab, lesen zu können, indem ich die ersten Verse auswendig hersagte mit dem Buch vor der Nase, und allewelt nervte. Was ich nicht erzählte, war, wie aufgebracht meine Mutter damals über unseren Kontakt war, wie sie mich zusammenstauchte und derart verunsicherte, daß Tante M. und ich bis vor zehn Tagen, also über 45 Jahre lang, keine Beziehung mehr zueinander hatten.

Das Kinderbuch selbst, das am Anfang meiner Lesekarriere steht, ist von seinem Thema und Sinn her höchst fragwürdig aus meiner heutigen Sicht, wenn ich es auch in liebevoller Erinnerung habe. Das Hühnchen Sabinchen darf nicht schön sein und müßiggehen; es muß funktionieren, sonst droht der Kochtopf.

Ich habe funktioniert.

> „Sabinchen war im weißen Kleid
> das schönste Hühnchen weit und breit,
> doch allen wurde es bald klar,
> daß es ein kleines Faultier war
> und gar nicht zu bewegen,
> auch nur ein Ei zu legen.

Es denkt: Dazu sind andre da,
die Tante Pips und die Mama
und auch die vielen bunten
langweil'gen alten Tunten.
Die kratzten Futter aus dem Mist,
wenn das noch appetitlich ist?
So etwas macht kein feines Huhn!
Sabinchen will das niemals tun."

Das Hühnchen „Sabinchen" von Marianne Speisebecher

Zu Christa Reinig, Robinson

Ich singe laut, damit ich nicht weine
abends allein im fremden Haus.
Ich ducke mich und erstarre,
wenn sie meine Schwester
in die Besenkammer sperren,
damit sie tut,
was andere wollen.
Und die Großen lachen mich aus,
wenn ich weine
öffentlich:
„Nu weent se!"
Ich passe mich an!

Verzweifelt und voller Scham stehe ich
vor der Wand mit Namen von
vergasten Juden
in der Synagoge in Prag.
Ich weine, wenn ich mir eingestehe,
wie oft ich meine Töchter verletzt habe,
obgleich ich viel stärker war.
Ich mache mich lächerlich,
wenn ich weine
öffentlich?
„Nu weent se"!
Ich passe mich nicht mehr an!

Zum Thema Aufklärung

Im Herbst 1988 setzt sich mein damaliger Leistungskurs Deutsch endgültig für die letzten beiden Schuljahre zusammen. Mein Thema ist zu dieser Zeit Aufklärung, und ich bin froh, daß die Richtlinien und der schulinterne Lehrplan es ermöglichen. Zu beantworten ist die Frage, was das Thema

Aufklärung für mich bedeutet. Was hat es mich so beredt vorstellen lassen, daß mein Kurs es gern akzeptiert hat?

Gehe ich vom Wort aus, so soll etwas klar gemacht werden, was vorher offenbar trübe war. Die englische Bezeichnung 'enlightenment' bringt die Lichtmetapher ins Spiel. Das Licht des Verstandes kann etwas erhellen, was dunkel war. Wenn es hell genug ist, sehe ich, finde ich meinen Weg, orientiere mich selbst und brauche niemanden, der mich an der Hand führt. Gehe ich allein, muß ich selbst entscheiden, wo ich hin will, ich übernehme mit der Freiheit auch selbst Verantwortung, ich werde erwachsen.

Im historischen Prozeß wurden aus Landeskindern bzw. Untertanen Menschen, die Rechte in Anspruch nehmen, die sich nicht mehr physisch und geistig der Willkür aussetzen und in Abhängigkeit halten lassen (z. B. Leibeigenschaft, Zensur); Glaubensfreiheit ist wichtig, desgleichen die Freiheit, sich der Bevormundung durch eine Kirche zu entziehen. Das Recht auf Ausbildung und Arbeit/Eigentum gehört dazu, damit ich ökonomisch unabhängig bin, Machtverhältnisse hinterfragen, mich der Machtausübung evtl. widersetzen kann.

Da niemand allein lebt, muß auch das Zusammenleben geregelt werden, z. B. durch Mitbestimmung, Toleranz und Pflichten.

Beginne ich mit diesem letzten Gedanken, so liegt in seiner Konsequenz, daß wir unsere gemeinsame Arbeit im Kurs organisieren müssen, daß ich Strukturen durchsichtig machen und eigenverantwortliches Handeln einüben muß. Im übrigen ist klar, daß es mir bei dem Thema Aufklärung zwar auch um die literarische Epoche (das Preußen Friedrichs II. und die Zeit Lessings) geht, dann aber um die Weiterführung des Prinzips in der Moderne, z. B. bei Brecht oder der Emanzipation der Frauen.

Ich weiß, daß ich bei dem Frauenthema noch viel Wut zu verarbeiten habe.

Über Vormünder

Da ist der grundlegende Text von Kant zu behandeln:
„Aufklärung ist der Ausgang des Menschen aus seiner selbstverschuldeten Unmündigkeit (...)".

Mich ärgert die Behauptung Kants, jeder sei an seiner Unmündigkeit selbst schuld. Das ist nicht meine Wahrheit. Was ist mit der Benachteiligung/Unterdrückung durch ungünstige Umstände, was ist mit der langen Leidensgeschichte der Frauen, deren Rolle Kant ja erwähnt? „Daß der bei weitem größte Teil der Menschen (darunter das ganze schöne Geschlecht) den Schritt zur Mündigkeit, außer dem, daß er beschwerlich ist, auch für sehr gefährlich halte: dafür sorgen schon jene Vormünder, die die Oberaufsicht über sie gütigst auf sich genommen haben."

Ich will keinen Vormund haben, und ich will keiner sein. Deshalb erarbeiten wir gemeinsam im Kurs ein paar Grundregeln. Dabei hat sich ein Fragenkatalog in Anlehnung an Barbara Langmaack (S. 105) aus der Themenzentrierten Interaktion bewährt, den ich den Schüler/-innen diktiere.

Welche Verabredungen sollen hier gelten, damit wir effektiv und in gutem Klima arbeiten können:

- in bezug auf jeden einzelnen: Was will ich mit mir selbst verabreden;
- in bezug auf die Zusammenarbeit;
- in bezug auf die Leitung und
- in bezug auf die Themen und Texte?

Jede/r beantwortet die Fragen für sich. Die Ergebnisse werden in Kleingruppen diskutiert, im Plenum zusammengetragen. Die Regeln, auf die wir uns geeinigt haben, müssen eingehalten werden.

Hier sei ein Beispiel darüber berichtet, welches Verfahren sich bei der Auswahl der wichtigen Texte bewährt hat:

Jede/r hat das Recht, ein Drama, einen Roman etc. vorzustellen, vorausgesetzt, daß sie/er den Text selbst gelesen hat. Ich selbst schlage auch Werke vor und teile evtl. Lektüren an Schüler/-innen aus, die interessiert und bereit sind, darüber zu berichten. Es wird deutlich, daß Mitspracherechte mit Arbeit/Mühen verbunden sind. Der Vorstellung folgt ein mehrfach wiederholter Abstimmungsprozeß: Jede/r hat zunächst drei Stimmen, dann zwei, dann eine Stimme.

Kürzere Texte und vorgeschriebene Unterrichtsreihen werden zwischen die großen Texte geschoben, die inzwischen zuhause gelesen und vorbereitet werden müssen. Es gibt verbindliche Terminabsprachen.

Zur Rolle der Frau

Auch die feministische Variante des Aufklärungsthemas bekommt ihren Raum. Stellvertretend für andere Texte wähle ich hier aus und berichte von der Besprechung von: Gabriele Wohmann, Flitterwochen, dritter Tag, 1968. Diese Geschichte reiht die Gedanken einer jungen Frau aneinander, die ihren Mann beobachtet und ihm zuhört, wie er ihre Zukunft plant.

Den Verlauf der Doppelstunde überlege ich mir wie folgt:
1. Das Sammeln der Leseeindrücke soll im Stuhlkreis stattfinden, damit anschließend leicht eine

2. Gruppenbildung stattfinden kann in Schüler/-innen, die sich mit der Frau, dem Mann oder keinem identifizieren können.
3. Dann will ich den Text spielen lassen, damit die Frau eine Stimme bekommt, ich denke auch an eine „aside".
4. Vielleicht läßt sich anschließend die Geschichte umformen, schriftlich in Dialogform bringen,
5. durch einen Brief der Frau an ihren Mann
6. oder als Tagebucheintrag ergänzen.
7. Evtl. kann die Situation auch aus der Sicht der Warze im Gesicht des Mannes dargestellt werden.

Die Durchführung der Unterrichtsstunden bringt dann einige Überraschungen.

Die Sonne scheint hell, und wir machen einen Stuhlkreis in einer warmen Ecke des Schulhofes. Das ist günstig im Sinne der Planung. Aber: Erstaunlich viele Verständnisschwierigkeiten müssen geklärt werden. Ich vermute, daß die moderne Erzähltechnik Verwirrung gestiftet hat, z. B. über die Anzahl der vorkommenden Personen, die Rolle des Mannes, die Bedeutung der Warze. Schließlich stellt sich heraus, daß keine/r sich mit der Frau oder dem Mann identifizieren will. Die Geschichte sei gut, aber schrecklich. Besonders die stumme Rolle der Frau wird als unerträglich empfunden, niemand findet sich bereit, die Geschichte so zu spielen, wie sie von der Wohmann angelegt ist. Dialogform ist Voraussetzung, ein Beiseitesprechen der Frau kommt als Kunstgriff nicht in den Blick. „Es mag ja sein, daß die Autorin etwas verdeutlichen, kristallisieren will, aber ich verhalte mich so nicht, mit mir kann niemand so umgehen", lautet der optimistische Kommentar.

Wir einigen uns schließlich auf ein Spiel, bei dem das setting der Wohmann beibehalten wird, die jungen Leute sich aber selbst spielend einbringen. Die entscheidende Veränderung im Vergleich mit der Wohmanngeschichte ist dann die, daß der junge Mann seinen Job zeitweise aufgeben will, „meine Arbeit stinkt mir!", die junge Frau aber „in dem Fall" noch berufstätig bleiben möchte. Sie sprechen dann über Themen wie: Geld, Wohnungseinrichtung, Hausarbeit, Freizeitgestaltung; die Kinderfrage wird bewußt vertagt.

Bei der anschließenden Besprechung zeigen sich alle zufrieden mit dem Verlauf des Dialogs, wir kritisieren jedoch, daß unangenehme Dinge (symbolisiert durch die Warze) noch unausgesprochen geblieben sind. Die Überlegung, wie man über Unangenehmes sprechen könnte und ob/warum es wichtig ist, bildet den Abschluß der Doppelstunde. Eine Antwort ist, daß es besser sei, die Realität zu sehen, als einem Ideal nachzujammern.
Was sind wir doch für ein aufgeklärter Kurs!

Abschlußbesprechung von Lessing, Nathan der Weise

Mit viel Freude und Gewinn in bezug auf inhaltliche und formale Aspekte haben wir uns mit Nathan der Weise von Lessing beschäftigt. Für den Abschluß der Unterrichtsreihe mache ich folgende Planung, die auch problemlos durchgeführt werden kann.

Ich erinnere die Schüler/-innen daran, daß Lessing seine Zuhörer auf dem Theater/seine Leser zu einem bestimmten Verhalten erziehen will.

1. Wir tragen zusammen, welche Werte er vermitteln will und schreiben die Tugenden an die Tafel. Eine kurze Begriffserklärung wird, wenn notwendig, geleistet.
2. Ich bitte die Schüler/-innen zu überlegen, welche Werte davon für ihr eigenes Leben von Bedeutung seien.
3. Ich teile DIN A 2 große Blätter aus und bitte,
   - fünf Werte in einer bestimmten, für jede/n wichtigen Anordnung aufzuschreiben,
   - den wichtigsten zu erläutern,
   - dann das Blatt hinzulegen zur Lektüre für die anderen Kursteilnehmer/-innen,
   - selbst wie alle anderen herumzugehen, die Blätter zu lesen und mit Namenszug zu kommentieren.

Die Arbeitsanweisungen werden mit großer Ruhe und großem Ernst befolgt. Auf manchen Blättern entstehen lange Wechselreden, und wir verwenden noch eine weitere Doppelstunde darauf, im Plenum, Kleingruppen werden abgelehnt, über die am häufigsten vorkommenden Themen relativ persönlich zu sprechen: i. e. die Möglichkeit von Toleranz; der Glaube bzw. die Frage nach der richtigen Lebensführung (der kategorische Imperativ); Freundschaft/ Liebe.[9]

---

[9] Häusliche Rückversicherung: Sonntag, 15.00 Uhr; Tochter Miriam, 17, Jgst. 12 sitzt auf dem Küchenherd, Gesichtsausdruck: fragend - unsicher, auch trotzig; liest aus Nathan, Tempelherr in IV: „Ätzend, hört Euch das an !" Neugierig: „Toll, so viel (Literatur) wie wir dazu haben, - Ma, haste wohl auch gern, oder? nicht schlecht!? kann man ehrlich gut vorlesen, so'n Rhythmus! Manchmal haste was an den Rand geschrieben, Ma, zur Erklärung, hilft mir!"
„Du benutzt also mein Exemplar? - Ja?"

Der Schüler Bernd

Während wir uns anhand des Nathan theoretisch mit der Frage der Toleranz auseinandersetzen, haben wir Gelegenheit genug, auch praktisch tolerant zu sein.

Im Kurs gibt es einen Schüler, Wiederholer. Bernd hatte sich offensichtlich nicht genügend anpassen oder unterordnen wollen, und da er auch noch häufig gefehlt hat, sind seine Leistungen - bis auf Deutsch - nicht mehr ausreichend gewesen. Deutsch, so sagt er mir im privaten Gespräch, habe ihm wegen des Lehrers gefallen, der ihn ernstnahm und förderte. Im Kurs will er nun einiges sofort im Sinne des vorangegangenen ändern, vor allem, was ihn als „hierarchische Strukturen" stört: wir sollen uns ab sofort alle duzen, und er will ein ganz durchsichtiges, auf permanentes Benoten und ständige Diskussion der Noten aufgebautes System der Zensurengebung einführen.

Ich räume ihm Zeit ein, seine Vorstellungen vorzutragen, bei der Abstimmung darüber wird er abgeschmettert. Da ist nämlich noch etwas anderes: Bernd wagt sich vor, aber er hat ein etwas hölzernes Auftreten. Sein Sprechen ist stockend - manchmal auch zu schnell, jedenfalls ist es mühsam, ihm zuzuhören. Es gelingt ihm häufig nicht, seine „Sache" zu entwickeln, Wichtiges von Unwichtigem zu trennen. Bei einem Einwand verteidigt er sich nicht, sondern bestätigt schnell: „Ja, ja", dann haspelt er weiter mit einer Mischung aus Engagement und Verlegenheit, ständig lächelnd. Da sitze ich nun mit meiner Verantwortung. Mir wird klar, daß in meinem Kurs eine Reihe von Mädchen den Ton angeben, die „aus gutem Hause" redegewandt sich zu benehmen und darzustellen wissen, die Literatur kennen und lieben und, auf das traditionelle Gymnasium vorbereitet, sich in seinem Schonraum zu behaupten wissen. Sie sind so stark, weil ich auf ihrer Seite bin. Aber ich stecke auch in Bernd: in seiner Mühe, sich darzustellen, in seinem Wunsch, zu bestehen und sich trotzdem nicht selbst untreu zu werden.

Höhepunkt und Wendepunkt unserer Auseinandersetzung ist die beschriebene Abschlußbesprechung zu Lessings Nathan. Bernd definiert Motivation als Durchsetzungsvermögen, Mut als Skrupellosigkeit, beschränkt Großzügigkeit auf sich selbst und einige Freunde. Seine angebliche krasse materialistische und opportunistische Einstellung verbrämt er mit Gottesglauben und provoziert dadurch viele Kursmitglieder, für die er unglaubwürdig wird. Danach ist er stärker isoliert als früher, aber es gibt auch vorsichtige Annäherungen, das Aus- und Ansprechen von Hilflosigkeit und Fremdheit.

Es gelingt, ein Gutteil seines Andersseins im Laufe der Zeit zu integrieren, z. B. wenn er bei der Behandlung von Sprachbarrieren in einer linguistischen Unterrichtsreihe uns freimütig davon erzählt, wie er seinen Eltern bei

Behördengängen hilft, oder auch in einer besonders schönen Stunde, sozusagen als Nebeneffekt der romantischen Ironie:

Wir lesen Szenen aus Ludwig Tieck, Der gestiefelte Kater und wollen uns den Text spielend erarbeiten. Um eine richtige Bühne zu haben und die Vorteile von Mobiliar, Vorhang und Beleuchtung zu nutzen, ziehen wir um in die Aula. In der Szene, von der ich berichten will, sitzen Gottlieb, der Müllerssohn, und der kluge Kater Hinze am Tisch und essen. Bernd spielt den Hinze. Wie immer ist seine Herkunft und ist sein Protest gegen unseren Betrieb durch ein besonderes Styling seiner Person ausgedrückt. Gottlieb, der dumme Bauernsohn, hat folgenden Text: „Die Stiefeln sitzen recht hübsch, und Du hast einen scharmanten kleinen Fuß". Und weiter: „Ich habe einen großen Respekt vor Dir" - Gottlieb schaut unter den Tisch auf Hinzes Füße, schaut wieder hoch in Hinze-Bernds Gesicht - „von wegen der Stiefeln!" Und Bernds phantasievoll beschlagene hohe Schuhe, die schon manche Mitschülerin zum Grinsen verleitet haben, verschmelzen mit den imaginierten roten Stiefeln des Katers.

Wir haben alle herzlich gelacht.

Der Umgang mit Widerstand

Während der Beschäftigung mit Texten der Romantik habe ich den Anfang des Romans „Heinrich von Ofterdingen" von Novalis, also den Traum von der blauen Blume, mit Arbeitsaufträgen zur häuslichen Lektüre aufgegeben.

Die Reaktion in der folgenden Stunde ist Widerstand: „Ich kann mir nicht helfen, Frau H., ich fand das so kitschig, ich mußte mich richtig zwingen, zuende zu lesen." Es wird Unverständnis signalisiert und um Hilfestellung gebeten. Also muß ich auf den Widerstand eingehen. Wir suchen die „kitschigen" Stellen heraus, z. B. „Es ist mir oft so entzückend wohl" ... (es) „befällt mich so ein tiefes, inniges Treiben" und klären, warum sie uns peinlich berühren. Da ist Übertreibung; die Nähe des Textes zur Trivialliteratur wird thematisiert. Ich stimme den Bedenklichen voll zu, dann aber bitte ich, daß wir auch das Alter des Romans beachten, seine altmodische Diktion wie alte Musik bzw. Instrumente auf uns wirken lassen.

Um den Roman gegenüber Trivialliteratur abzugrenzen, skizziere ich aus dem Stegreif den Anfang eines Groschenromans gemäß meiner Erinnerung: Roter Porsche steht im absoluten Halteverbot an herausgehobener Stelle vor dem Rathaus; junge hübsche Politesse will den dreisten Verstoß mit einem Knöllchen ahnden. Während sie das Papier ausschreibt, kommt ein großer, blonder junger Mann mit federndem Schritt strahlend auf sie zu ...; an dieser Stelle geht ein Ruck durch die Klasse. Wir zeichnen das Bild des jungen

Mannes gemeinsam weiter, seine überlegene Ausstrahlung usw., dann stellen wir uns im Gegensatz zu ihm die junge Frau vor, malen uns ihre Unsicherheit wegen der unvorteilhaften Berufskleidung aus und ihre Verlegenheit wegen des kleinlichen Auftrages. Beide fahren im Porsche weg. Im Grunde haben wir nun den Handlungsverlauf des Romans aus der Anfangssituation entwickelt. O-Bein-Struktur nannten meine Schwester und ich das immer, d. h.: Am Anfang läßt sich alles gut an; dann kommen dunkle, schicksalsschwere Stunden, am Schluß gibt es ein happy-end in bürgerlicher Ehe. Dabei ist immer er in der überlegenen inneren und äußeren Position; sie findet in ihm ihr Glück.

Also, ich habe meine Schüler/-innen einigermaßen überrascht. Als ich ihnen dann noch sage, daß der Ursprung für solche Serien-Liebesromane hier in unserem Romantext liegt und daß ich ihnen die Herkunft der romantischen Liebes- und Ehevorstellung zeigen will, kommen sie von sich aus auf den in früheren Unterrichtszusammenhängen gelesenen Aufsatz von Freud zu sprechen: Über den Dichter und das Phantasieren. Darin erklärt Freud die Verbindung zwischen dem kindlichen Spiel, den Tagträumen und Phantasien der Erwachsenen und den Romanen der Schriftsteller. Jetzt können wir uns der Lektüre des Novalis-Textes zuwenden.

Arbeit am Text

Heinrich von Ofterdingen, der Traum von der blauen Blume

Textanalyse ist unser täglich Brot in der Schule, deshalb sei auch dafür ein Beispiel in diesem Bericht angeführt. Methode ist das gelenkte Unterrichtsgespräch.

Heinrich, der junge Träumer, lebt noch bei seinen Eltern. Er fühlt sich fremd in ihrer Welt, in der Blumen keine Rolle spielen und Träume mit falschem Liegen und fremden Gedanken beim Beten zusammengebracht werden. „Träume sind Schäume". Der „Jüngling" liegt wach, es ist Nacht, der Mond scheint, Wind rüttelt am Fenster. Das Fenstermotiv, das Bild für Trennung zwischen Drinnen und Draußen, erinnert uns an Eichendorffs Gedicht Sehnsucht; das Verrinnen der Zeit (Wanduhr) scheint bedeutsam: die Reise nach Innen beginnt. Der junge Mann erlebt im Traum, was ihm in den nächsten Lebensjahren (Romankapiteln) bevorsteht. Das ist ähnlich und doch anders als im Trivialroman. Der Traum ist ein altes episches Mittel der Vorausschau, das uns über die Entwicklungsstufen unseres „Helden" informiert. Heinrich zeigt er den Weg zu sich selbst.

Wir schauen uns Heinrichs Traum genauer an, d. h. wir gliedern den Text, untersuchen die Teilstücke nach inhaltlichen und formalen Kriterien und ordnen sie den Lebensstationen Heinrichs zu.

Da wird zunächst ein unendlich buntes, aus Gegensätzen bestehendes Leben in allen Extremen im Zeitraffertempo durcheilt, Gefühls- und Erlebniszustände werden gehäuft; dann verlangsamt sich das Tempo. Konkretere Bilder symbolisieren den Aufstieg Heinrichs aus dunklem Wald in lichte Höhe. Zugleich geht er den Weg nach Innen. Während wir den ersten Wegabschnitt als Gegenentwurf zum Philisterleben deuten, als exotisch, abenteuerlich, beginnt mit dem Weg in die Grotte (Innen) ein mystisches Erleben; die Grotte erinnert uns an den unterirdischen Ort der Regentrude (Storm), der wie der Ort von Frau Holle unten erlebt und doch oben gedacht werden muß. Das rituelle Bad Heinrichs ist wie die Taufe und das Zusammenkommen von Wasser und Feuer ein Paradoxon, eine dem Verstand nicht mehr zugängliche Verbindung von unvereinbaren gegensätzlichen Prinzipien. Am Ziel, dem locus amoenus, erscheint dann das Zentralsymbol der Romantik, die blaue Blume, Inbegriff der Sehnsucht, die für Heinrich sich in ein Mädchengesicht verwandelt. Ihre Beschreibung ist, der paradiesischen Umgebung entsprechend, superlativistisch; das Traumbild zeigt Heinrich die spätere Braut. Damit bekommt die Liebe eine zentrale Bedeutung; sie ist die entscheidende Dimension des Lebens. Sie ist der Weg zur Selbsterkenntnis über die Erkenntnis des/der anderen; indem ich die fehlende Hälfte (Platon) finde, gelingt die vollkommene Einheit; die Liebe ist der Zugang zum Absoluten. Am Schluß deuten wir dann noch die Variationen der Farbe blau: Himmel, Wasser, Ferne, Tiefe, Innen, Augen (Frau).

Als wir dann anschließend im achten Kapitel des Romans zur Begegnung zwischen Heinrich und Mathilde kommen, der Realisation der Liebe im Romangeschehen, mache ich mir große Sorgen hinsichtlich der Belastbarkeit meiner Schüler/-innen. Ich selbst habe die beiden Seiten nur mühsam erneut lesen können, zu viel spießige Ideologie schiebt sich vor das Auge; ich gestehe die Bedenken offen.

Doch diesmal trösten die Schüler/-innen mich. No problem. „So viel von dem, was man sich im geheimen wünscht, auf zwei Seiten Text aufgeschrieben, ausgesprochen zu finden, ist überraschend und schon etwas Besonderes." Dann setzt kritische Reflexion ein.

Kritik am Ideal

Auch wenn die geheime Sehnsucht nach dem idealen Partner, der idealen Partnerin durch den Roman Heinrich von Ofterdingen angesprochen wird, so sind die Kursmitglieder doch weit davon entfernt, das Ideal mit der Realität zu verwechseln. Im Laufe der letzten Monate haben sich die Eltern mehrerer Schüler/-innen getrennt, das Scheitern so vieler Ehen wird thematisiert. Einige sprechen von notwendiger Vorsicht und Schutz der eigenen Person gegenüber dem Freund, Freundin, von Enttäuschungen, von wechselnden Beziehungen, vom Scheitern usw.

Das „Füreinanderbestimmtsein" sogar über ein irdisches Leben hinaus in ewiger Zeit (Novalis) wird als schöner, aber vielleicht auch gefährlicher Wunschtraum betrachtet. Dazu kommt die Frage auf, wie Novalis die Liebe dann im wirklichen Leben erfahren habe. Ich berichte von der jungen Frau Sophie von Kühn (13 Jahre) und ihrem Tod mit 15 Jahren (Gelächter) vor der Hochzeit. Ich erzähle auch von ihrer Nachfolgerin, die Novalis seines eigenen frühen Todes wegen auch nicht heiraten konnte.

Kreatives Schreiben

Die Reaktion des Novalis auf den Tod seiner Braut, das ist seine Tagebuchnotiz vom 13. Mai 1797 und die dritte Hymne an die Nacht, die offensichtlich auf den Tagebucheintrag Bezug nimmt, beschäftigt uns dann die nächsten Stunden. Wir klären zunächst mit einem großen Tafelbild, daß in diesem Gedicht der Tag negativ und die Nacht positiv erlebt wird. Am Grab der Geliebten, die für ihn im Diesseits verloren ist, erfährt der Liebende eine mystische Vereinigung mit der ihrer irdischen Gestalt entbundenen, verklärten Geliebten, jenseits der irdischen Zeit. Mein Vorschlag ist nun, die Gefühle von Schmerz, Angst, Elend, Einsamkeit und Verzweiflung, wie sie die Hymne ausdrückt, und Novalis Weg da heraus in unsere heutige Sprache zu übertragen, evtl. in Gruppenarbeit. (Ich will niemandem zu nahe treten.)

Der Arbeitsauftrag wird unterschiedlich aufgegriffen. Eine Gruppe erstellt gemeinsam ein schematisiertes Bild, einen Weg von unten nach oben, dessen Stationen beschriftet sind. Eine andere Gruppe entscheidet sich für ein neues Medium und malt. Die Bilder werden in häuslicher Arbeit fertiggestellt. Die meisten Gruppen brechen auseinander, da individuelle Arbeiten, auch Briefe an mich entstehen. Eine sehr intellektuelle Schülerin bittet um Dispens; sie sieht sich außerstande, selbst etwas zu schreiben.

Trotz einiger sehr privater und von großem Vertrauen zeugender Arbeiten wird mir deutlich, daß hier Grenzen erreicht sind, auch, daß ich in diesem Kurs das kreative Schreiben vernachlässigt habe. Ich nehme mir vor, meine eigenen brachliegenden Fähigkeiten vorsichtig wieder aufzugreifen und meine Schüler/-innen rechtzeitig zum eigenen Schreiben anzuregen und zu ermutigen. Gelegenheit gibt es genug.

In einer Unterrichtsreihe: Bauformen erzählender Prosa z. B. geht es um den Unterschied zwischen der auktorialen und der personalen Erzählhaltung. Wir erarbeiten die Unterschiede sorgfältig anhand von Textbeispielen aus der Literatur und stellen die Merkmale zusammen, wobei uns auffällt, daß wir nicht zu schematisch vorgehen können. Dann gebe ich einen Erzählkern vor, der ausgestaltet werden soll. Es zeigt sich, daß die Schüler/-innen nicht so sehr am allwissenden Erzähler wie an unterschiedlichen Erzählperspektiven interessiert sind. Jede/r wählt die Person, aus deren Sicht das Geschehen erlebt wird, frei! Es entsteht eine kleine Sammlung sehr eindrucksvoller Geschichten.

Stadtstreicher entführte Bus
Anja (Js 11)

Die Sonne blendet mich. Mein Kopf schmerzt von der langen Nacht auf der Pritsche. Meine Hand - ist es denn noch meine? - schmerzt dumpf, als ich mich mühsam zu erinnern versuche, was geschah, wo ich bin. Ich muß in meinen Gedanken wühlen, ein dunkler Schleier liegt über meiner Erinnerung. Es ist etwas Schlechtes, was sich da hinter dem Schleier verbirgt, aber ich muß ihn lüften, muß mich erinnern.

Ein stechender Schmerz durchfährt mich, ausgehend von einem Gedanken; plötzlich erinnere ich mich an meinen Traum, ich sehe eine Hand auf mich zukommen, voller Blut, Schreie vermischen sich mit einem lauten Geräusch, eine schrille Stimme durchdringt die Dunkelheit „Mein Kind!". Mit einem Ruck setze ich mich auf. Ich bin mir ganz sicher. Es war kein Traum, oh nein. Ich, Bruce Lester, sitze im Gefängnis von San Antonio, ich bin angeklagt wegen versuchten Mordes.

Die Sonne scheint plötzlich grell und kalt. Langsam besinne ich mich auf die Geschehnisse des letzten Tages. Zuerst sehe ich einen Bus vor mir. Einen gelben Bus, wie sie in ganz San Antonio anzutreffen sind. Ich weiß, daß der Bus in dem gestrigen Geschehen eine wichtige Rolle spielte, nur weiß ich nicht, welche.

Plötzlich hört der Preßlufthammer, der die ganze Zeit vor meiner Zelle knattert, auf, und in der Stille höre ich die Stimmen wieder. Ich schlage die Hände vor die Ohren, will sie nicht hören, aber sie werden lauter und lauter „Mami!", „Mörder!", nun rufen sie alle im Chor „Mörder!", und ich weiß, daß sie mich meinen, und diese Schreie reißen die von Alkohol aufgebauten Nebel vor meinen Gedanken.

Ich hatte beschlossen, mit dem Bus zu fahren und hatte aus meiner Reserve 1 Dollar genommen. Heute wollte ich feiern, denn es war mein Geburtstag, und für jemanden wie mich war es unerhörter Luxus, in einem dieser Busse zu sitzen. Ich suchte mir einen aus, auf dem „Sutherleigh Ave" stand. Als ich aber Anstalten machte einzusteigen, fuhr mich der Fahrer an und schickte sich an, mich hinauszuwerfen. Von dem Moment an sah ich rot, und als er mit einer Schimpfkanonade anfing und mich als dreckigen, kleinen Säufer bezeichnete, setzt alles aus. Ich packe ihn, schlage ihm mit der Faust ins Gesicht und werfe ihn aus dem Bus. Wie ich auf die Idee kam, mich selbst hinter das Steuer zu setzen, weiß ich nicht, auch an die Fahrt - die, wie man mir später auf dem Polizeirevier gesagt hat, 10 km lang war - erinnere ich mich dunkel. Einige kurze Szenen blitzen in meinem Gedächtnis auf, das Lenkrad mit dem roten Band an der linken Seite, die Figur an dem Spiegel, ich pralle gegen irgendetwas, werde auf die rechte Seite geschleudert, plötzlich Sirenen, der Bus schlingert hin und her, ich drücke das Gaspedal immer stärker herunter, plötzlich ein kleiner roter

Wagen auf der Mitte der Fahrbahn, ich reiße den Wagen nach links, da ist jedoch ein grüner Audi, ich suche, finde die Bremse nicht, ein heftiger, plötzlicher Schlag, es ist dunkel.

Ich öffne die Augen und schaue den gelben Fleck an der Wand gegenüber an. Bald wird der Wärter kommen. Der Preßlufthammer setzt wieder ein. Der gelbe Fleck fasziniert mich, ich konzentriere mich auf den Fleck, ich darf jetzt nicht an etwas anderes denken, darf jetzt nicht weiterdenken, darf mich nicht an das erinnern, was geschehen ist, was ich getan habe. Der Fleck an der Wand hat die Form einer Amöbe, ich versuche an nichts zu denken, aber ich schaffe es nicht. Wieder sind die Stimmen in meinem Kopf zu hören, und meine Gedanken schweifen zu dem Zeitpunkt, als sich die Dunkelheit auflöste. Das erste, was ich sah, waren Gesichter. Sie beugten sich über mich, aber sie waren anders, als ich erwartet hatte. Hart schauten sie mich an, und ich bemühte mich, ihnen zuzulächeln, um ihnen mitzuteilen, daß ich noch lebe, aber ich konnte mich nicht bewegen. Mir ist, als ob ich schwebe, ich sinke wieder in das wattige Dunkel zurück.

Als ich wieder zu mir komme, sitzt ein Polizeibeamter neben mir. Jetzt weiß ich, was da gestern passiert ist, ein Kind ist bei dem Zusammenstoß mit dem grünen Wagen ums Leben gekommen. Es war erst drei Jahre alt, und ich bin sein Mörder. Meine Hände auf dem Lenkrad sind die blutbefleckten Hände eines Mörders, wegen mir, einem unbedeutenden, kleinen, betrunkenen Durchschnittspenner, mußte es sterben. Ich wünschte, ich hätte nie gelebt. Wie soll ich es ertragen? Was habe ich zu erwarten?

Am Morgen des 10. April wurde der seit dem Vorabend in Haft gewesene B. Lester tot in seiner Zelle aufgefunden. Er hatte sich erhängt. B. Lester hatte am 9. April eine ganze Stadt in Schrecken versetzt, als er einen Bus kaperte, mehrere Unfälle verursachte und den Tod eines Kindes verschuldete.

Blindi

Ich komme jetzt zum Abschluß.

Seit über 20 Jahren gibt es in unserer Familie ein kleines Haustier, Blindi, eine asiatische Landschildkröte. Im Sommer ist sie im Garten, im Winter im Haus. Sie war klein wie eine Kinderhand, als wir sie bekamen, jetzt hat sie eine schöne Zeichnung in ihrem inzwischen doppelt so großen Panzer.

Schildkröten sind auch mythische Wesen, die die ganze Welt auf ihrem Buckel tragen, so sagen Inder und Indianer, sie gehen stur geradeaus und sind - zumindest unsere Schildkröte ist - klug und sensibel. Wirf ihr Futter einfach so hin, sie wird es nie anrühren!

Ich brauche kaum zu erwähnen, daß die Schildkröte seit langem mein Wappentier ist, natürlich nicht nur meines! Eine besonders schöne Erinnerung habe ich daran, wie A., eine Schweizerin aus der Ausbildungsgruppe, uns nach einem langen Tag abends das Kinderbuch „Tranquilla Trampeltreu" von Michael Ende auf Schwiezerdütsch vorlas. Tranquilla geht unbeirrbar ihren Weg zur angekündigten Hochzeit des Königs der Tiere. Sie verpaßt zwar die angestrebte Feier, aber - Der König ist tot, es lebe der König! - kommt gerade rechtzeitig zur Hochzeit des Nachfolgers.

Das Kinderbuch hat neben dem Hühnchen Sabinchen längst einen Ehrenplatz in meiner Kinderbuchsammlung.

Wechselblütler

Manchmal fühle ich mich wie unsere
Schildkröte, wenn sie
vorsichtig den Kopf
aus dem Panzer hervorstreckt,
langsam ein knittriges Bein
schaufelförmig nach vorn bewegt,
auf dem Boden absetzt - und -
mühsam ein zweites Bein
fast ebenso weit herausschiebt,
dann jedoch
mitten in der Bewegung
innehält und -
für Stunden liegenbleibt.

     E. H. (1991)

Silvia Froese
Ohne Wurzeln wachsen keine Flügel
Literarische Wege in meinem Leben und meiner Arbeit
mit Kindern in der Schule

Vorwort

In dieser Arbeit möchte ich den Versuch machen, meiner Lebensgeschichte nachzugehen und eine Verbindung herzustellen zu meinem Beruf als Lehrerin und meinen Neigungen zu literarischen Wegen. Es mag sein, daß Unwissenheit, Brüche diese Verknüpfungen an manchen Stellen verhindern. Dann ist es eben so. Doch ich möchte mich bemühen, den Schwerpunkt Literatur durchzuverfolgen, welche Literatur mich begleitet, beeinflußt hat und wie ich durch meine individuelle Lebensstruktur diese ausgewählt habe und diese meinen beruflichen Alltag geprägt hat. Ebenso möchte ich den Blick richten auf das eigene Schreiben und der Erziehung zum Schreiben in meinem Unterricht.

Um das Gewordene zu betrachten, ist es wichtig, auf den Weg der Entwicklung zurückzublicken. Ungewohnt ist es für mich, meine eigene Person und Entwicklung mit der Sache, dem Thema einer Arbeit, darzustellen. In den drei Examensarbeiten, die ich bisher schrieb, war geradezu die Vorschrift, nüchtern, sachlich Theorie und Praxis darzustellen. Meine jetzige Arbeit führt mich in unbequemere Arbeitsprozesse, ich habe kein Vorbild, nach dem ich mich richten kann. Mich beschäftigen während des Schreibprozesses z. B. folgende Fragen: Traue ich mich, biographische Teile offenzulegen? Was geht den Leser nichts an? Wie integriert oder trennt sich meine lebensgeschichtliche Erfahrung mit dem, was ich im Fach Deutsch unterrichte? Wie genüge ich den Ansprüchen einer gestaltpädagogischen Arbeit und löse mich von den alten Strukturen?

Ich schreibe so, wie ich bin. Sprunghaft und zäh. Der Weg, die Verbindungslinien zwischen mir als Subjekt und der Sache aufzusuchen, ist eine Herausforderung.

1. Kapitel: Lesen und Schreiben in meiner Kindheit

Am Ende der Grundschulzeit, wo das Erlernen des Lesens und Schreibens in seinen Grundzügen bewältigt sein soll, stellt man fest, daß bei den Kindern große Unterschiede bestehen. Ich gehörte zu der Gruppe, die nicht nur hervorragend lesen und schreiben konnte, sondern auch begeisterte Leserin war.

Meine ersten sechs Lebensjahre verbrachte ich mit meinen Eltern und Großeltern in einem kleinen bayrischen Dorf. Meine Erinnerungen sind geprägt durch Stallgerüche, den Dorfteich, Felder, Kirche. So schwach erinnere ich mich an den Struwwelpeter und ein Hasenbuch. Sehr viel deutlicher sind mir meine drei Puppen vor Augen.

An dieser Stelle möchte ich innehalten und drei Unterrichtsbeispiele einfügen:

1. In meiner 5. Klasse tauchen plötzlich Puppen auf. Die Besitzerinnen erzählen über ihre Puppen. Ich lasse dieses wichtige Stück Kindheit nicht draußen, sondern öffne die Unterrichtstür. Ich bringe meine eigene Puppe mit. Ich geniere mich etwas vor den Kollegen. Alle Kinder bringen im Laufe der Woche ihren „Liebling" mit. Jeder Junge schleppt einen Bär, sein Auto oder ein anderes Spielteil an. Unser Klassenzimmer wird zur Kinderstube. Wie zufrieden wir alle waren. Dann verschwanden sie wieder in den Kinderzimmern. Ich schuf auch Platz zum Trauern, wo Mütter Teddys weggeschmissen oder verschenkt hatten. Auf dem nächsten Elternabend entwickelte sich unter den Eltern eine hitzige Debatte, ob der Teddybär im Unterricht etwas zu suchen habe oder nicht.

2. Als ein Mädchen aus meiner Klasse vergewaltigt worden ist, mit 11 Jahren, besuche ich sie zu Hause. In ihrem Kinderzimmer sind viele Stofftiere. Damit bauen wir einen Gerichtssaal auf mit den Personen, denen sie bei der bevorstehenden Verhandlung begegnen wird. Dann proben wir vorsichtig.

3. Ich habe meiner Klasse im 5. Schuljahr eine Seerobbe als Stofftier geschenkt. Sie taufen sie „Robby". Beim Abschied im 9. Schuljahr erhielt ich Robby zum Aufbewahren zurück: abgegriffen, zigfach genäht. Robby war ein wichtiges Relikt aus der Kindheit. Er spendete Trost, er wurde stellvertretend gebraucht. Ein Junge mit starken Kontaktstörungen hatte den intensivsten Kontakt zu Robby. Über ihn konnte er über sich sprechen. Als Robby von einer Vertretungslehrerin in einem Konflikt beschlagnahmt wurde, fand der erste Sitzstreik der Zwölfjährigen statt. Ich bin sicher, daß die Kinder dieser Klasse für ihre spätere Rolle als Eltern gelernt haben, die Bedeutsamkeit von Puppen, Stofftieren für die Kindheit zu begreifen.

Als ich vier Jahre alt war, fuhr mein Vater als „Gastarbeiter" in die Fremde. Über andere Verwandte fand er Arbeit im Kalksteinbruchwerk einer Kleinstadt im Rheinland. Zwei Jahre schuftete er, bis er uns nachholen konnte. Ich war sechs, als meine Mutter und ich das Dorf verließen. Die neue Umgebung - das Dorf weg, Vati zur Schichtarbeit weg - und fehlende Geschwister führten zum Rückzug: mit wachsender Lesefertigkeit zog ich mich immer mehr in meine wenigen Bücher zurück. Das Lesen wurde zu meiner Lieblingsbeschäftigung.

Dabei nahm das dicke Märchenbuch der Gebrüder Grimm den ersten Platz ein. Mir wird das widerfahren sein, was Bruno Bettelheim in seinen spannenden Ausführungen über die Bedeutung der Märchen schreibt:

„Die modernen Geschichten, die für kleine Kinder geschrieben werden, vermeiden meist diese existentiellen Probleme, die doch für uns alle so entscheidend sind. Insbesondere das Kind braucht in Symbolform gekleidete Anregungen, wie es mit diesen Fragen umgehen und sicher zur Reife heranwachsen kann. 'Heile' Geschichten erwähnen weder den Tod noch das Altern als Grenzen unserer Existenz; sie sprechen auch nicht von der Sehnsucht nach ewigem Leben. Das Märchen dagegen konfrontiert das Kind mit den grundlegenden menschlichen Nöten."[10]

Die Botschaften, die von einem Märchen ausgehen, zeigen eben auch die dunklen Seiten, die untrennbar zur menschlichen Existenz gehören, und wie die Menschen den Kampf mit der Bewältigung von Neid, Gier, Geiz, Gefallsucht, Rache aufnehmen. Das Lesen von Märchen und die Bearbeitung durch Darstellen, Umschreiben, Malen, Analysieren muß ein elementarer Bestandteil in verschiedenen Phasen der Schulzeit sein. Die Bereitwilligkeit, sich mit Märchen zu beschäftigen, läßt in der Pubertät nach, so daß bei Schülern im 5./6. Schuljahr sich Widerstände regen, da dies als „Kleinkinderkram" erst abgewehrt wird. Hier ist es wichtig, den Widerstand zuzulassen und Medienhilfen anzubieten, die diese Altersstufe reizen. So kann das Schattentheaterspielen[11] und die Videokamera Zugänge ermöglichen. Interessante Lernprozesse entstanden zwischen einem Oberstufenkurs und meiner 5. Klasse, als im gemeinsamen Unterricht die Älteren die Jüngeren als Märchenforscher befragten und gemeinsame Schreibexperimente wagten.

Zu Gedichten faßte ich recht früh Zuneigung. Sie waren durch ihre Begrenztheit als Text leicht zu lernen. Der Nervenkitzel beim Vortragen begeisterte mich. Bettelheim geht so weit, daß er dem Lesen die zentrale Rolle im Lernen überhaupt einräumt und behauptet, daß die Erfahrungen beim Lesenlernen entscheidend sind für die Beziehung zum Lernen überhaupt, denn an dieser Stelle lerne das Kind, welche Meinung es über sich selbst in bezug auf seine Lernfähigkeit und seine Person entwickeln wird.

In der Grundschulzeit wurde mir durch Kindergeburtstage zum ersten Mal bewußt, daß wir arm waren: Die anderen hatten ein eigenes Zimmer, Telefon, die Eltern feine Möbel und die Mütter sahen wie aus der Modezeitung aus. Wir lasen die Bildzeitung und Illustrierte vom Lesezirkel. Die Bücher der Pfarrbücherei hatte ich bald alle durch. Wenn ich frech war, erhielt ich

---

[10] Bettelheim, Bruno: Kinder brauchen Märchen. Stuttgart 1977. Ders.: Kinder brauchen Bücher. Stuttgart 1982.
[11] Haehnel/Söll, u. a.: Wir spielen mit unseren Schatten. Hamburg 1986.

Leseverbot. Am Ende der Grundschulzeit empfahl mich der Rektor zum Gymnasium wegen meiner guten Leistungen. Ich weinte so sehr, daß meine Eltern es nicht fertigbrachten, mich zu übergehen: Ich wollte nicht mit den reichen Mädchen in die Nachbarstadt fahren müssen, ich traute mir das alles nicht zu. So wurde ich auf der Realschule angemeldet. Meine Eltern betreuten meine schulische Entwicklung gut, sie nahmen mir nichts ab, aber spielten viel mit mir drinnen und draußen und waren liebevoll zu mir.

Wenn ich in den Spiegel schaute, war ich keinem ähnlich, und nie wurde erzählt, wie ich geboren wurde. Wieso wuchsen dem Kind keine Flügel bei dieser glücklichen Kinderzeit, oder sind es schon Flügel, die es zu so guten Schulleistungen beflügeln?

2. Kapitel: Aufbruch

Zu Beginn der Realschulzeit freundete ich mich eng mit einem Mädchen an. Unsere Unterschiedlichkeit war erheblich. Sie war Arzttochter, ich Arbeitertochter; sie lernte nicht gern, ich war die Beste; sie erhielt Ballettunterricht und sah früh Opern, ich turnte an den Wäschestangen hinter dem Mietshaus und tanzte mit meinem Vater Walzer nach Radiomusik. Welch inneres Schicksalsband uns verknüpfte, erfuhren wir später.

Neben dem intensiven Tagebuchschreiben startete ich die ersten Aufsätze über mein Heimatdorf, die ich heimlich dem Deutschlehrer zusteckte. Er unterstützte meine Schreibversuche. Erikson erwähnt in seinem Kapitel „Wachstum und Krisen der Persönlichkeit"[12] die bedeutungsvolle Rolle des Lehrers für die Stabilität des Kindes. Bei Lebensläufen von Menschen mit speziellen Begabungen hat er festgestellt, daß irgendein Lehrer die besondere Neigung eines Kindes erkannt und gefördert hatte. In meinem Unterricht liegt mir aufgrund der eigenen Erfahrung auch am Herzen, Kinder zu ermutigen zum eigenen Schreiben. Nach sieben Jahren Deutschunterricht in einer Gesamtschule, stark angeregt durch die Auseinandersetzung mit der Rolle der „Freien Texte" bei Celestin Freinet, schrieb ich einen Beitrag über das Schreiben im Unterricht.[13] Im Rückblick auf diesen Artikel wird mir noch einmal bewußt, welch ein Reichtum wachsen kann, wenn man die Kinder ermutigend und doch auch fordernd schreiben läßt, wenn es nicht schon zu sehr verschüttet worden ist. Mit der ersten Sonderschulklasse stellte ich nach einem Jahr das erste kleine Heft her über alte Menschen. Der Besuch meiner

---

[12] Erikson, Erik H.: Kindheit und Gesellschaft. Stuttgart 1987.
[13] Froese, Silvia: Schreiben ist Befreiung - Schreiben ist Macht. In: Boehncke/Hennig (Hrsg.): C.Freinet. Pädagogische Texte. Hamburg 1980.

Großeltern floß in die Auswahl ein, und die Kinder, die sich sehr wenig zutrauten, waren stolz auf ihr erstes „Buch".

In allen Kulturen wird das Kind in irgendeiner Weise unterrichtet, auch wenn die Art der Ausbildung zwischen Fischefangen und Einmaleins, dem Vater als Lehrer, der älteren Schwester oder dem bezahlten Beamten differiert. Alle Lehrzeiten sind darauf ausgerichtet, daß das Kind in die Arbeitswelt eingeführt und auf die Suche nach seinem späteren Platz als Erwachsener geschickt wird. Indem das Kind etwas leistet, erringt es Anerkennung. Bevor es zum Sturm der Adoleszenz kommt, findet es noch Ruhe zum Ausprobieren und übt seine handwerklichen Fertigkeiten. Das Kind, das in dieser Phase Mißerfolge erleidet, erlebt schwerwiegende Angriffe auf sein Selbstvertrauen in sich und damit auch zu seiner Umwelt, der Gesellschaft, die es feindlich und ablehnend erlebt. Die Berichte der Kinder meiner Sonderschulklasse, die am schärfsten diesen Prozeß erfahren haben, sind erschütternd: „Ich kam nicht mit. Alle anderen schaffen es, ich nicht." Die Sonderschule ist für sie ein Widerspruch; auf der einen Seite atmen sie erleichtert auf, weil sie endlich ihrem Lernvermögen entsprechend lernen dürfen - auf der anderen Seite ist die Diskriminierung tief eingegraben.

Mein damaliger Widerstand gegen den Eintritt in das Gymnasium bewahrte mich vielleicht vor einer verletzenden schulischen Entwicklung, wo ich als Arbeitermädchen sicherlich eine Außenseiterposition gehabt hätte.

In dieser Übergangszeit verunglückte mein Vater durch eine Hochofenexplosion, erlitt schwere Verbrennungen und erholte sich dank seiner vorherigen guten körperlichen Verfassung wieder. Wenn Kinder von Arbeitsunfällen erzählen, gebe ich gerne Zeit her, weil ich weiß, wie solche Ereignisse eine Familie erschüttern und häufiger vorkommen, als der Lehrer es ahnt. Bergarbeiterunglücke lösen bei den türkischen Kindern, deren Väter im Ruhrgebiet unter Tage noch arbeiten, große Unruhe aus. So ist es kein Zufall, daß ich eine Unterrichtsreihe der Bergarbeiterdichtung widmete und aus den Prosatexten den auswählte, der das Verschütten eines Bergmanns schildert.[14] Während des Vorlesens herrschte packende Stille, weil die Kinder mein Berührtsein spürten und der Tod sie sehr ansprach. Man muß damit rechnen, daß Kinder sich bei diesem Thema auch stark schützen müssen und sich auf unterschiedliche Weise Widerstand äußern kann. Der Hintergrund kann eine Erinnerung an den Verlust eines Menschen sein. Lehrer und Schüler geben ihren Lebenshintergrund nicht am Schultor ab, ihn wahrzunehmen und zu achten habe ich langsam gelernt.

In meinem Klassenraum hatte ich eine Krankenecke, bestehend aus zwei Polstern, die man aneinanderlegen konnte. Dort konnte das Kind liegen, sich

---

[14] Rother, Thomas (Hrsg.): Toffte Kumpel. Bergarbeiterdichtung heute. Essen 1984.

zudecken bei körperlichem oder seelischem Schmerz und bei uns sein und wir bei ihm. Erkrankungen, die schlichtweg durch Schlägereien entstanden waren, boten dem „Täter" die Chance zum Wiedergutmachen durch kühlende Umschläge. Ich habe nicht erlebt, was andere Kollegen befürchteten, daß diese Rückzugsmöglichkeit ausgenutzt wird. Ich wage zu behaupten, daß diese Art von Psychohygiene den Krankenstand in meiner Klasse, der erstaunlich niedrig lag, beeinflußt hat. Die Klassengemeinschaft war gut entwickelt, und in dieser Klasse weinten Jungen auch noch recht lange, ein gutes Zeichen von Vertrautheit. Diese etwas ungewöhnliche Einrichtung im Klassenraum wurde mir zeitweise von der Schulleitung verboten.

In der Zeit der wachsenden Pubertät, dem Schauen nach Idolen und den sehnsüchtigen Blicken zu den Jungen geschah es, daß ich mich verlor: An einem Abend erzählte mir meine Mutter, sie hätten mich als Baby aus dem Waisenhaus geholt. Meine Mutter sei ein Flittchen gewesen, der Vater nicht genau bekannt. Plötzlich war Silvia nicht mehr Silvia. Ich war zwei Personen. Ich hatte Eltern und wieder keine. Flittchen war etwas Schlimmes. Alle Ordnung brach zusammen. Nichts stimmte mehr.

Gute Zensuren nahm Silvia nur noch gespalten zur Kenntnis:
„Du, ich hab' ne 1 geschrieben."
- Ach was, wo du herkommst, da gibt's keine 1, nur Sumpf. -
„Aber ich hab' sie doch geschrieben."
- Ja, ja, aber eigentlich kannst du das gar nicht. Eine Hurentochter ist nicht gut in der Schule, die ist vielleicht sonst gerissen, aber klug ist sie bestimmt nicht, überhaupt, sie ist nichts wert. Wer weiß, wo die herkommt. -

Ich sollte niemandem davon erzählen, und in der Familie wurde nie wieder (erst Jahrzehnte später durch mich) darüber geredet. Nur ein einziges Mal wagte ich, das Tabu zu durchbrechen: Meiner Freundin mußte ich schwören, ihr Geheimnis nicht zu verraten, daß sie adoptiert sei. Da brach es aus mir heraus: Ich auch. Ausgerechnet wir hatten uns gefunden. Dieses Aufdecken meiner Wurzeln beraubte mich meiner gesichert geglaubten Identität. Diese Spaltung prägte meine weitere Entwicklung in verschiedenster Weise. Das, was ein Jugendlicher sowieso an Stürmen durchlebt, beschreibt Erikson folgendermaßen: „Aber in der Pubertät werden alle Identifizierungen und alle Sicherungen, auf die man sich früher verlassen konnte, erneut in Frage gestellt (...)"[15] Der Jugendliche will nun seine soziale Rolle festigen und herausfinden, wie er in den Augen anderer erscheint. Schon der normale Kampf des Jugendlichen, seinen Weg auf eine erreichbare Zukunft in

---

[15] Erikson, Erik H.: Identität und Lebenszyklus. Frankfurt 1966, S. 101.

Absicherung seiner Ich-Identität zu finden, ist hart und stürmisch. Am stärksten beschäftigten mich Minderwertigkeitsgefühle und Zweifel über mein Wesen bis hin zu Phantasien über schlechtes Erbgut. Als ich später im Laufe der Gestaltpädagogikausbildung diesen Teil meiner Biographie preisgeben konnte und die innere Emigration verließ, setzte sehr rasch die konkrete Suche nach meinen leiblichen Eltern und die Beschäftigung mit Literatur über Adoption ein.[16] Es liegt nahe, daß meine starke Zuneigung zu Kindern, die am Rande leben, über die Identifikation kommt: Ich hätte eines von ihnen sein/werden können. So war ich besonders aufmerksam bei Kindern, die Entwurzelungen erlebt haben.

Nach dem Offenlegen der Adoption, so beschreibt es Betty Lifton, entstehen oft unausgesprochene Botschaften in der Familie: Du wurdest auserwählt. Wir haben dich gerettet. Du verdankst uns dein Leben. Wer weiß, wo du gelandet wärst ... Diese nicht ausgedrückte Dankbarkeitserwartung behinderte mich in Auseinandersetzungen mit meinen Eltern. „Wenn sie Zorn ausdrücken, bekommen sie Schuldgefühle"[17], konstatiert Betty Lifton das Standardverhalten Adoptierter. Aber nicht nur die Adoptierten sind auserwählt, sondern ebenfalls die Adoptiveltern, sie müssen sich mit anderen Bewerbern auch auswählen lassen. Sie tragen in der Regel das Los der Unfruchtbarkeit und bewältigen diese über die Adoption. Sie stellen höhere Ansprüche an sich selbst als andere Eltern, und damit geben sie auch die Ängste und den Druck weiter an das adoptierte Kind. Die Adoptivmütter sind relativ oft gesundheitlich gestört und viel seltener berufstätig als andere Mütter. Verwandte reagieren zu 60% mit Vorbehalten auf die Adoption. Ich erinnere mich genau, daß schwere Verwandtschaftskrisen entstanden waren, weil eine Verwandte, Mutter von vier Kindern, meiner Mutter untergejubelt hatte, sie sei ja gar keine richtige Mutter. Vermutlich ist der starke Ortswechsel meiner Eltern durch den Wunsch des Verdeckens der Adoption beeinflußt worden und sie sich sicherer fühlen konnten, daß meine leibliche Mutter nun weit weg war. Manche legen sogar Kontinente dazwischen, und doch entwächst niemand seinen Wurzeln.

Wellisch stellte einen Aspekt heraus, der nach meiner Meinung besonders für die Adoleszenz relevant wird. Jeder hält für selbstverständlich, daß er von Menschen umgeben ist, die ähnliche körperliche Merkmale haben. Dies fehle aber bei Adoptierten:

„Tatsächlich sind Menschen außerhalb von uns selbst wesentlich für die Entwicklung unseres kompletten Körperbildes. Am wichtigsten sind in dieser Beziehung unsere leiblichen Eltern und auch andere Familienmitglieder.

---

[16] Lifton, Betty: Adoption. Stuttgart 1982.
[17] Ebd., S. 85.

Kenntnis seiner Genealogie und ein klares Verhältnis zu ihr sind daher für das Kind notwendig, um sein vollständiges Körperbild und Weltbild aufzunehmen. Jeder spürt in sich die Lockung, den Drang dazu, die Tradition seiner Familie, seiner Rasse, seines Volkes und der Religionsgemeinschaft, in die er hineingeboren ist, fortzusetzen und zu erfüllen. Der Verlust dieser Tradition ist ein Entzug, der zu einer Hemmung der emotionalen Entwicklung führen kann."[18]

Lange, lange fand ich mich häßlich und nirgends hereinpassend, mit schlechtem Gewissen meinen Eltern gegenüber. Aber dieses Sehnen, woanders hinzugehören, es hörte erst spät auf. In der Adoleszenz versucht jeder, nach seinen Ursprüngen zu forschen, das adoptierte Kind erst recht. Heute, wo ich diese Sätze schreibe, habe ich gerade ein Stadtarchiv gebeten, bei meiner Vatersuche behilflich zu sein, nachdem die Muttersuche, von der ich noch berichten werde, bewältigt ist. Vielleicht habe ich ihn gefunden, wenn diese Arbeit schließt.

Als ich las, daß erwachsene Adoptierte ihre Adoleszenz als unerträgliches Chaos schilderten, war ich tief erleichtert. Immer wieder las ich die Bände von Helen Dore Boylsten: Susanne Barden.[19] Jeder der Bände enthielt ca. 420 Seiten. Ich las sie so intensiv, daß viele Teile wie abfotografiert waren in meinem Gedächtnis. Susanne Barden arbeitete als Sozialarbeiterin in New York. Ich wollte wie sie nach New York, um dort den Armen zu helfen. Hin zu den Wurzeln (Sumpf), wo ich herkomme, und diese aber retten aus ihrer Armut. Wer selbst welkt, will immer andere gießen. Da aber New York zu weit weg war, ging ich jeden Sonntag freiwillig ins Krankenhaus helfen. Dort lernte ich Blut sehen, Schmerz miterleben zu müssen, Trost zu geben. Als Vortraining für die Slums in den USA hielt ich zäh viele Sonntage durch. Zu Hause wuchsen langsam die Spannungen zwischen meiner Mutter und mir. Sie ließ mich nicht los und überwachte alle meine Schritte. Der Vorwurf „Du hast einen Blick wie ein Flittchen", als ich verliebt vom Nachbarsjungen schwärmte, traf mich tief, ich zog mich von den Jungen zurück, fühlte mich aber insgeheim von flittchenähnlichen Wesen angezogen. In meinen Tagebüchern erwähnte ich die Konflikte nicht, da ich davon ausging, daß meine Mutter diese heimlich las. Mit 15 schrieb ich alles in russischen Buchstaben auf, diese List kränkte sie sehr.

Nach dem erfolgreichen Abschluß der Realschulzeit waren die Flügel etwas kräftiger gewachsen. Ich wollte das Abitur an einem Aufbaugymnasium anschließen und wehrte mich heftig, im Büro zu landen. Ich konnte das durchsetzen. Brecht, Beckett und der verlorene Gott sind einige Stichwörter

---

[18] Wellisch: Quelle unbekannt.
[19] Boylsten, Helen Dore: Susanne Barden. Berlin 1957.

aus dieser Lebensphase, die Frage nach dem Sinn des Lebens tauchte immer wieder auf. Die schärferen Leistungskriterien der Gymnasiallehrer, das Bewußtsein des benachteiligten Arbeitermädchens (Kleidung, kein eigenes Zimmer u. a.) zogen mich immer wieder in innere Krisen.

3. Kapitel: Auf dem Weg zur Lehrerin

Nach dem Abitur wiederholte sich die Struktur des „Ich trau es mir nicht zu", als es um den Übergang in eine Hochschule ging. Andere Mitschülerinnen mit objektiv schlechteren Noten hatten keinen Zweifel an einem Universitätsstudium. Ich fuhr jeden Tag zur Pädagogischen Hochschule in die nächste Stadt, schaffte im 2. Semester den Auszug von Zuhause und wohnte mit einer Studienkollegin in einem kleinen Zimmer.

Nach der stürmischen, nihilistischen Oberstufenzeit war ich so erschöpft, daß mir das Studium gutes, neues Futter bot. Ich erholte mich regelrecht im leidenschaftlichen Studieren. Ich beschäftigte mich intensiv mit meinen beiden Fächern Deutsch und Englisch und las mich begeistert durch die pädagogische und psychologische Fachliteratur. In der Auswahl blieb ich meiner Lebenslinie treu: Makarenko beeindruckte mich sehr. Er kümmerte sich um die Heimatlosen, sozusagen um eine befürchtete Seite in mir, gab ihnen ein neues Heim. Das beruhigte mich sehr. Seine Zöglinge sind Mädchen und Jungen, die entwurzelt sind. Makarenko zeigt auch mal Wut, wie menschlich. Früher habe ich nie gebrüllt als Lehrerin, jetzt kann ich es. Er arbeitet zwar hart mit ihnen, gibt aber auch viel ab. Da ist er mir noch sehr voraus. Ich lerne erst langsam, die Kinder nicht mehr zu bedienen, sondern sie selber tun zu lassen. Er führt sehr klar und sorgt für Ordnung.[20] Das Bedürfnis ist auch bei mir gewachsen und hat viel geklärt. Meine Phantasie und sprudelnden Einfälle sind zwar belebend, bringen aber auch Unordnung und das Vielerlei. Diese Kräfte immer wieder zu bündeln, ist des Tages Müh.

Ein weiterer Autor, der mich faszinierte, war und ist Bettelheim. Auch er bemühte sich um die verstörten Kinder, so wie ich auch eins war in meinem Innern. Damals las ich „Liebe allein genügt nicht" als erstes Buch von ihm, später zog ich ihn zu Rate, als ich mich mit Märchen und dem Leseprozeß beschäftigte.[21] Vererbungs- und Umwelttheorien interessierten mich besonders, und die damalige Tendenz, den Umweltprägungen starke Beachtung zu schenken, befreite mich ein wenig von meinen Ängsten, daß aus mir nichts werden könnte.

---

[20] Makarenko, A. S.: Der Weg ins Leben. Berlin 1951.
[21] Bettelheim, Bruno: Liebe allein genügt nicht. Stuttgart 1979.

In dieser Zeit wagte ich das erste Mal in aller Heimlichkeit, Nachforschungen nach meiner leiblichen Mutter zu betreiben. Die Spur endete mit der Auskunft, daß sie einen Amerikaner geheiratet habe und in die USA ausgewandert sei. Inmitten der 68er Jahre studierend war ich voll ausgelastet mit Demos, hitzigen SDS-Sitzungen und einem Freund. Von meiner Mutter habe ich eher die Haltung: Paß auf dich auf, stürz dich nicht ins Unglück, von meinem Vater: Das ist unrecht, laß dir das nicht bieten. Er war auf seine Würde als Arbeiter bedacht und leistete konkret Widerstand, wenn er schikaniert wurde. So streikte er in einem Schloß als Knecht mehrere Tage, weil die Baronin den Quark mit Wasser verdünnte und die Vesperbrote auf dem Feld gekürzt hatte. Er klaute sich eine Kiste Äpfel, Brot und Most und sperrte sich in seiner Kammer ein, bis er wieder gerechte Bedingungen erhielt. Seine Erzählungen beeinflußten mein politisches Wachstum. Über Unrecht in der Welt regte er sich heftig auf und bezog Standpunkt. Auch in meiner Mutter regte sich Rebellion, als sie als Hausmädchen des Diebstahls bezichtigt wurde und bei der Aufklärung ihrer Unschuld von der Herrin keine Entschuldigung hörte. Da hängte sie die Schürze an den Nagel und ging. Beide haben mir auf ihre Art eine gute Portion Aufmüpfigkeit mitgegeben, und ich danke ihnen dafür.

Das Schreiben entwickelte sich während der Studienzeit immer mehr zu einem wichtigen Instrument der Einflußnahme und Kontaktmöglichkeit mit der Welt. So erreichte ich mit einem einzigen Leserbrief, daß eine Wartebank an einer bestimmten Haltestelle aufgestellt wurde, schrieb lange mit einem Mörder meines Alters, wechselte intensiv Briefe mit zwei amerikanischen Studentinnen, die in einen Besuch mündeten. Die Korrespondenz nach draußen ist mir bis heute ein liebenswertes Schreibelement geblieben. Sie floß immer wieder in meinen Unterricht ein. In einem Lese-Rechtschreibkurs schrieben die Kinder Helmut Schmidt zu einer bestimmte Frage, Peter wandte sich in einem Anliegen an den Papst in Rom, Marcel und Thorsten mußten Mr. Reagan dringend eine Bitte unterbreiten. An dessen zwei Seiten langem Antwortschreiben hatten sie Tage zu tun. Gerade im Deutschunterricht pflegte ich mit den Schülern den Kontakt zu Schriftstellern. Innerhalb der Serie „Fabeln" schrieben wir zum Beispiel eigene Fortsetzungen und korrespondierten mit Wolfdietrich Schnurre.

Das Hochschulstudium brachte ich zu einem guten Abschluß.
Die Flügel waren kräftiger geworden.

Das erwies sich in meiner Referendarzeit. Ich begann sie im Essener Norden an einer Hauptschule mit einem 5. Schuljahr mit 47 Kindern. Es war eine harte, arbeitsreiche, aber erfolgreiche Zeit. In dieser Zeit war mein Entschluß gereift, das Studium der Heilpädagogik nach der Referendarzeit anzuschließen. Nach einem heftigen Zwischenkonflikt, der sich während eines Sonderschul-Praktikums ereignete (der Rektor prügelte Kinder, und ich ging dazwischen) und mich bis zu einer Dienstaufsichtsbeschwerde gegen den eigenen Schulrat vorgehen ließ, studierte ich dann vier Semester die Fachrichtung Lernbehinderten- und Erziehungsschwierigenpädagogik.

4. Kapitel: Erwachsen werden

Nun war ich ausgebildete Grund-, Haupt- und Sonderschullehrerin und suchte mir eine neu gegründete Gesamtschule aus. Dieser Arbeitsplatz versprach einen Ansatz, das traditionelle dreigliedrige Schulsystem zu durchbrechen und den Aufbau eines Schulversuchs. Dort mich um diejenigen zu kümmern, die Lernprobleme hatten, war mein Ziel. Da viele Gesamtschulen als Ganztagsschulen geführt wurden, gab es eine Fülle neuer Tätigkeiten im pädagogischen Alltag zu bewältigen. Die Versorgung mit Essen, Freizeit, Hausaufgaben bedeutete viel Erziehungsarbeit. Da zudem die Curricula der herkömmlichen Schulen nicht so ohne weiteres übernommen werden konnten oder auch wegen ihres konservativen Inhalts abgelehnt wurden, stand die Entwicklung neuer Lehrpläne an, die von den Kollegien neben der normalen Unterrichtstätigkeit geleistet werden sollte. Eigentlich sollte alles anders, besser, fortschrittlicher werden. Die politischen, sozialen und pädagogischen Ansprüche waren hoch und mußten sich an der Realität brechen.[22] Damals gehörte zu jeder neuen Gesamtschule in NRW ein Team von Fachleuten neben den Lehrern, die den Teil der sozialen Integration stützen sollten: Schulpsychologe/in, Sozialarbeiter/in und Sonderschullehrer/in. Später blieb im Zuge der Sparmaßnahmen nur das Beratungslehrersystem übrig.

Ich arbeitete eng mit dem pädagogisch-psychologischen Dienst zusammen, baute Legasthenikerkurse auf, führte Betreuungsgruppen mit schwierigen Kindern durch, unterrichtete Deutsch und Englisch in Förder- oder schwachen Leistungsgruppen, leitete fünf Jahre eine normale Klasse und mehrfach Abschlußklassen, wo sich die Outsiderkids tummelten. Am intensivsten setzte ich mich mit der Konzeption und Durchführung der Betreuungsgruppen auseinander, die sich in meinen Aufzeichnungen „Das Leben spielt eine große Rolle - Wege mit schwierigen Kindern durch Gruppentherapie" (bisher unveröffentlicht) widerspiegelt. Meine Begleiter für diesen Arbeitsbereich waren B. Bettelheim, F. Redl, V. Axline, I. Mann, V. Oaklander. Für den Unterrichtsbereich konnte ich viel von Celestin Freinet profitieren, und ab den

---

[22] Rolff, Hans-G. u. a.: Strategisches Lernen in der Gesamtschule. Reinbek 1974, S. 9-20.

80er Jahren lernte ich am stärksten durch den gestaltpädagogischen Weg mit Jörg Bürmann, Damaris Kägi-Romano, Regine Lückel sowie meiner Gestaltgruppe und durch meinen Lebensgefährten.

Wenn ich rückblickend die Jahre von 1973 bis 1987 anschaue, so prägten mich drei Lernströmungen: Das geistige Programm der Al-Anon-Gruppen, die Freinet-Bewegung und die Gestaltpädagogik-Ausbildung.

Mehrere Jahre lebte ich mit einem alkoholkranken Partner zusammen, in deren Verlauf ich zunehmend erkrankte. Erst als ich meinen Stolz brach und mir Hilfe holte, konnte ich mein Leben verändern. Ich fing bei mir selbst an, indem ich mich um regelmäßige Ernährung, Schlaf und dem Blick auf das Heute bemühte. Dazu den bitteren Weg, den Partner in Liebe fallenzulassen und mich mit Gott wieder auseinanderzusetzen. Durch den Weg des Leidens konnte ich mehr über mich als je zuvor erfahren, diese Zeit zwang mich zu entscheiden, ob ich erwachsen werden und die Verantwortung für mein Leben übernehmen will. In der „Geschichte vom brennenden Stein" von Eduardo Galeano sagt ein alter Mann zu einem Jungen, der ihm einen Zauberstein anbietet, damit er wieder jung, schön und ohne Narben wird: „Aber diese Narben sind wie Ausweispapiere, verstehst du? Die Beweise meines Lebens. Ich sehe mich im Spiegel an und sage: Das bin ich. Und ich bin nicht traurig."[23] Meine Narben haben mir geholfen, Menschen zu verstehen, die Ähnliches erlebt haben.

In mir wuchsen langsam Kräfte, die meine Fähigkeiten zum Schreiben anregten, die erste Begegnung mit der Gestaltpädagogik 1978 herbeiführten und mich im gleichen Jahr mit der Freinetpädagogik vertraut werden ließen. 1981 absolvierte ich die ersten 2oo Stunden in Gestaltpädagogik, ein Jahr später begann ich die langjährige Ausbildung. Diese bot mir genug Rückendeckung, eine erneute Suche in Angriff zu nehmen. Betty Lifton stellte fest, daß viele Adoptierte spät mit der Suche beginnen, aus Furcht vor den Adoptiveltern und dem, was man finden könnte. Die Vatersuche beginne meist erst nach der Muttersuche. Ich hatte nur auf der literarischen Ebene es gewagt, mich mit dem Unbekannten auseinanderzusetzen.[24]

---

[23] Galeano, Eduardo: Die Geschichte vom brennenden Stein. Salamanca/Wuppertal 1980, S. 20.

[24] Froese, Silvia: Für ihn. In: Schreiben. Halbjahreszeitschrift für Frauenliteratur. Bremen 1983, S. 24.

SILVIA FROESE
FÜR IHN

1

Sie zerrte ihn herein, stieß ihn auf den Stuhl, fesselte seine Hände. Und jetzt beantwortest du meine Frage, sonst schlag' ich dir die Fresse ein. Wie hast du mich gezeugt?
Was, du erinnerst dich nicht?
Sie schlug zwei Mal kräftig zu, daß die Haut sich rötete und anschwoll. Ich werde dir nachhelfen. Es muß im September 1946 gewesen sein. Los, mach dein Maul auf, ich will es wissen. Erzähl mir bloß keine Märchen. Ich prügel die Wahrheit aus dir heraus. Du hast sie mit Gewalt genommen und dich einen Scheißdreck um die Fortsetzung gekümmert, stimmt's?
Sie brach ab. Nein.

2

Sie führt ihn in das Zimmer.
Würden Sie bitte Platz nehmen. Ich bin an der Aufklärung meiner Geburt interessiert. Was ereignete sich im Jahr 1946, speziell im September?
Er hub an: Ihre Mutter und ich lernten uns nach einem Kinobesuch kennen. Nach einiger Zeit, äh, hm, verkehrten wir auch intim miteinander. Als sie mir mitteilte, daß sie schwanger ist ..., er stockte, setzte neu an, da ... Gaben sie ihr Geld und verschwanden, vermute ich richtig? Also, ich war verheiratet, Sie müssen verstehen ...
Sie brach ab. Nein.

3

Sie saßen sich gegenüber. Langsam betrachtete sie ihn. Sein Gesicht. Ihre Nase. Auch ihre Haarfarbe ähnlich. Er legte seine Hand vorsichtig auf ihre und erzählte: Es war im Mai 1946. Als ich sie sah, war ich sofort verliebt in sie. Sie hatte schöne braune Haare und dunkle Augen. Im Oktober ging ich zurück nach Litauen, um meine Eltern, die ich im Krieg verloren hatte, zu suchen. Wir trennten uns schweren Herzens, ich schrieb ihr noch lange, aber ich erhielt nie Antwort. Ich wußte nichts von deiner Existenz.
Sie brach ab. Nein.

4

Für alle, die wie ich adoptiert sind und über ihre Herkunft nichts wissen. Mein Vater ist ein Fragezeichen.

Nach zwei Jahren intensiver Suche in vielen Briefen klingelte ich an einer fremden Tür in einer süddeutschen Stadt: „Guten Tag, entschuldigen Sie bitte, Sie kennen mich nicht. Aber ich bin die Tochter Ihrer Schwester, die mich nach der Geburt weggegeben hat. Darf ich Sie einmal sprechen?" Ich erfuhr, daß sie lebt. In Chicago. Von einer Minute zur anderen hatte ich auch noch eine Schwester. Auch in Chicago. Auf meinen ersten Brief folgte monatelang keine Antwort. Die Wartephase war zermürbend. Über die Tante stellte sich heraus, daß sie meinen Brief in Panik vor ihrem amerikanischen Ehemann so versteckt hatte, daß sie ihn nicht wiederfand. Schließlich erreichte mich ihr erster Brief, der mich tief berührte und entschädigte. Danach schrieb sie selten. Nach zwei Jahren geschah die erste Begegnung anläßlich der Beerdigung ihrer Mutter. Wieder klingelte ich an dieser Tür. Wir umarmten uns weinend. Dann zog sie mich vor einen großen Wandspiegel und sagte: „Laß uns mal anschauen". So sahen wir uns nebeneinander und suchten Ähnlichkeiten. Die lockigen Haare und die Stirn hätte ich von meinem Vater. Ich erfuhr auch, daß ich durch ihn halbe Litauerin sei. An den Namen konnte, wollte sie sich nicht erinnern. Die Prügel vom Stiefvater in der Schwangerschaft, die Schande über das zweite uneheliche Kind, ihre Schuldgefühle mir gegenüber - es war viel, was jeder von uns zu bewältigen hatte. Grundängste des Angenommenseins und der Zurückweisung wühlten uns auf.

Nach dieser Begegnung ging ich den nächsten Schritt, meinen Adoptiveltern davon zu berichten. Das Gespräch war sehr befreiend und führte dazu, daß die Vergangenheit ans Tageslicht durfte und seine düsteren Schatten verlor. Unsere Beziehung wurde auf neue Weise inniger.

Danach begann ich mit der Vatersuche. Meine neue Schwester half mit. Sie suchte gleichfalls ihren Vater in Europa, und das übernahm ich. Unsere Suche führte rund um die Welt, und fast zeitgleich fand jeder seinen Vater, ich ihren in Ost-Berlin, sie meinen in Chicago. Es ist uns gelungen, ihnen zu begegnen, und unsere Seelen fanden ihre Ruhe.

So viel Persönliches preiszugeben fällt mir schwer. Auf der anderen Seite weiß ich, daß die Welt um mich herum auch nicht heil ist und das Öffnen vielleicht Verständnis unter den Menschen weckt. Auch wenn das Adoptionsschicksal gesamtgesellschaftlich betrachtet ein Minderheitenproblem ist, so lassen sich in bezug auf die heutigen zerbrochenen Familienstrukturen eine Reihe von Parallelen übertragen:

- Uneheliche Kinder sind ebenfalls von einer Wurzel abgetrennt.
- Die Identitätsproblematik ergibt sich mit Sicherheit für die Kinder bei den über 40% alleinerziehenden Eltern, wo früher oder später ein Teil fehlt.
- Ausländerkinder und Flüchtlingskinder haben entwurzelte Lebenswege und Identitätsverluste.

So schilderte Hans Rauschenberger den tiefgreifenden Wandel der Grundschulkinder durch veränderte Familienstrukturen :

„Sie (die Grundschule) muß sich vermehrt um gestörte, geschwächte, ängstliche, vereinsamte, verlassene, trennungsgeschädigte Kinder kümmern - und das alles so, als sei im übrigen alles wie vor zwanzig Jahren. Es ist aber nicht mehr so - weder in konservativen Familien noch in anderen. Die fortschreitende neurotische Veränderung der Kinder dieser Gesellschaft, ihre

Überversorgung mit mediatisierten Erfahrungen und ihre Unterversorgung mit authentischen Sozialbeziehungen stinkt zum Himmel (...)"[25]

Es ist wichtig, die Öffentlichkeit über die veränderte Schulsituation nicht im unklaren zu lassen, und daß wir Lehrer genau hinschauen, was sich vor uns eigentlich tut. Letztlich kommen wir nicht umhin, die Arbeit zu tun. Makarenko sagte einmal:

„Betrachtet man die menschliche Arbeit nüchtern, muß man zugeben, daß es viele schwere, unangenehme, uninteressante Arbeiten gibt, daß viele Arbeiten große Geduld und die Gewohnheit erfordern, schmerzliche, bedrückende Empfindungen in uns zu überwinden: Wieviele Arbeiten sind nur möglich, weil der Mensch gewohnt ist, zu leiden und zu dulden?"[26]

Dem brüchigen Draußen setze ich in meinem Unterricht Gewohnheiten und Rituale entgegen, denn diese helfen. Werte wie Kontinuität, Verläßlichkeit, Vertrauen, Ordnung und Struktur zu entwickeln. Ich habe einige Zeit gebraucht, bis ich mehr und mehr die Bedeutung der äußeren und inneren Struktur einer Unterrichtsstunde begriffen habe und welchen Einfluß ich als Lehrperson darauf habe. Nach und nach wurde mir die Komplexität bewußt, und ich bekam einen klaren Blick dafür, warum manche Stunden trotz glänzender Vorbereitung meinerseits eine ganz andere Richtung nahmen. Lehrer haben dafür ihren eigenen kommentierenden Jargon: „Die Stunde ist mir in den Teich gegangen." „Die Stunde kann ich abhaken." „Meine ganze Vorbereitung im Eimer." „Irgendwie war von Anfang an der Wurm drin." „Heute habe ich kein Bein auf den Boden gekriegt."

Mit folgendem Dreierschritt habe ich in allen Schülergruppen meinen Unterricht begonnen:

- Ich muß mich und die Gruppe wahrnehmen.
- Ich lege offen, was ich will und nehme Veränderungen auf, wenn es mir sinnvoll erscheint.
- Wir bereiten das Lernen vor.

Meine Neigung zur Konfluenz, d. h. meine fehlende Abgrenzung zum Umfeld oder zu meinem Innern machte mir immer wieder zu schaffen. Ich habe mich damit angefreundet, daß ich so bin. Denn diese Seite schenkt mir auch die Fähigkeit, fast in die Person des anderen schlüpfen zu können und zu spüren, was alles los ist. Je älter ich werde, desto mehr gestatte ich mir, mir ähnlicher zu werden. Für den ersten Schritt, die Wahrnehmung meiner selbst und die der Gruppe, lasse ich mir viel mehr Zeit als früher. Je wacher meine Sinne sind,

[25] Rauschenberger, Hans: Wenn ein Kind auf dem Schrank sitzen bleibt. In: Frankfurter Rundschau vom 2.2.1989, S. 9.
[26] Makarenko, a. a. O., S. 632.

desto offener und flexibler kann ich mit dem zweiten Schritt umgehen: Was will ich mit dieser Stunde? Viele Jahre habe ich in Stichworten das Lernprogramm an die Tafel geschrieben, heute schließt sich dieser Teil an den Morgenkreis an. Nach diesem Schritt, auf den die Kinder in der Regel in verschiedener Weise Einfluß nehmen, mich z. B. erinnern, was ich versprochen hatte, mich auf Reste aufmerksam machen, durch selbst Mitgebrachtes einen Unterrichtsbeitrag einfügen - danach kann die Arbeit vorbereitet werden, wenn sich nicht besondere Situationen ergeben.

Bevor ich nun die verschiedenen Auftakte einer Stunde genauer schildere, möchte ich noch eine Dimension ansprechen, die wie eine Hülle um die Stunde liegt: die Dimension der ZEIT.

Als meine Klasse mich einmal fragte, was eigentlich „Gestaltpädagogik" sei, gab ich die Frage zurück, welche Vorstellungen sie dazu hätten. Sie verstanden darunter, „den Unterricht gestalten" und nannten als wesentlichen Unterschied im Vergleich zu anderen Lehrern: „Sie lassen uns mehr Zeit". Ich habe mich tatsächlich mit der Zeit in der Schule oft heftig auseinandergesetzt, mit ihr gestritten, gekämpft, unter ihr gelitten. Allmählich kann ich besser mit der Zeit umgehen, weil ich mir aber auch bessere Bedingungen für den Umgang mit der Zeit geschaffen habe. Der zerhackte Lernrhythmus von 45 Minuten, der einen mit hetzigem Gang von einer Klasse in die andere rennen ließ, wobei die Wegstrecken in einem Gebäude mit 1800 Schülern objektiv auch lang sind, machte mich oft unversöhnt mit der Zeit, die ich dem Lernen nicht würdig und angemessen empfand. Gerade, wenn eine gute Lernphase sich angebahnt hatte, mußte der Abbruch erfolgen. Wieviel Unwillen entstand bei den Kindern, die sich gerade in einen Prozeß eingelassen hatten, wenn das ökonomische Zeitraster jeden gesunden Lernprozeß abschnitt.

Der Zeitrhythmus in der Sonderschule ist einfach gesünder, weil man viel mehr Stunden hintereinander in einer Lerngruppe hat und das Arbeiten und Entspannen besser aufteilen kann. Der Umgang mit der Zeit ist ein wichtiges Element im Lernprozeß und hat viel zu wenig Beachtung in der Lerndidaktik. Zwei Ziele halte ich für wichtig: Das Loslassenkönnen von Zeit und das Einteilen von Zeit. Beides ist wichtig und kann geübt werden wie das Lesen und Schreiben. Vor einigen Jahren schaffte ich meinen Terminkalender ab und stellte fest, daß ich nach einer Übergangszeit weniger Druck verspürte und trotzdem das Wichtige im Auge behielt. Ebenso habe ich die Armbanduhr abgelegt. Mein Zeitgefühl hat sich innerlich so „gestimmt", daß ich bis auf 1o bis 15 Minuten die Uhrzeit schätzen kann. Im Unterricht habe ich für die Klasse einen großen Wecker oder eine Wanduhr. Diese ist uns eine wertvolle Hilfe zum Einteilen der Arbeit. Daß der Umgang mit der Zeit sehr eng mit der eigenen Persönlichkeitsstruktur zusammenhängt, ist offensichtlich. Zu diesem Thema wurden meine Gedanken bereichert durch die Aufsätze „Zeit in der

Psychotherapie"[27]. So wie Hilarion Petzold sich für die Psychotherapie einen bewußteren Umgang mit der Zeit wünscht, so wäre es dringend notwendig, daß im Unterricht die Zeit einen angemesseneren Platz bekommt. Seine Auffassung, daß „die gemeinsame Erfahrung, miteinander und füreinander Zeit zu haben, zu den wichtigsten heilenden Faktoren im therapeutischen Prozeß gehört"[28], möchte ich für den Unterricht ebenfalls gelten lassen. Mehr Zeit nehmen für die einzelnen Lernschritte, Widerstände, für die Pflege des Klassenzimmers und auch für sich selbst würde die Qualität des Lernens und menschlichen Miteinanders bestimmt steigern. In meiner jetzigen 5. Klasse, einer wilden, vereinnahmenden Gruppe, stellte ich eines Tages ein großes Pappschild auf mein Pult. Darauf stand:

GESCHLOSSEN

Das war eine wunderbare Idee der Abgrenzung. Es wurde sofort akzeptiert, und ich kann dann in Ruhe überlegen, mein Pult aufräumen, einen Brief schreiben ...

Wie ich konkret Anfangsrituale zum Unterrichtsbeginn entwickelt habe: Morgenkreis / Kopf-auf-die-Bank-Legen / Singen / How-are-you-Runde / Der Tagesspruch - ist an anderer Stelle bereits nachzulesen.[29]

5. Kapitel: Verweilen

Je länger ich unterrichte, desto mehr richtet sich mein Blick auf die persönlich bedeutsamen Lernprozesse und darauf, wie ich dem Schüler helfen kann, daß er lernfähig wird und für sein Lernen die Verantwortung übernimmt. Den methodisch-didaktischen Trend, den Schüler nur spielend-lustvoll lernen zu lassen - die Lehrbücher sind auch so schön bunt - halte ich für einen trügerischen Schein. Lernen bedeutet auch, sich unbequemen Arbeitsprozessen zu stellen. Wenn ich Schüler nicht fordern würde, kämen manche nie dazu, nur ein einziges Gedicht zu behalten. Aber ich habe dafür Sorge zu tragen, um bei diesem Beispiel zu bleiben, daß Schülern Hilfen gegeben werden, an das Ziel zu gelangen. So nehme ich mir Zeit, mit ihnen ausführlich den Prozeß des Auswendiglernens anzuschauen:

---

[27] Petzold, Hilarion: Zeit in der Psychotherapie. In: Integrative Therapie. Heft 3. Paderborn 1986, S. 161.
[28] Ebd., S. 161.
[29] Froese, Silvia: Sie lassen uns mehr Zeit. In. Pädagogik. Heft 10/1992.

1.Welche Erfahrungen hast du damit?
Gute oder Schlechte? Wo war das? Lernst du gerne auswendig? Was war dabei schwierig? Welche Befürchtungen hast du? Was könnte dir dabei helfen?

2.Wie lernst du auswendig?
Wie machst du das genau? Wer hat ein anderes System, wer will es vorstellen? Soll ich das Anfangswort und das Schlußwort jeder Zeile der Strophe an die Tafel schreiben? Wer möchte das Gedicht auf Kassette aufnehmen und mit Walkman lernen? Hilft dir ein Spickzettel? Wer möchte es noch einmal groß auf ein Plakat schreiben?

3.Wo und mit wem lernst du am besten?
Möchtest du allein auf den Schulhof? Wer kann hier in einer Ecke lernen? Wer möchte lieber zu zweit lernen? Wo willst du zu Hause lernen? Wer stört vermutlich zu Hause? Wer hilft dir?

4.Wie möchtest du es beim Vortragen haben?
Willst du es nur einem Freund vortragen? Traust du dich vor der Gruppe? Bei wem befürchtest du, daß er/sie dich auslacht? Wer wird dich stützen? Willst du dir das Gedicht mit jemandem teilen? Brauchst du einen Souffleur? Möchtest du vom Platz aus vortragen oder vorne am Pult, probiere es aus! Willst du auf dem Podest vortragen? (Es gab eine Reihe von Kindern, die das Vortragen auf dem Stuhl stehend besonders gern hatten.) Wo merkst du dein Lampenfieber? Wie verändert sich das Herz, die Stimme, der Atem? Wo schaust du hin beim Aufsagen? Was passiert, wenn du steckenbleibst? Und wenn plötzlich alles weg ist? Wer hilft mir, indem er andere abhört? Wer will es dem Hausmeister vortragen? Wer will es auf dem nächsten Elternabend aufsagen?

5.Wie bist du mit deiner Lernzeit umgegangen?
Hast du mehr oder weniger geschafft, als du vorhattest? Was machst du beim nächsten Mal anders? Wer oder was hat es dir leicht gemacht ?

Dieser Fragenkatalog erfaßt nicht alles, aber zeigt doch deutlich, daß der Lernprozeß im Zentrum der Arbeit steht. Das erste Bündel von Fragen betrifft die Dimension der Kontaktaufnahme, die Reaktivierung vergangener Erfahrung und den ersten Austausch in der Gruppe.
    Der zweite Komplex kann das Einlassen und das genauere Hinschauen bedeuten, sich einschätzen und klären, ob man sich Hilfe besorgen möchte. Der dritte Bereich zielt in die Richtung, die Lernsituation zu erweitern und zu optimieren. Der vierte Bereich beschäftigt sich schon damit, das Gelernte zu zeigen, sich auf Probleme einzustellen, Hilfsmittel bei Blockierungen zu

überlegen, sich anderen auszusetzen und eine Sicherung für zukünftige Aktivitäten anzusprechen. Der fünfte Bereich soll den Arbeitsprozeß reflektieren, die Klippen benennen, Lösungen andeuten und damit die Verantwortung übernehmen.

Dieser Unterrichtsausschnitt zeigt, daß sich mein Unterrichten in einer nicht zufälligen Struktur abspielt, da bestimmte Elemente immer wiederkehren. Ich scheue mich, diese in ein festes Schema zu pressen, aber ich möchte behaupten, daß ich folgendes immer wieder durchlaufe:
- Die Kontaktaufnahme zu sich selbst, der Gruppe und dem Arbeitsvorhaben,
- das Einlassen in die Arbeit und Hinschauen, wie das Arbeiten geschehen soll,
- die Arbeit selbst und das Erweitern durch verschiedenste Wege,
- der Rückblick auf die Arbeit und wie es weitergehen soll.

Manche Unterrichtsstunde bleibt bei der Kontaktaufnahme stecken, weil z. B. größere Konflikte im Raum stehen, aber dann besteht das Arbeitsvorhaben eben darin, mit diesem Konflikt fertigzuwerden. Ich empfinde es oft schwierig zu entscheiden, wieviel Raum ich den erzieherischen Inhalten geben muß, gerade bei Kindern mit schweren Persönlichkeitsstörungen. Manchmal ist es besser für die ganze Gruppe, ein interpersonales Problem rauszulassen, einfach losrechnen zu lassen und in Kauf zu nehmen, daß zwei oder drei nicht mitmachen. In anderen Situationen ist es notwendig, konsequent einen Konflikt durchzuzackern, da der Doppeleffekt (die Gruppe lernt automatisch mit) nicht zu unterschätzen ist, und die Gruppe mit der Zeit eine außerordentliche Sensibilität erreicht, ein gutes Gespür für gesundes und krankes Verhalten entwickelt.

Jörg Bürmann hat die Unterrichtsgestaltung in vier Phasen gegliedert, die meiner Ansicht nach ein gutes Instrument sind, gestaltpädagogischen Unterricht zu überprüfen.[30] Die Tücken jeder Phase (wenn ich zu tief focussiere, den Austausch mit der Gruppe überspringe, zu viele Informationen dazustopfe u. a.) holen einen eh ein, und die Realität bewahrt vor dem irrigen Glauben, wer diese Phasen durchziehe, habe reibungslose Ergebnisse. Dafür ist unsere Arbeit viel zu komplex, und die Grenzen werden oft schneller deutlich, als einem lieb ist. Das Scheitern gehört mit zu unserem pädagogischen Alltag. Wer dies nur als Angriff auf sich selbst versteht, sollte seine Allmachtsphantasien hinterfragen und das Buch „Grenzen der Erziehung"

---

[30] Bürmann, Jörg: Gestaltpädagogik - Ein Weg zu humanerem Lernen. In: Sauter, F. Ch. (Hrsg.): Psychotherapie der Schule. München 1983, S. 143-146.

studieren.[31] Dort findet man, daß der Erzieher den Mut zur Unvollkommenheit besitzen solle, aber das Ziel der Vollkommenheit nicht aufgeben soll.

Von großer Bedeutung halte ich in diesem Zusammenhang, sich mit dem Thema „Widerstand" auseinanderzusetzen. Dazu gibt es einen beeindruckenden Aufsatz von Jörg Bürmann. Dort wird die Bedeutung der positiven Sichtweise des Widerstandes hervorgehoben: „Widerstand hemmt den Fluß des Prozesses, ist Stein des Anstoßes und zugleich möglicher Anstoß zur Neubesinnung und Neuorientierung."[32] Der Widerstand schützt den Menschen, schirmt ihn ab und birgt Sinn in sich. Für den Lehrer ist es notwendig, sich mit der Komplexität von Widerstandsverhalten zu befassen, seine Wahrnehmung zu schulen und zu konstruktiven Handlungs-möglichkeiten zu gelangen. Bürmann fordert darüber hinaus die Bereitschaft des Lehrers, seine eigenen Widerstände wahrzunehmen, wenn trotz mehrfacher Bemühungen Blockierungen beständiger Art mit einem Schüler, einer Aufgabe oder Situation auftreten.

Als Ergänzung für meinen Unterricht hat mir ein Beitrag von Arist von Schlippe[33] immer geholfen, bei Krisensituationen klarer zu sehen. Seine Fragen zur Eigensupervision des Therapeuten habe ich so umformuliert, daß diese für mich als Lehrerin passen:

1. Wen lasse ich aus in meiner Klasse (Kontakt, Wertschätzung)?
   Wie kommt das?
2. Wann fühle ich mich unwohl, eingeschränkt?
   Welche Fähigkeiten habe ich, meine eigene Balance wiederherzustellen?
3. Wie abhängig mache ich mich von der Gruppe?
   Wie stark brauche ich ihre Anerkennung?
   Dränge ich meine Ansprüche auf?
4. Wie versucht mich die Klasse zu lenken?
5. Wo erfülle ich die Erwartungen der Klasse an mich?

Nach der Betrachtung gestaltpädagogischer Unterrichtsprozesse möchte ich nun den fachspezifischen Hintergrund etwas ausleuchten. In der Fachliteratur sind Arbeitsberichte zur gestaltpädagogischen Arbeitsweise im Deutschunterricht noch rar; einige ältere Artikel gehen über Anweisungen noch nicht hinaus, neuere bleiben manchmal eher in Rezeptsammlungen stecken. Interessant fand ich die Gestalttheorie im Literaturunterricht von

---

[31] Dollase, Rainer: Grenzen der Erziehung. Düsseldorf 1984.

[32] Bürmann, Jörg: Die Bedeutung des psychotherapeutischen Widerstandes für die Pädago-gik. In: Integrative Therapie. Heft 4. Paderborn 1986, S. 303-319.

[33] v. Schlippe, Arist: Familientherapie im Überblick. In: Integrative Therapie. Beiheft 6. Paderborn 1982, S. 106.

Thomas Yeomans[34]. Für mich aber bleibt bei der Sichtung der Arbeitsberichte der von Damaris Kägi-Romano[35] am bedeutsamsten, weil ich ihre Arbeitsweise in der Praxis miterleben konnte. Von ihrer Art und Weise Literaturbegegnungen in der Schulklasse zu schaffen, habe ich gerne gelernt. Anhand eines Gedichts von Rilke sind die Annäherungen, das Ausgestalten, die Seitenwege im Prozeß des Erschließens und seinen verschiedenen Mitteln beschrieben, wobei klar wird, daß die Lernsituation in sich neue Impulse gibt, den nächsten Schritt so oder so zu gestalten.

Meine eigene Bilanz zum Literaturunterricht aus gestaltpädagogischer Sicht sieht folgendermaßen aus:

1. Die Beziehung des Lehrers zur Literatur prägt seinen Unterricht.
   In diese Beziehung fließen seine eigenen Literaturerfahrungen der Kindheit und Jugend ein, die ihm in der Schule und in seinem Milieu begegnet sind. Die späteren Einflüsse wie Studium, Weiterbildung und die Berufspraxis verändern nicht mehr wesentlich den „Grundplan" seiner literarischen Erziehung. Eine umfassende Zweitausbildung wie die Gestaltpädagogik-ausbildung kann jedoch aufgrund ihrer Intensität den Grundplan klarer und offener wirksam werden lassen. Über meine Beziehungsstruktur kann ich mir Einsichten verschaffen, wenn ich über folgende Fragen nachdenke: Welche Bücher haben mich interessiert? Ist dort ein roter Faden zu entdecken? Welche Arten literarischen Lernens sind mir beigebracht worden? Wer waren meine literarischen Vorbilder? Welche Literatur konnte ich nicht ausstehen? Gab es literarische Veränderungen in meinem Leben?
2. Der Umgang mit Literatur im Unterricht spiegelt stark die individuelle Arbeitshaltung des Lehrers wider. Neigt ein Lehrer zu geordneter, systematischer Arbeitsweise, so wird er zügig und ohne Experimente mit der Klasse eine Lektüre durcharbeiten, wenig Raum lassen für produktives Schreiben und vielleicht bei naturwissenschaftlichem Interesse ein Drama wie Brechts Galilei bevorzugt analysieren lassen.
   Es liegen folgende Gedanken nahe:
   Welches literarische Rüstzeug verstärke ich? Welche literarischen Zugänge vermeide ich? Lasse ich andere Arbeitstechniken als die meinen gelten? Gebe ich den literarischen Werkzeugen wie den Schreibutensilien, der Handschrift, dem Buchbinden einen Platz, und lasse ich technische Erneuerungen zu?

---

[34] Yeomans, Thomas: Gestalttheorie und Praxis im Literaturunterricht. In: Petzold/Brown: Gestaltpädagogik. München 1977, S. 170-177.
[35] Kägi-Romano, Damaris: Im Zeichen von R. M. Rilkes Herbsttag. In: Brown, George: Gefühl und Aktion. Frankfurt 1978.

3. Der Grad des Einflusses gesellschaftlicher Normen und Werte auf den Literaturunterricht ist abhängig von der Ich-Stärke des Lehrers sowie seiner Kooperations-/Kontaktfähigkeit. Ist die Persönlichkeitsstruktur des Lehrers labil und brüchig, wird er sich schneller gesellschaftlichen Normen und Trends unterordnen und Dichter fallenlassen oder auf das Podest heben oder auch in verbissener Einsamkeit an seinem Lektüreplan festhalten, Kontakt mit Kollegen meiden und sich notwendigen Veränderungen nicht stellen. Daraus ergibt sich: Welche Werte transportiere ich durch die Auswahl meiner literarischen Angebote zu den Schülern? Lasse ich Literatur zu, die sich gegen gängige Normen stellt? Wie schütze ich mich dabei? Bleibe ich bockig in meiner Ecke, die „richtige" Ethik gepachtet und blind für die Entwicklungen der Zeit? Bin ich offen für die literarische Kultur anderer Länder?

4. Lebensfreude, Humor und Risikobereitschaft des Lehrers fördern die literarischen Kräfte im Unterricht.
   Solche Eigenschaften oder Elemente tun jedem Unterricht gut, aber ich glaube, daß die Förderung humorvoller Seiten des Lebens im Literaturunterricht zu sehr vernachlässigt wird. Zum Spielen mit Sprache, die gerade der Fröhlichkeit von Kindern entgegenkommt, gehört, sich als Erwachsener auf Experimente einzulassen und das Kind in sich selbst nicht abgetötet zu haben. Welchen Platz hat eigentlich der Humor, das Lachen in meinem Unterricht? Kommt bei mir die Literatur zum Zuge, die die heiteren Seiten des Lebens aufscheinen läßt?

6. Kapitel: Über die Mitte des Lebens hinaus

Das Älterwerden legt neue Ringe um die bisher gewachsenen. Der Übergang in meine Vierzigerjahre bedeutet Abschied nehmen von meinem Kinderwunsch, der sich nicht mehr erfüllt hat. Daß viele weibliche Adoptierte große Probleme haben, Mutter zu werden, ist mir zwar ein Trost, aber der Verlust dieser Lebenserfahrung bleibt.

Ich bin dankbar, daß trotz meiner schwierigen Lebensgründung und der verstrickten Lebenslinien meine schöpferischen Kräfte wachsen konnten, die Suche nach meiner Identität wichtige Lücken schließen konnte, daß ich meinen beruflichen Weg mit innerer Zufriedenheit gehen kann und mit meinem Lebenspartner ein Zuhause finden konnte. In diesem Prozeß hat mich die Gestaltpädagogikausbildung stützend begleitet. Sie hat mir geholfen, Dinge bei mir und um mich herum verändert wahrzunehmen und eine gesündere Distanz verschafft.

Mir hat gut getan, meine fürsorgliche Kraft für die anderen stärker für mich selbst zu nutzen.

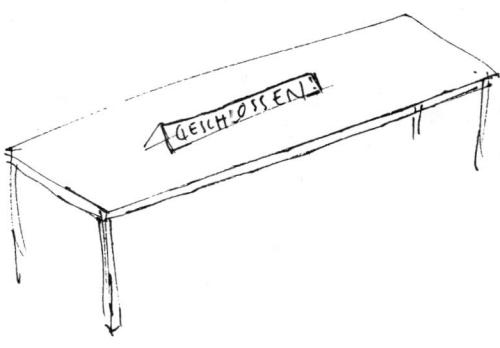

Walter van Heek
Wenn die Schildkröten beginnen zu tanzen

I. Was Hänschen nicht lernt ...

1. Volks- und Realschule

Lernerfahrungen, die ich in den ersten vier Volksschuljahren machte, sind mir noch lebendig. Verstand ich etwas nicht, konnte ich das „U" nicht schreiben, so ging das einher mit großer Strenge und sogar mit Schlägen. Ich war beim Lernen auf mich selbst angewiesen. Weder Mitschüler noch Eltern kamen als Hilfe in Frage. Viel später (bei Examina) herrschte bei mir immer noch ein Druck vor. Lernen mußtest du selbst erledigen. Da gibt es keine Hilfe. Da bin ich ausgeliefert. Beim Spiel mit anderen Kindern war ich häufig der letzte, der beim Verstecken, Fußball, Pinneckenhacken gewählt wurde. Ich war dick und konnte nicht so schnell laufen. Zusammensein mit anderen Kindern war deshalb häufig negativ überschattet. Positive Anmerkung kam von seiten der Kirche. Pünktlichkeit und Einsatz als Meßdiener wurde gelobt. Daher machte mir dieser Bereich auch große Freude.

Der Übergang zur Realschule war noch eine Verschlechterung. Es gab eine Prüfung, die drei Tage dauerte. Der Anfang war also noch angstbesetzt. Um zur Schule zu kommen, mußte ich einen weiten Weg mit einem schlechten Rad bei Wind und Wetter zurücklegen. Ich mußte also täglich meine ganzen körperlichen Kräfte dazu aufbieten. Schule bedeutete Anstrengung. Da das Rad oft defekt war, mein Vater mir nicht half, fühlte ich mich alleingelassen. Es fiel mir sehr schwer, in großen Klassen zu lernen. Die Lehrer waren durchgehend streng, straften hart und gaben keinerlei Motivation zu irgendeinem Lernen. Von starken Mitschülern wurde ich oft in den Pausen schikaniert. Peinlich und beschämend für mich war, wenn der Klassenführer die Noten der Arbeit laut eintrug. Das führte dazu, daß ich überwiegend schriftlich arbeitete und mündlich kaum wagte, mich zu beteiligen. In der dritten und vierten Klasse gelang mir ein regelrechter Durchbruch in Mathematik. Ich wurde dadurch sehr sicher. Ich konnte sogar einem Mitschüler Nachhilfe geben. Ich merkte, daß ich unbedingt Anerkennung brauchte. Das wollte ich auf anderem Feld besorgen. Ich wurde Klassenbuchführer.

2. Auf dem Hof

Zeitlich mit Ende der Volksschuljahre und dem Jahr an der Realschule einher lief eine andere Erfahrung, die mich prägte. Ich fühlte mich sicher, ich war selbstverantwortlich, ich war stark in meinem Bereich, der nichts mit Schule zu tun hatte und von dem die Schule nichts wußte. Ich verlebte die Sommerferien bei meinen Großeltern auf dem Bauernhof in einem kleinen Dorf. Ich konnte verreisen, was damals nicht so einfach war. Bei den Erntearbeiten war ich eine vollwertige „Mannsperson", die alle Arbeiten erledigt, mähen, dreschen, füttern, ackern, eggen, Puddel und Mist fahren, mit den Kühen umgehen und Schweinen. Diese Zeit war jeweils echtes Leben für mich, Herausforderung, der ich gewachsen war. Schule verschüttete diese Erfahrung. Zähigkeit und Fleiß aber blieben und halfen mir in diesen Jahren.

3. In der Familie

Beim Essen gab es keine große Auswahl. Es mußte gegessen werden, was auf den Tisch kam, auch widerwillig. Die Zusammenarbeit mit meinem Vater klappte schlecht. Ich sollte nur die unangenehmen Dinge erledigen, die mir aber den Zugang zu dem ganzen Bereich verschütteten. Ich mußte Unkraut jäten, Erbsen döppen, Hof und Straße fegen, konnte aber kein eigenes Beet anlegen, bestimmen, was gepflanzt wurde, das Wachstum beurteilen. Zum Beruf meines Vaters, Bergmann, gab es keinen Bezug. Ich lernte Karten spielen, indem ich lange Zeit zugucken mußte. Der Zigarettenqualm brannte mir in den Augen, trotzdem wollte ich es können. Als ich selber spielte, konnte ich meinem Vater nie gut genug spielen. Aber jeden Sonntag habe ich mich wieder nach dem Kontakt und der Anerkennung der Erwachsenen gesehnt.

Meine Mutter ist stark gehbehindert. Sie hat diese schwere Zeit, die gekennzeichnet war durch wenig Geld, keine gute Beziehung zu ihrem Mann, eigene Behinderung, nur durch Zähigkeit und ihre feste religiöse Überzeugung gemeistert. Diese Eigenschaften sind auch mir vertraut geworden. Da meine Eltern nicht sehr kontaktfreudig waren, lernte ich erst spät, mich in der Öffentlichkeit sicher zu verhalten. Sprachlich kam es mir vor allem darauf an, das Wesentliche auszudrücken. Ich hatte Angst, eigene Erlebnisse unkontrolliert zu erzählen. Leichtigkeit im sprachlichen Ausdruck war mir fremd, ebenso, neugierig zu fragen, charmant zu lächeln und nachzuhaken, nicht als der Dumme zu gelten. Vielmehr stand im Vordergrund: alles ist geheimnisvoll, warte mal ab, dräng dich nicht vor, guck erst mal.

4. Internat

Neben anderen Gründen führte der Wunsch nach Anerkennung dazu, näher dort zu sein, wo ich sie bekam: in der Kirche. Ich wollte Priester werden. Das führte zu einer radikalen Lebensveränderung, weil ich dazu das Abitur brauchte. Ich setzte mich gegen den Willen meines Vaters, gegen die Verachtung meines Klassenlehrers, gegen das Erstaunen meiner Verwandten durch und ging in ein Internat. Die Schule war nicht im Haus. Das Leben und die Führung im Haus erweiterten sehr stark meinen Horizont. Ich lernte, guten Kontakt mit Mitschülern zu haben, mich im Gruppenleben zu engagieren und öffentlich zu verteidigen. Eine Hilfe für den Erfolg in der Schule war die geregelte Zeit zum Lernen. Die Ordnung stärkte mich. Es war ein angstfreieres Leben als zu Hause, so daß ich im Sport, bei den Pfadfindern usw. mich engagierte. Die religiöse Ausrichtung war verhältnismäßig großzügig, die ich aber durch eigene Rigorosität verengte. Zugang zur Literatur, Kirche, Kirchengeschichte, Pfarreien waren wichtige Bereiche, die mir vorher verschlossen waren.

Gegen alle Einschränkungen machte ich den Führerschein. Distanz zum Haus war ein wichtiges Thema der Oberstufe. Kontakt zu Mädchen war nicht gestattet. In der Schule lernte ich erfolgreich bei Lehrern, die kompetent waren, etwas verlangten, Freude an ihrem Beruf hatten, Zeit zur Diskussion mitbrachten und sich der Situation stellten. Lehrer ohne Konzept und methodisch klares Vorgehen lehnte ich ab. Das führte zu unterschiedlichsten Zensuren. Das Fach machte mir nur Spaß, wenn ich mit dem Lehrer klarkam. In Französisch fühlte ich mich so sicher, daß ich auch dieses Fach studierte.

5. Im Ausland

Im Internat lernte ich eine Art Orden kennen, der mich sehr beeindruckte und dem ich nach langen Kehrtwendungen beitrat. Das führte im Internat dazu, daß ich öfter zum Gründungsort nach Italien fuhr. Ich trampte meist, lernte so selbständig Reisemöglichkeiten und auch die Sprache kennen. Ich wurde sehr neugierig auf fremde Länder und Menschen. Das führte dazu, daß ich ein Jahr in Italien in einer offenen Internatgemeinschaft lebte, die sich innerlich sehr streng an den Regeln der Gründerin ausrichtete. Neben der Kenntnis des Landes und der Sprache wurde ich mir aber immer mehr bewußt, daß diese Art mir nicht entsprach. Ich wehrte mich und kehrte nach einem Jahr dem Orden den Rücken. Es war eine Entscheidung, die radikal mein Leben veränderte.

Das Lernen zu Beginn des Studiums fiel mir schwer, weil ich den Eindruck hatte, in einem Chaos zu sein. Das Gehabe der Professoren flößte mir Furcht ein. Das änderte sich, als ich ein Auslandssemester in Frankreich absolvierte. Die Übersichtlichkeit des Faches, der geregelte Lehrbetrieb, die Überschaubarkeit der Universität, die Einfachheit der Professoren halfen mir, einen Zugang zur Sprache zu finden. Der Kontakt mit vielen Studentinnen, mit denen ich mich gut verstand, verhalfen mir zur Sicherheit im Umgang mit der gesprochenen Sprache und beim Studium. Das Studienpensum war enorm, ich lebte richtig auf. Die persönliche Sicherheit bestärkte meinen Willen zu lernen.

6. Als Erwachsener

Auch im Studium war das Lernen immer verbunden mit sich durchbeißen trotz mißlungener Prüfung, trotz Geldmangel, trotz ungerechter Behandlung, trotz großer innerer Auseinandersetzungen (Austritt aus dem Orden). Das problemlose Auslandssemester zeigte deutlich, wie gut ich lernen konnte, wenn es in mir und um mich herum stimmte. Im Seminar kam ich als Lehramtsanwärter gut zurecht, weil die Schule eine Ernstsituation war, in der ich eine Herausforderung sah, die sich lohnte.

Das Leben als Ehemann und Familienvater war gekennzeichnet vor allem durch Lernen von Kontakt, Lernen durch Herausforderung, Wagnis und Einsatzbereitschaft. Während dieser Zeit habe ich gelernt, ein Haus zu bauen, Ski zu fahren, Radtouren zu unternehmen, zu segeln, praktisch zu arbeiten. Dabei merkte ich, daß ich viele Dinge lernte, weil sie mich ansprachen. Ich lernte sie natürlich.

7. In der Ausbildungsgruppe

In der Ausbildungsgruppe lernte ich langsam, meine eigene Weltsicht und Gefühle zu äußern. Die Art des Vorgehens in der Gruppe half mir: methodisch war der Weg nicht festgelegt, dennoch aber strukturiert. Neu war das Wagnis, mein Herangehen an einen Sachverhalt oder Text, wie nähere ich mich, was bedeutet es mir: ich und der Text, nicht umgekehrt. Das bedeutete eine Abkehr von der Vorstellung, es gibt eine allgemeingültige Aussage. Damit stehe ich mehr im Vordergrund beim Lernprozeß. Eine andere wichtige Erfahrung war der Besuch eines Dorfes. Ich sah nun bestimmte Dinge, lernte Unbekanntes, mir nicht Bewußtes in meine Erfahrung mit aufzunehmen. Das war auch ein wichtiger Moment in meiner persönlichen Entwicklung, meine Schattenseiten besser anzuschauen und mehr mich mit ihnen zu beschäftigen.

Das verhalf mir zu neuen Ansichten und Denkweisen. Ein weiterer wichtiger Punkt war das Verhalten des Leiters der Gruppe. Eine bestimmte Richtung war nicht verbindlich vorgeschrieben, aber ein klarer Arbeitsstil, der über Jahre gleichblieb, war deutlich zu erkennen. Er half mir, mich langsam zu öffnen und unangenehme Dinge anzugehen. Wohlwollen, Zuspruch, gepaart mit klaren Anweisungen und förderndem Anspruch: dies war mir eine Hilfe, Angst abzubauen in unbekannten Situationen und Bereichen.

8. Fazit

Zusammenfassend wird mir deutlich, daß ich nur schwer gelernt habe, wenn ich Angst vor Lehrern und Mitschülern hatte, wenn mir keiner helfen konnte, wenn ich keinen sozialen Kontakt hatte, wenn Zwang rigoros durchgeführt wurde, wenn keine Aussicht auf ein Ende da war, wenn Lernen strikt vorgeschrieben war. Diese negativen und positiven Erfahrungen zu erkennen ist mir wichtig, um den Lernprozeß, den ich als Lehrer anrege, nicht so werden zu lassen, wie ich ihn selbst erlebt habe.

II. Waldtagebuch

Im Laufe der Ausbildungszeit bin ich immer wieder mit meinen Wurzeln in Kontakt gekommen. Als Kind habe ich in der Natur gelebt, an der frischen Luft gearbeitet, Säen, Wachsen und Ernten als Kreislauf der Natur erlebt. Darin wurzelt für mich eine Grunderfahrung, daß Gott die Erde trägt und das Wachstum besorgt. Trotz der schweren Arbeit fühle ich mich geborgen und aufgehoben. Mein Arbeitsfeld und meine Umwelt haben sich geändert. Diese positive Erfahrung zu erweitern und zu vertiefen, deshalb arbeite ich im Wald so gerne. Der Augenblick war da.

Ja, ich habe mir ein Waldstück gekauft. Es ist 2,2 ha groß und von 60jährigen Kiefern bestanden. Am Straßenrand entlang ziehen sich mehrere junge Buchenreihen hin, eine dicke 150jährige Eiche bildet den Abschluß. Vereinzelte Eichen und mehrere junge Birken stehen durcheinander. Hinter dem Wald erstreckt sich ein 5 ha großes Feld, das einem Bauern gehört, den ich langsam schätzen gelernt habe. Zuerst war der Wald nur als Ganzes da. Er war ungepflegt und hatte für mich nur die Größe von ungefähr 10 Morgen. Es hat mehrere Jahre gebraucht, bis ich ihn in Teilstücken wie meine Westentasche kannte. Eine Fläche ist mir besonders vertraut. Ich bin dabei, sie zu roden, damit ich sie mit Buchen neu aufforsten kann. Das mache ich in Absprache mit dem Förster. Im Dezember 89 erlitt ich einen Achillessehnenriß, so daß ich drei Monate lang nicht in den Wald gehen konnte. Da das Frühjahr 90 sehr zeitig einsetzte, geriet ich unter Druck, die

Bäume zu fällen, weil die Vögel schon anfingen zu nisten. Auch sollte ich im Herbst in Landesförderung kommen. Das bedeutet, daß bis dahin dieses Teilstück gerodet, gesäubert und ganz eingezäunt sein muß, damit es als förderungswürdig anerkannt werden kann. Dieser Zeitdruck! Ich sehe meinen Opa und meine Oma auf der Bank im Hof sitzen. Sie hatten einen kleinen Hof im Westerwald und arbeiteten im Sommer immer unter Zeitdruck, wenn schlechtes Wetter war. Aber wie sie arbeiteten. Es war beständig, nicht kurzatmig. Sie waren naßgeschwitzt, verloren ihren Rhythmus aber nicht. Hier ist auch ein Ernstfall - ich werde kontinuierlich weitermachen, aber ich stehe diesem Zeitrahmen gegenüber. Ich ducke mich nicht, ich kann noch an anderes denken.

So ist es oft in der Schule. Da steht ein großes Fest bevor. Sehr viel zusätzliche Arbeit. Es muß Distanz bleiben. Angst ist nicht nötig. Einfach weitermachen und nicht aufhören. Ja, Opa und Oma. Bei ihnen fühlte ich mich wohl. In diesem Beruf konnte ich arbeiten. So habe ich mir auch den Wald gekauft. In meinem Freizeitbereich möchte ich etwas tun, das Ernstcharakter hat, das mir entspricht, das bodenständig ist, das an meine Wurzeln reicht.

Im Wald hinter einem riesigen Berg von Kieferkronen, die ich nach dem Fällen zusammengetragen habe. Ich bin allein gekommen. Ich hatte erwartet, daß eines von den vier Kindern mitkommt und mir hilft. Das war mein inneres Verständnis, daß sie meine Freude bei der Arbeit im Wald teilen. Nach vielen Gesprächen habe ich gelernt, daß meine Einstellung zum Wald und meine Sicht von meinen Kindern nicht geteilt werden. So habe ich mich nach viel Wut und Enttäuschung auf mich besonnen. Dies ist meine Art zu leben, zu arbeiten, zu sein. Mit dem Wald, das bin ich. Das führt dazu, daß alles viel langsamer vor sich geht, als ich es gedacht habe. Die Langsamkeit hat große Wirkung. Ich mache die Vorbereitungen selber. Das Werkzeug ist im Wäschekorb an seinem Platz. Ich sorge für Getränke. Seit dieser Zeit trinke ich den schwarzen Tee ohne Milch und Zucker. Wenn ich stark schwitze, löscht er so den Durst am besten. Am Tag vorher habe ich die Motorsäge gesäubert und kontrolliert. Die Spaltaxt steht im Wassereimer, damit der Stil festsitzt. Ich trage die richtige Kleidung, feste Schuhe, Brille, Handschuhe, warme Strickweste. In dieser Kleidung fühle ich mich wohl. Ich nehme ein altes Kissen mit zum Ausruhen. Ich kann nicht mal einfach so in den Wald gehen. Die Vorbereitung gehört mit dazu. Bevor ich anfange zu fällen, achte ich auf die Kronenrichtung, säubere die Umgebung des Baumes von Gestrüpp, damit ich gut stehen kann. Das gibt mir Sicherheit. Um optimal arbeiten zu können, habe ich einen verwachsenen Weg freigemacht, um besser die gefällten Stämme und Äste abtransportieren zu können. Diese Vorbereitung kostete viel Zeit. Ich kam nur langsam voran. Aber nachher war es weniger Arbeit, als der Weg fertig war. Vor einigen Jahren habe ich auf Anraten des Försters das Holz auf 1 m Länge geschnitten und darn verkauft. Der Preis war minimal. Diesmal habe ich mich selbst um den Verkauf gekümmert. Der Preis war dreimal so hoch.

Viele dieser Dinge weisen mich nachdrücklich auf meine Art hin, in der Schule zu arbeiten. Ich brauche einen langen Atem. Die Schule steht vor mir. Ich mache in Ruhe meine Vorbereitungen und gehe jeden Tag hin. Das braucht seine Zeit. Ich bin der Verantwortliche, von mir hängt dieser Teil der Arbeit ab. Das gehört zu mir. So bin ich als Lehrer in der Schule.

Mein Sohn Pascal ist am Freitag mit einem sehr schlechten Zeugnis von der Realschule entlassen worden. Christa und ich waren mit ihm essen. Ich konnte dabei meine Enttäuschung und Wut nicht verbergen. Am Nachmittag bin ich in den Wald gegangen. Jetzt sitze ich hier und nehme mir Zeit zum Nachdenken. Mir fällt das Gleichnis vom Sämann aus der Bibel ein. Die Saat fällt auf unterschiedlichen Boden. Da wächst etwas, dort nicht. Hier kommt erst später etwas. Eine sehr realistische Sehweise. Ich fühle mich ähnlich wie ein Sämann. So ist es. Finde dich damit ab. Lebe damit.

III. Ich lebe mein Leben in wachsenden Ringen ...

Auf dem langen Weg der Ausbildung wurde mir besonders die Methode Perls' wichtig, die mit „differenzierendem" Denken umschrieben wird. Damit ist gemeint, anscheinend widersprüchliche Aspekte in Kontakt mit sich selbst zu bringen und zu integrieren. „Indem wir beispielsweise in unserer Selbst- und Fremdwahrnehmung uns häufig auf einen der Gegensatzpole festlegen, reduzieren wir die wahrgenommene Realität um entscheidende Aspekte. Denn in Wirklichkeit bedingen die Gegensätze einander, sind Teil einer Einheit und existieren in jedem von uns."[36]

„Indem wir nun lernen, diese Gegensätze als Bestandteile unseres 'Selbst' und der Wirklichkeit zu akzeptieren, wird unsere Weltsicht realistischer, und wir können uns von dem Zwang lösen, widersprüchliche Aspekte bei uns selbst und anderen bekämpfen zu müssen. Zudem erkennen wir, daß wir nicht einseitig festgelegt sind, sondern uns durch Akzeptierung und Integration der scheinbar widersprüchlichen Aspekte weiterentwickeln können.

Diese Integration führt dazu, daß blockierte Energie frei wird und wir neue Möglichkeiten des Verhaltens entwickeln können."[37]

[36] Burow, Olaf-Axel: Aus der Bedrohung Kraft gewinnen. Bericht von einem gestaltpädagogischen Workshop. In: Imschweiler, Volker (Hrsg): Gestaltpädagogik in der Unterrichtspraxis. Hessisches Institut für Lehrerfortbildung, S. 106.

[37] a. a. O., S. 106/107.

Die Bestärkung in der Gruppe und der Supervision gab mir Ermutigung, den Bereich der Schule nicht auszusparen. Indem ich meinen Weg beschreibe, wird auch deutlich, wie ich versuche, mit Schülern so zu leben. Damit habe ich mich entschieden, in der Hauptschule erzieherisch tätig zu sein.

1. Die Möwe Jonathan

In manchen Punkten liest sich die Geschichte von der Möwe Jonathan wie meine eigene. Da ist ein Vogel, der seine Angst überwindet, in unermüdlichem Einsatz seine Grenze weiter steckt und ein neues Leben in Freiheit genießt. In meiner eigenen Kindheit und Schulzeit sowie an der Uni lebte ich viel mit der Angst. Das war auch am Anfang meiner Lehrerzeit so. Wie komme ich über den Vormittag (jeden Tag 6 Stunden außer samstags), wie werde ich mit der Klasse fertig, wie kann ich überhaupt das Fach unterrichten, in dem ich mich doch gar nicht auskenne? Wie kann ich mich den Kollegen gegenüber behaupten, die doch viel mehr Erfahrung haben? Wie kann ich leben, daß nicht nur alles Schule ist und alles andere zudeckt? Wie kann ich den Eisenring, der innerlich um mich herum ist und mich einschnürt, langsam zersägen und mehr atmen? Wie kann ich besser den Schüler sehen und mich dabei nicht vergessen?

Mehrere Erfahrungskreise haben mir geholfen, freiheitlicher zu leben. Leben in der Gruppe, eigene Lernerfahrung, Erfahrungen im Wald, Besuch der Gestaltschule in der Schweiz, Supervision, Literatur. Dabei ist ein wichtiges Gegensatzpaar: Grenzen hinausschieben - hart arbeiten. Diese Widersprüche genau betrachten, sie verstärken und integrieren.

Der Bereich des harten und beständigen Arbeitens ist mir geläufig und bekannt. Aber der Gegenpol - Grenzen erweitern - nicht so sehr. Durch die Arbeit in der Gruppe ist es mir gelungen, innerlich fester zu werden. Dort war immer das Gefühl dabei, jetzt mußt du arbeiten, es geht wohl schon, es wird gut. Wenn auch die Erfahrungen bitter waren, es tat mir gut, und ich atmete freier. So auch in der Schule. Es hat lange gedauert, beides als Bestandteile meiner eigenen Person zu sehen. Hier einige kleine Erfahrungen aus meiner Arbeit als Hauptschullehrer mit 28 (27) Wochenstunden.

Die „Gedanken" des französischen Philosophen Blaise Pascal haben mir den Zugang zum Denken von Fritz Perls erleichtert.

a) Der erste Schultag, die erste Schulwoche

Da die Beziehung zum Schüler für mich mehr in den Vordergrund gerückt ist, habe ich gegen das Fachlehrerprinzip an unserer Schule durchgesetzt, daß ich in mehreren Fächern unterrichten kann: Deutsch, Englisch, Religion, Sport, Mathe, Orientierungsstunde. Die Vor- und Nachteile dieser Konzeption sind kontrovers genug diskutiert worden. Ich entscheide mich trotzdem für diesen Weg,

- weil mir der Unterricht dann leichter fällt,
- weil ich die Schüler besser kennenlerne und sie mich,
- weil ich mich nicht auf ein spezielles Fach beschränken will, sondern Einfluß nehmen möchte auf die gesamte Atmosphäre, die an einem Vormittag herrscht,
- weil ich mich mit meiner ganzen Person stellen will,
- weil ich sehen möchte, ob dieser Gegensatz tragfähig ist,
- weil ich Zeit haben möchte für Gruppenprozesse,
- weil ich übergreifend tätig werden will.

Eltern und Schüler (5. Schuljahr) stehen in der großen Pausenhalle. Ich freue mich auf sie. Ich lade sie ein, in den Klassenraum zu kommen und die erste Stunde mit ihren Kindern zu erleben. Ich habe ein Gedicht vorbereitet: Das große Lalula. Es ist nicht so verschult, es macht mir Spaß. Bei der Behandlung merke ich, daß die Schüler Freude daran haben, daß sie aber auch große Schwierigkeiten haben, den Text zu lesen. Beim Abschlußfest im 9. Jahrgang konnten viele Schüler den Text noch auswendig. Beim nächsten Mal berücksichtige ich die Lesefähigkeit der Schüler besser.

Mit den Eltern bespreche ich den Stundenplan, meine Konzeption und die Besuche sowie die Möglichkeiten der Zusammenarbeit. Da viele Eltern stehen müssen, scheint der Raum zu klein. Ich setze mich für einen größeren Klassenraum ein. Das ist mir wichtig, damit die Schüler auch genug Platz für Bewegung und Arbeit haben. Im weiteren Verlauf des Morgens stelle ich den Schulleiter und das Gebäude vor. Die Schüler sollen sich sicher fühlen. Besonderen Wert lege ich auf die Sitzordnung. Die Schüler kommen aus 8 verschiedenen Grundschulen. Sie brauchen Mitschüler in ihrer Nähe, die sie kennen.

In der ersten Woche bearbeite ich einen Rückblick auf die 4 Jahre Grundschule:

- Was hast du schon geschafft?
- Wie groß bist du geworden?
- Was nimmst du dir vor?
- Was ist nicht so gut gelungen?

- Was war nicht gut mit den Mitschülern?
- Was waren schlechte Eigenschaften an Lehrern?

Die Schüler beurteilen ihre bisherige Schullaufbahn. Sie bewerten einen Teil ihres eigenen Lebens. Sie zeigen erstaunlich scharfe Beobachtung. Ich kontrolliere die Beschaffung der Hefte, Schreibutensilien, Stundenplan, Hausaufgaben.

Die Schüler schauen zurück auf die Sommerferien. Sie malen ein Ereignis, das sie angesprochen hat. Sie stellen das Bild in der Kleingruppe vor. Sie hängen die Bilder an der Wand auf. Die Schüler lernen, sich wichtig zu nehmen, Sicherheit zu entwickeln, sich in der Gruppe zu äußern und sich öffentlich darzustellen. Die Namenkärtchen gestalten die Schüler künstlerisch. Es ist ihr eigener Name. Sie stellen sich selber damit vor. Einigen fällt das schwer. So entsteht Bezug zu sich selbst und zu den Mitschülern.

Für mich hat sich die Einstellung und der Bezug den Schülern und den Eltern gegenüber geändert. Ich bringe mich mehr ein. Ich traue mich, neue Erfahrungen auszuprobieren. Da ich ein positives Echo erhalte, regt mich das an, mich noch mehr vorzubereiten und mich noch intensiver mit dem Thema Schule zu beschäftigen.

b) Projektwoche

Mein Thema lautete: Kloster B. - Mönchsein heute?

Neben der Durchführung, die ich sehr intensiv vorbereitet hatte, gehörte auch die Darstellung im Schulgebäude vor allen anderen Schülern und Kollegen dazu. Da es sich teilweise um geistig/geistliche Aussagen handelte, die mit meiner Person zu tun hatten, wollte ich auf Publikation verzichten. Dann aber stand ich zu meiner positiven Einstellung Mönchen gegenüber und hängte die Schülerergebnisse am Fenster neben der Hauptausgangstür aus. Es wurde kein einziges Plakat abgerissen - Schüler und Kollegen nahmen Kenntnis. Es kam zu Fragen und Gesprächen.

Die Hingabe an das Thema, die Vorbereitung und Durchführung waren leichter für mich als der Schritt in die Öffentlichkeit. Nachdem ich mit den Schülern die Plakate aufgehängt hatte, ging es mir besser. Ich ging selbstbewußt ins Lehrerzimmer. Den Fragen wich ich nicht aus. Ich wurde von den Kollegen bemerkt.

c) Klassenfahrt

Die Klassenfahrt im 5. Jahrgang sieht einen Schullandheimaufenthalt vor, der von der Stadt finanziell stark unterstützt wird. Das Landheim liegt 50 km entfernt, also nicht in einer landschaftlich anders gearteten Gegend. Da ein Bus dorthin von der Stadt kostenlos gestellt wird, die Parallelklasse mitfährt, achte ich besonders darauf, die Eigenständigkeit der Klasse zu wahren. Vorbereitungen für mich:

- Da ich schon mehrfach dort war, fahre ich hin und reserviere mir die große Halle, damit Spiele und andere Dinge möglich sind.
- Ich weiß, wieviel Schüler in einem Zimmer schlafen können, eine Zimmereinteilung zu Hause ist möglich, große Enttäuschungen werden vermieden.

Da das Landheim sehr einsam liegt, fast nur Wanderungen durchgeführt werden können, treffe ich alle Vorbereitungen, um mit dem Rad dorthin fahren zu können. Das leidige Maulen fällt weg, der Bewegungsradius wird weiter, Anregungen für die Durchführung eigener Radtouren werden gegeben. Dazu sind Übungsfahrten nötig, die in strenger Regie (bestimmter Nachbar und festgelegte Reihenfolge, „Hilfspolizisten", um Verkehr zu regeln) vorher an Samstagen durchgeführt werden.

Dabei lernen wir die Geschwindigkeit und unsere Kondition kennen.

Da für 2 Klassen nur 3 Kollegen fahren dürfen, bemühe ich mich darum, eine Mutter zu finden, die ganz für die Klasse zuständig ist.

Bei der Gestaltung der Klassenfahrt lege ich besonderen Wert auf folgende Punkte:

- Sportliche Aktivitäten: Rad, Schwimmen, Wanderung, Fußball, Spiele,
- Erkundung der Umgebung,
- Kennenlernen der Burg und Kirche in der Stadt,
- Ausflug nach Holland,
- Bekanntmachen mit dem geschichtlichen Hintergrund des 2. Weltkrieges (Besuch des Ehrenfriedhofs),
- Frühsport,
- Verhalten beim Essen,
- Theaterspiel,
- Modenschau,
- Grillabend,
- Pflanzenbeobachtung,
- Möglichkeit, sich zurückzuziehen,
- zeitlicher eigener Bereich,
- abendlicher Kreis, um Konflikte und Programmpunkte zu besprechen,

- Malen in freier Natur,
- Eintragung ins Tagebuch, regelmäßig am Abend,
- Zeit, Briefe nach Hause zu schreiben.

Hier habe ich den Versuch unternommen, meine Art, Fahrten zu machen, gegen eine eingefahrene Schultradition einzubringen. Ich fühlte mich „passender", die Schüler genossen es, mit dem Rad zu fahren und nicht immer wandern zu müssen. Die Vorbereitung dazu erforderte viel Zeit und auch „pingeliges" Vorgehen, damit die Sicherheit der Schüler gewährleistet war.

2. Kirchturm und Partykeller

Die Religionslehrer unserer Schule, zu denen ich auch gehöre, bereiten 14tätig den Schulgottesdienst vor, an dem 10-20 Schüler teilnehmen. Ich habe mich daran nicht beteiligt, weil die Messe vor dem Unterricht liegt, weil sie verordnet wird und weil kein Bezug der Schüler gegeben ist. Meine negativen Erfahrungen als Schüler bestärken mich in der Ablehnung. Die religiöse Schulwoche, die alle 5 Jahre stattfindet, ist ein Rahmen, der für Alltagsarbeit zu weit ist und mir nicht genügt. In sind Sportveranstaltungen in großer Zahl und Schulfeste in größeren zeitlichen Abständen.

Da die Schüler aus verschiedenen Pfarreien kommen, die verstreut liegen und alle ihren eigenen Charakter haben, finde ich es sinnvoller, in unregelmäßigen Abständen in den Ortskirchen die Messen zu feiern. Dazu laden wir den Pastor in die Klasse ein. Er stellt sich vor. Es fällt auf, daß es größere Verständigungsschwierigkeiten gibt. Die Pfarrer sprechen in einer abgehobenen Sprache. Wir stellen dem Pastor das Thema, unsere Überlegungen und Vorbereitungen für den Gottesdienst vor. Von ihnen kommt selten ein Änderungsvorschlag. Nach diesem Gespräch, bei dem auch der Termin festgelegt wird, beginnen erneut Aktivitäten wie Texte lesen, sie endgültig ausformulieren, Gesänge einüben und die Eltern anschreiben. An dem Samstag, an dem wir vier Stunden gemeinsam Unterricht haben, fahren wir mit dem Rad zur Kirche. Dort treffen wir viele Eltern. Wir stellen uns um den Altar und feiern Gottesdienst. Zwei Schüler aus der Gemeinde sind Meßdiener. Wir sind aktiv dabei, gestört wird nicht. Nach der Messe trinken wir mit den Eltern zusammen Kaffee im Jugendheim. Der Pfarrer ist dabei. Die Schüler dieser Gemeinde sind stolz darauf, Gastgeber zu sein.

Da in der Schule kein eigenes Karnevalsfest gefeiert wird, ziehen wir in den Partykeller eines Schülers. Zwei Wochen vorher setzen wir uns im Deutschunterricht hin und dichten über unsere Mitschüler nach einem bestimmten Formschema. Das macht Spaß. Wir organisieren Musik und bereiten dazu Tänze vor. Das Fest wird im groben Rahmen festgelegt. Süßigkeiten und Knabbereien bereitet eine Gruppe vor, Getränke besorgt jeder selber. Wir treffen uns am Morgen und fahren mit dem Rad verkleidet zum Haus des Mitschülers. Dort wird die Hausfrau mit einem Ständchen begrüßt. Wir schminken uns nach. Los geht es. Viele Spiele, Tänze, Essen, Trinken, Gedichtvorträge, Fototermine wechseln sich ab. Eine gute Atmosphäre - ein Schlager kommt richtig zum Zug und wird immer wieder gedonnert. Polonaise durch das Haus und den Garten. Aufräumen. Wir verabschieden uns von der Hausfrau mit einem gemeinsamen Foto. Zusammen fahren wir zurück. An einem der nächsten Tage schreiben wir ein paar Zeilen an die Eltern des Mitschülers. Ein Schüler überbringt persönlich einen kleinen Blumenstrauß als Dank.

Zu Weihnachten bereiten wir eine Feier vor, es soll keine Karnevalsfete werden. Im Mittelpunkt steht für mich der religiöse Gedanke in positiver Bejahung, nicht in kritischer Auseinandersetzung. In der Mitte der Klasse stehen auf der gewohnten Tischdecke mehrere Adventskränze. Wir sitzen um sie herum. Ich trage das Weihnachtsevangelium mit eigenen Worten vor, wobei auch Erklärungen einfließen. Mein Vortrag wird umrahmt von Trompeten-, Flöten- und Orgelspiel der Schüler. Daraufhin singen wir ein Weihnachtslied. Weihnachtsgedichte schließen sich an. Da der Friedensgedanke ein wichtiger Punkt des Evangeliums ist, soll er in der Feier umgesetzt werden. Die Schüler schreiben ihrem besten Freund/Freundin einen Brief, in dem sie mitteilen, was er für sie bedeutet. Ein zweiter Brief soll an den Schüler geschrieben werden, mit dem die größten Schwierigkeiten bestehen. Das Problem soll in dem Brief auch angesprochen werden. Es soll überlegt werden, ob ein kleiner Schritt der Annäherung möglich ist. Ich nehme in Kauf, daß einige Schüler mehrere Briefe bekommen. Ich sammle die Briefe ein und verteile sie, damit keiner weiß, von wem sie sind. Sie sollen auch nicht gezeigt werden. Danach ist eine Bescherung erst möglich. Jeder Schüler hat ein Geschenk von einem Maximalwert von 2,50 DM schön eingewickelt und mit einem persönlichen Gruß versehen. Nikolaus und Ruprecht (2 Schüler in richtiger Verkleidung) verteilen die Geschenke. Der Nikolaus fragt nach einem Lied oder Gedicht. Danach essen wir selbstgebackenen Kuchen. Die Kuchenspender bedienen die Mitschüler. Chips, Nüsse usw. sind nicht da. Wir essen gemeinsam, prassen aber nicht. Als Abschluß spielt I. ein Weihnachtslied auf der Trompete. Wir nehmen uns Zeit für die Verabschiedung, räumen dann auf und gehen in die Ferien.

Gottesdienste und Feiern habe ich so zu gestalten versucht, daß die persönliche Wertvorstellung entwickelt und verwirklicht werden kann.

3. *Thomas a Kempis*[38] - *Martin Luther*

Zwei kurze Sätze sollen den Ansatz verdeutlichen, den beide religiöse Denker und Schriftsteller gelebt haben. „Herr, mein Gott, all mein Besitz bist Du! Und wer bin ich, daß ich es wage, mein Wort an Dich zu richten? Dein kümmerlicher Knecht bin ich, ein elender Wurm, viel ärmer und verächtlicher, als ich es weiß und zu sagen wage."[39] „Und wahrhaft klug ist nur, wer Gottes Willen tut und auf seinen eigenen Willen verzichtet."[40]

Luther sprach den entscheidenden Satz: „Hier stehe ich, ich kann nicht anders, Gott helfe mir. Amen." auf dem Reichstag zu Worms, d. h. in der Öffentlichkeit.

Wie aus dem 1. Teil der Arbeit hervorgeht, ist die Haltung des Thomas a Kempis lange Zeit für mich bestimmend gewesen. Wenn es auch im Laufe meines Lebens immer wieder radikale Entscheidungen für oder gegen Gott gegeben hat, so ist doch die Position Luthers erst während der Ausbildungszeit für mich bestimmender geworden. Ich habe mich getraut, diese Haltung Luthers in meinem religiösen Leben in Teilbereichen zu übernehmen. Dazu fallen mir Worte ein wie: gerade ins Gesicht sehen, aufrecht gehen, Rückgrat haben, Distanz.

Der Prophet Jeremia[41] ist in den Richtlinien des Religionsunterrichts für den 7. Jahrgang ausgewiesen. Am Beispiel dieses Propheten möchte ich aufzeigen, wie Menschen sich für Gott mit ihrer ganzen Person engagieren. Jeremias ist ein Mensch, der sich in einer schwierigen geschichtlichen Situation bedingungslos für Gott einsetzt. Diese Haltung will ich den Schülern deutlich vermitteln. Das Lebensende des Propheten verliert sich im Elend. Eine Legende berichtet, daß er von eigenen Landsleuten in Ägypten gesteinigt wurde. Dieses Lebensende ist für mich nicht akzeptabel. Es kann nicht beispielhaft für mein Leben, für das Leben der Schüler sein. Für mich steht immer noch ein Gespräch mit den Verfassern der Richtlinien aus, in dem ich nach den Gründen für die Auswahl dieses Propheten frage.

Bei der Behandlung dieses Themas ist mir klar geworden, wie wichtig meine Beziehung zum Thema ist. Engagement bejahe ich, aber den Gang in den verlorenen Tod lehne ich ab. Ich gehe nicht so weit wie Jeremias. Das kann ich den Schülern aufzeigen: Engagement und Tod, bezieht Stellung dazu.

---

[38] Thomas von Kempen lebte von 1380 bis 1471, seine vorreformatorische Schrift wurde von beiden Konfessionen eifrig gelesen. Sie wendet sich vor allem an Ordensleute, Priester und Gläubige, die radikal eine christliche Hingabe leben wollen. Das eigene Ich wird ausgelöscht. Ich habe das Buch im Internat häufig gelesen.

[39] von Kempen, Thomas: Nachfolge Christi. München 1949, S. 101-102.

[40] a .a. O., S. 15.

[41] Trutwin, Werner: Gesetz und Propheten. Düsseldorf 1967, S. 183-192.

So kann es zu einer Entscheidung kommen. Weder für mich noch für die Schüler ist dieser Prophetentod ein Damoklesschwert. Das Düstere und Schwere wird umgeformt zu meiner Entscheidung, die mich beglückt.

4. Kuh und Schmetterling

Aus meinen Kindertagen kenne ich das Arbeiten mit Kühen auf dem Feld. Kühe sind braun, sie sind wunderbare Tiere. Sie spüren die Last des Lebens und verkörpern sie in ihrer Art. Sie müssen im Sommer und Herbst hart ran, damit bei den Kleinbauern die Arbeit getan werden kann. Sie sind im Joch und müssen den Wagen ziehen. Sie gehen nicht so schnell wie Pferde, haben aber einen Gang, den sie durchhalten können. Sie müssen von morgens bis abends in der heißen Sonne arbeiten, kauen dabei ihren Klee mehrmals durch und geben noch etwas Milch. Gegen Bremsen, Hummeln und Fliegen wehren sie sich. Sie helfen, den Boden zu beackern, damit ich neu säen kann.

Der bunte Schmetterling fliegt, schaukelt von Blüte zu Beere, vom Strauch zum Baum. Er ist leicht, liebt die Luftströmung und die Sonne. Er ist keine Last. Er verweist auf den Sommer, das Leben draußen, auf Leichtigkeit und Schweben. Er gehört zu den schönen Seiten des Lebens. Er fliegt locker und kennt keine Regelmäßigkeit. Die Menschen staunen und freuen sich über ihn.

Pflicht und das Bewußtsein davon sind mir vor allem seit der Lehramtsanwärterzeit vertraut. Schule war eine schwere Aufgabe, eine Last, die ich spürte, die mein ganzes Leben mitprägte. Mit der Lehrerlaufbahn wurde ich ins Geschirr genommen. Hatte ich eine Klasse übernommen, so fühlte ich mich für sie verantwortlich und zuständig. Ich war bereit, diese Klasse vorwärtszubringen. Im Alltag waren das viele kleine Dinge. Zur Pünktlichkeit im Unterricht gehört auch, daß ich die Klassenarbeiten zügig zurückgebe. Ich kontrolliere die Heftführung, achte darauf, daß Klassenraum und Tafel gesäubert werden, die Jacken draußen hängen, die gemeinsame Frühstückspause eingehalten wird. Ohne Vorbereitung gehe ich ungern zur Schule. Vorbereitungen für den nächsten Schultag setze ich vor Erholung und freie Zeit. Ich bin bereit, in mehreren Fächern zu unterrichten. Konflikte mit der Klasse gehe ich an. Ich fühle mich als Ansprechpartner. Die Eltern besuche ich zu Hause. Die wichtigsten Ergebnisse der Gespräche notiere ich mir in einer Kladde, in der ich später jedes Gespräch festhalte. Das hilft mir, die langfristige Entwicklung der Schüler besser zu überblicken und auf Regeln, gemeinsames Handeln und Absprachen hinzuweisen.

So führe ich die Klasse durch die ganze Schulzeit. Das Gefühl der Last ist mitbestimmend. Das tägliche Fahren mit dem Rad zur Schule (19 km) vermittelt mir neben vielen positiven Erfahrungen auch das Gefühl des Trotts und der Abrackerei.

Da sind seit einigen Jahren aber auch Momente hinzugekommen, die etwas von der Leichtigkeit ausstrahlen, von der oben beim Schmetterling die Rede ist. Da ist zuerst der Umgang mit dem Schüler. Ich kann ihn anders sehen, durch den persönlichen Kontakt weiß ich um ihn. Die Schüler, ihre Probleme und der Stoff rücken mehr in den Vordergrund. Das Verhältnis ist tiefer und leichter. Die Situation wird wichtiger.

IV. Cancan

Zu Beginn der Ausbildungsgruppe wählte ich mir die Schildkröte als Tier mit der Art, die mir am nächsten kam. Die Lernerfahrungen zeigen ein wenig von der Art, wie ich im Schutz des Schweigens und der Zurückgezogenheit mein Leben geführt habe. Die Kraft, die ich brauchte, um mich zu schützen und festzuhalten, zu lernen und zu bestehen, habe ich im Laufe der aufgezeigten Jahre nach außen gewandt. Dabei sind meine Kreise weiter geworden. Mir ist klar geworden, daß Privatleben und Arbeit in der Schule von einer gemeinsamen Quelle gespeist werden: bewußt leben und erleben.

Der Cancan aus der Operette „Orpheus in der Unterwelt" von Jacques Offenbach ist ein rauschender Tanzwirbel, der das Leben in seiner Fülle symbolisiert. Camille Saint-Saens hat in seinem Karneval der Tiere das Motiv des Cancan dreifach langsamer für die Schildkröten komponiert.

Die Schildkröten tanzen in ihrer eigenen Art und Schnelligkeit - ich aber, wohl wissend, daß es langsamer und schneller sein kann, tanze in das Leben hinein.

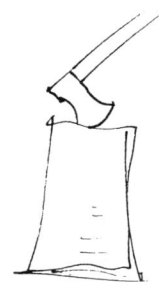

Ulla Berker-Horsch
Ich begrüße den Abschied

I. Vorwort

Diese Arbeit ist ein Stück von mir.

Anlaß ist die Abschlußarbeit für meine Gestaltpädagogikausbildung. Ich merke immer mehr: Diese Arbeit schreibe ich für mich. Wegen meiner Kinder bin ich zur Zeit von meinem Lehrerinnenberuf beurlaubt. Ich kann mir Zeit zum Schreiben nehmen. Das Schreiben dieser Arbeit bietet mir Chancen zum Rückblick auf die ersten zwölf Jahre meines Berufslebens. Rückschau, Klarwerden, Verarbeiten, Abschied. Diese Arbeit ist ein Stück Dokumentation meiner Unterrichtspraxis an der Hauptschule. Sie zeigt Schritte meiner Entwicklung auf. Ich werde zunächst meinen persönlichen Bezug zum Thema verdeutlichen. Danach stelle ich meine schulische Situation vor und beschreibe anschließend wichtige Elemente meines täglichen Unterrichts. Im nächsten Teil geht es dann konkret um das Thema „Abschied" in der Schule, wobei ich Unterrichtsstunden zu diesem Thema dokumentiere.
Schließlich: Auch diese Arbeit ist ein Abschied.

II. Abschied - Mein Thema und ich

Warum beschäftige ich mich eigentlich mit diesem Thema? Es gibt doch wirklich einfachere Dinge. Ich habe mir das Thema nicht ausgesucht als eine von mehreren Möglichkeiten. Eines Tages war es plötzlich da. Lange bin ich „schwanger gegangen" mit der Suche. Ich erinnere mich noch deutlich an den Winter 1987. Viele meiner AusbildungsfreundInnen wußten schon, mit welchem Thema sie sich beschäftigen würden. Ich klopfte unterschiedliche Bereiche für mich ab. Ein Vergleich Freinetpädagogik - Gestaltpädagogik schien mir interessant. Reizvoll wäre auch, in meinem Fach Kunst gestaltpädagogisch zu arbeiten. - Ich fand einige Möglichkeiten, blieb aber unzufrieden. Irgendwann war's dann klar:

ABSCHIED IST MEIN THEMA.
Ich schaute zurück auf mein Jahr 1987.
Angefangen hatte es im Januar mit einer Fehlgeburt in der zehnten Woche meiner Schwangerschaft. Der Verlust meines zweiten Kindes kam so unerwartet, so plötzlich. Etwa vier Wochen später konnte ich mit Trauer reagieren. In der Zeit direkt nach der Fehlgeburt habe ich mich erstmal nur

distanziert und mich hinter sachlichen Begründungen und einem dicken Buch verschanzt. Am Ende des Jahres starb mein ältester Freund, mein ehemaliger Rektor im Alter von 74 Jahren. Er hatte lange fast bewegungslos im Krankenhaus gelegen. Anton H. war für mich ein warmer, verständnisvoller und liebevoller Mensch gewesen. So einen Vater habe ich mir immer gewünscht. Im Herbst, im September 1987, starb Evi, eine Schülerin meiner Klasse, für mich völlig unerwartet an Mukoviszidose. Sie wurde 13 Jahre alt. Abschied von einem Kind.

EXISTENTIELLE ABSCHIEDE

Einige „kleinere" Situationen aus diesem Jahr erschienen vor meinem inneren Auge. Im Sommer der Besuch am Grab meines Schwiegervaters in Schweden. Er war gestorben, als mein Mann ein 10jähriger Junge war. Obwohl wir schon vorher gemeinsam dort gewesen waren, wurde dieser Besuch ein intensives Erlebnis für uns beide. Viel bewußter erlebte ich meinen Mann im Kontakt mit seinem Vater. Viel näher konnte ich bei ihm sein. Die Krankheit meiner Mutter. Kurz nach ihrer Pensionierung als Lehrerin wurde meine Mutter mit unerklärlichen Schwindelgefühlen ins Krankenhaus gebracht. Sie war aus dem Gleichgewicht geraten. Schmerzlich spürte ich, daß der Abschied von meinen Eltern näherrückt.

Viele Ereignisse, Einschnitte, Abschiedssituationen. Einige werden im folgenden miteinbezogen. Andere bleiben angedeutet.

Eben sprach ich über „Schwangergehen" mit meiner Themenidee. Ich war viel schwanger 1987. Bis zur Fehlgeburt am Beginn des Jahres. Im Juli wurde ich wieder schwanger und bin heute glücklich mit meinem (dritten) zweiten Kind. Ich glaube, daß mich diese Zeiten von Fehlgeburt und erneuter Schwangerschaft sensibler und empfänglicher gemacht haben. Abschied war in mir. Vieles, was ich früher nicht so gesehen hatte, bekam plötzlich eine Abschiedsdimension. Ich erlebte die neue Schwangerschaft viel intensiver mit Hoffnungen und Befürchtungen. Die Geburt. Das Stillen. Das Abstillen. Das Laufenlassen meines Kindes.

ABSCHIEDSSITUATIONEN

Ich erlebte die Ganzheitlichkeit. Neben der übermäßigen Freude, dem Glück und der Dankbarkeit, ein gesundes Kind geboren zu haben, spürte ich auch meine Trauer, es abgeben zu müssen, von mir, aus mir heraus, an diese Welt. Ich erinnere mich gut an meine Tränen, als ich ihm etwas anderes (zu-)fütterte als Muttermilch. Wie schwer ist es mir gefallen, mich vom Stillen zu verabschieden. Bei meinem zweiten Kind „brauchte" ich dazu eine eitrige Mandelentzündung mit den entsprechenden Medikamenten! Und als meine

Kinder laufen lernten. Plötzlich war meine Hand überflüssig. Sie wandten mir den Rücken zu, strebten von mir weg.

ABSCHIEDE
Meine Söhne sind heute 5 1/2 und 1 1/2 Jahre alt.
Wir haben noch viele Abschiede vor uns.

Und MEINE Kindheit?
Es gab eine Zeit, in der ich glaubte, mit Abschied noch nie in Berührung gekommen zu sein. Dabei ist Abschied in mir. Schon so lange ...

Ich mußte mich ziemlich früh von meinem Kindsein verabschieden. Ich mußte ganz schnell groß, vernünftig und rücksichtsvoll sein, bekam als Älteste von drei Kindern viel Arbeit und vor allem viel Verantwortung. Meine Mutter stand durch Beruf und Haushalt und Ehe und Kinder meistens knapp vor der Überforderung. Mein Vater war durch seine Alkoholkrankheit für mich nie berechenbar, selten ansprechbar. Mir fehlte das Kindseindürfen mit allen Konsequenzen. Unser Alltag wurde beeinflußt durch Traurigkeiten. Meine Mutter trauerte um die verlorene Möglichkeit, sich nur der Familie widmen zu können. Über weite Strecken war sie gezwungenermaßen berufstätig. Und obwohl sie alles dafür tat, unsere Familie „heil" zu halten, muß sie schon sehr früh in dieser Beziehung getrauert haben. Mein Vater trauerte -auf seine Art- um seine verpaßte „Künstlerkarriere" als Holzbildhauer. Er resignierte früh und fühlte sich nicht in der Lage, Alternativen zu suchen und zu finden.

Wir Kinder wurden vom Traurigsein geprägt. Es gab zu viele Dinge, die bei uns zu Hause einfach nicht möglich waren. Wir standen unter einem permanenten, subtilen Druck; alles wurde immer von der Gemütslage des Vaters abhängig gemacht. Ich erinnere mich, daß mein sehnlicher Wunsch nach einer Schaukel im Garten von meinem Vater niedergeschmettert wurde mit der bezeichnenden Begründung, dann hätten wir ständig alle Nachbarskinder im Garten. Fröhliche, glückliche Momente hatten wir meistens nur, wenn unser Vater für längere Zeit in Urlaub fuhr oder wir in den Ferien bei Verwandten waren. Dann lockerten sich Druck und Schuldgefühle. Ich fühlte mich mitverantwortlich und mitschuldig an unserer häuslichen Situation. Lange Zeit sah ich das Verhalten meines Vaters im Zusammenhang mit unserem „Ungehorsam". Und ich fühlte mich schuldig für die Erleichterung, die ich in seiner Abwesenheit verspürte. Es war eine schwere Zeit. Ich habe gelernt, wie ich mich am besten „unsichtbar" mache. Ich habe gelernt, daß ich auch mit Schlafstörungen leben kann. Richtig schlafen konnte ich nachts erst, wenn auch mein Vater zu Hause und eingeschlafen war. Ich habe gelernt, mitzufühlen und zu trösten, denn als Älteste war ich meistens die Nächste meiner Mutter. Ich habe gelernt, stark sein zu müssen. Während ich das alles aufschreibe, bin ich aufgeregt. Ich spüre neben großer Trauer auch eine immense Wut.

ABSCHIED VOM KINDSEIN
Es scheint mir logisch, daß ich so lange Zeit nichts zu tun haben wollte mit diesem Thema, bin ich doch zutiefst geprägt von Abschied und Traurigkeiten.

Und heute? Heute fühle ich mich auf dem Weg. Ich fühle mich bei mir, kann mein Leben leben. Die vielfältigen Beziehungen, in denen ich lebe, unterstützen mich. Durch die schon langdauernde und ehrliche Beziehung zu meinem Mann fühle ich mich sicher. Meine Familie, mein Mann und meine beiden Söhne bieten mir eine wunderschöne, vertraute, emotionale Basis, ein beständiges Zuhause. Auch intensive Begegnungen mit Verwandten, insbesonders mit meiner Schwester, mit FreundInnen, Freinetmenschen, KollegInnen, Gestaltmännern und -frauen haben mich wachsen lassen.

Ich bin erwachsen geworden. Langsam bin ich aus der „Unsichtbarkeit" ins Licht getreten. Ich lerne, mich wichtig zu nehmen. Ich lerne, Hilfe anzunehmen, mich trösten zu lassen. Ich spüre, daß ich stark bin, ohne hart sein zu müssen. Ich erfahre, daß ICH liebenswert bin. Heute stehe ich in der Mitte meines Lebens. Ich bin erwachsen und habe Verantwortung. Für meine Kinder, die wachsen und groß werden. Für meine Eltern, die alt werden. Die Beziehung zu meinen Eltern hat sich verändert. Sie leben jetzt allein, zweisam, zufriedener. Meine Mutter ist pensioniert. Mein Vater lebt seit 18 Jahren ohne Alkohol. In der Beziehung zu meinen Eltern, besonders zu meinem Vater, werden ganz neue Erfahrungen möglich. Heute spüre ich sein Interesse an mir. Ich sehe seine -eigenwillige- Zuneigung für meine Kinder. Opa.

Es gibt Momente wie diesen, in denen ich mich ausgesöhnt fühle. Vielleicht bin ich deshalb heute in der Lage, den Abschied zu begrüßen. Ich beginne, Abschiedssituationen zu sehen, sie zu spüren, sie anzugucken, sie zu leben, sie zu gestalten.

Einfach ist das nicht. Aber:
ICH BIN AUF DEM WEG

III. Meine schulische Situation

III.1. Vorbemerkung

Bevor ich mich mit dem Thema Abschied unterrichtsmäßig beschäftige, möchte ich einen anderen Schritt machen. Zuerst will ich meine schulische Situation darstellen. Ich werde meine persönliche Lehrerinnengeschichte aufschreiben sowie Schule und Klasse vorstellen.

III.2. Meine Entwicklung als Lehrerin

1976 begann ich mein Referendarjahr. Meine Dienststelle war eine Hauptschule in einem kleinen Ort im Münsterland. Wir waren 96 ReferendarInnen, die von zwei Seminar- und mehreren Fachleitern betreut wurden. Ziemlich schnell fand sich etwa ein Dutzend engagierterer LehramtsanwärterInnen zusammen. Diese Gruppe wurde mir sehr wichtig. Ich fand dort Sicherheit und Bestätigung. Ich konnte mich dorthin zurückziehen, bei vielen Unsicherheiten und Fragestellungen, die die neue Situation mit sich brachte.

Nachdem ich 1977 meine zweite Staatsprüfung abgelegt hatte, wurde ich nach einer viermonatigen Pause als angestellte Lehrerin an „meine" Schule übernommen. Ich freute mich, an der Schule bleiben zu können. Nach und nach stellten sich Schwierigkeiten ein. Ganz massiv fehlte mir meine Gruppe aus dem Referendariat; gleichgesinnte KollegInnen, FreundInnen, mit denen ich auch über persönliche Dinge hatte sprechen können. Ich vermißte unsere Diskussionen und Gespräche über uns und unsere Schwierigkeiten und Probleme in der Schule, die wir ja als lernende Referendare (noch) zugeben durften. Und mir fehlte so sehr dieses Gefühl von Gemeinsamkeit. Aber jetzt war ich nicht mehr Lernende. Jetzt mußte ich plötzlich Lehrende, Kollegin, Erwachsene sein. Mir war, als sei die Zeit des Lernens vorbei. Ich stellte fest, daß Lehrende scheinbar keine Schwierigkeiten hatten. Hatten sie welche, so wurde äußerst selten darüber gesprochen. Die LehrerInnen machen die Tür gerne hinter sich zu. Ich war irritiert.

Mein Kollegium war und ist ein nettes Kollegium. Unsere Betriebsfeste waren immer gelungen. In diesem Kollegium gibt es viele „Einzelkämpfer", die für sich arbeiten. Sie haben wenig oder kein Interesse an Kooperation. In meinen Augen verstecken sie durch ihr Verhalten viel von ihren Unsicherheiten und Ängsten. Viele machen hin und wieder zwar eine kleine Fortbildung, leben aber sonst mit ihrer Arbeit eher für sich und scheinen damit zufrieden zu sein. Für mich hatte diese Situation etwas Starres, Bewegungsloses.

Ein Beispiel hierzu aus einer Zeugniskonferenz: Eine Kollegin wollte in dieser Konferenz den Fall eines Schülers ansprechen, über den sie sich Gedanken machte. Der Schüler hatte persönliche, häusliche Probleme und drohte sitzenzubleiben. Sie war bereit, aus pädagogischen Gründen das Mangelhaft in ein Ausreichend umzuwandeln, um dem Jungen die Wiederholung des Schuljahres und alle Folgen zu ersparen, an deren Erfolg sie ohnehin zweifelte. In ihrer Unsicherheit bat sie um den Rat der KollegInnen.

Die KollegInnen zeigten sich irritiert, unwirsch und verärgert über dieses Verhalten. Zum einen, so die Meinung, kann es doch nicht angehen, daß um Zensuren „gefeilscht" wird. -"Wo kämen wir denn dann hin ?"- Zum anderen kann man doch nicht so viel Aufhebens machen wegen eines einzigen Schülers - ihn aus der Masse der anderen herausnehmen und ihn damit doch der Vergleichbarkeit entziehen. - Und: Wann würde so eine Konferenz denn enden, wenn plötzlich alle Problemfälle durchgekaut würden?

Für mich war das ein einschneidendes Erlebnis. Meine Kollegin stand allein da. Ich war damals noch nicht in der Lage, sie zu unterstützen. Ich fühlte mich ähnlich allein. Mir fehlte meine Gruppe. Ich ahnte, was los war. Unbewußt hatte ich meine Bedürfnisse und Erwartungen, die von meiner Referendarsgruppe nicht mehr erfüllt werden konnten, auf das Kollegium übertragen. Im wahrsten Sinne des Wortes bin ich damit „auf den Bauch gefallen". Über einen längeren Zeitraum hatte ich während meiner ersten Berufsjahre Eßprobleme.

Meine Erwartungen waren von dem Kollegium nicht zu erfüllen. Es hat eine Weile gedauert, bis meine Unzufriedenheit mich auf die Suche nach neuen Orientierungspunkten brachte.

Nachdem ich von meiner ersten Freinet-Fortbildung zurückgekommen war, hatte ich die notwendige Distanz zum Kollegium gefunden. Ich konnte sehen, in welcher Gruppe ich an dieser Schule war und welche Möglichkeiten ich dort hatte. Als ich das erkannt und damit umzugehen gelernt hatte, kam ich in dem Kollegium entschieden besser zurecht. Mit meinem Einstieg in die deutsche Freinet-Bewegung hatte ich einen für mich entscheidenden Schritt gemacht. Den folgenden Text schrieb ich im Sommer 1980. Er wurde in der Zeitschrift „Fragen und Versuche" veröffentlicht.

„Letztes Jahr um diese Zeit war Freinet für mich nur ein Wort. Reine Theorie. Ein paar Bücher hatte ich gelesen. Mal was gehört über Veränderung der Schule von unten.
In Altenkirchen '79 hat sich dann für mich so einiges getan. Da waren so unheimlich viele tolle Leute. - Und das Phantastische war, es waren alle Lehrer. Ich merkte, wie ich 'reinkam in so 'n feeling von „Sich-wohl-fühlen".
Ich stellte fest, es gibt noch Lehrer, die nicht nur Beamte, sondern erstmal Menschen sind. Puh, war das klasse!
Und viele von diesen Lehrermenschen in Altenkirchen machen oder machten Freinet. Konnten was dazu sagen. Auch sagen, wie schwer es ist, wie unmöglich, manchmal.
- Du kannst nur solche Schritte von Veränderung in der Klasse machen, bei denen du dich sicher fühlst - sagte der Peter aus Geldern.
So 'ne Euphorie, daß Freinet 'ne Menge bringen kann, war da.
Klar, Altenkirchen war für mich 'ne entscheidende Sache. Aber bewußt geworden ist's mir erst in bzw. nach Altenmelle richtig. Da geht's um Schule, ja, aber da geht's erstmal auch um mich. Ich, Ulla Berker-Horsch, stecke da voll mit drin. Ich kann Schule nicht anders machen, wenn ich mich nicht verändere.

Freinet ist nicht nur Methode, nicht Sache von mir für die Schüler. Da gehen Schüler miteinander um, ich mit Schülern, Schüler mit mir. Da stecke ich mit drin.
Freinet macht mich betroffen. Wenn's läuft - und wenn's schiefgeht.
Ihr habt alle recht, wenn ihr sagt „Vorsicht". Ich kann nur dann vorsichtig sein, wenn ich was versuche, wenn ich mich traue.
Ich gehe wieder lieber in die Schule. Es tun sich Möglichkeiten auf, an der Situation etwas zu tun. Ich kann es versuchen, kann daran arbeiten. Ich bin nicht mehr so sehr auf die Bestätigung durch die „Gruppe Kollegium" angewiesen. Hab' das Gefühl von Rückendeckung aus Hechingen, Münster ... Und es ist ein Stück mehr Sicherheit da, in mir.
In meiner direkten Schulumgebung fehlen mir Diskussionen, Arbeit in der Gruppe, Bestätigungen in Richtung auf Inhalte von Unterricht, Funktion von Schule überhaupt, Umgang mit Schülern und von Schülern untereinander, und das, was mit mir ist; Ängste, Unsicherheiten - auch Stärken.
Das alles kann ich mit Freinet-Leuten diskutieren, leben, für mich versuchen klarzukriegen, - als Lehrerin unter Kollegen und gleichzeitig! als Ulla unter Menschen.
Die Leute, die ich in Altenkirchen und -melle getroffen hab', mit denen ich geredet hab', zusammen war, mit den Leuten gehe ich ein Stück weiter. Es ist 'ne gemeinsame Diskussion und teilweise auch 'ne gemeinsame Entwicklung, die da läuft.
Und das freut mich so !
Das Ganze hört sich schon 'ne Ecke euphorisch an. Ist es auch. Ich denke, sowas brauchen wir. Ich - ja !
Ich weiß, daß viele Freinet-Versuche in der Schule gescheitert sind. Ich weiß, daß es viele Freinetlehrer sind, die aussteigen. Ich sehe auch, daß es auf Freinet-Treffen nicht so toll zugeht, wie's erstmal aussieht, und daß noch 'ne ganze Menge daran diskutiert, ... werden muß.
Ich will auch nur sagen, was und wie diese Freinet-Bewegung für mich ist. Heute.
Und das find' ich gut!"
(Berker-Horsch 1980, S. 11)

Mit meinem Kontakt zur Freinetpädagogik begann so etwas wie ein persönlicher Aufbruch. Ich saß ja gar nicht fest als Lehrerin. Ich hatte viele Möglichkeiten zu lernen, zu leben. In den nächsten Jahren war ich auf etlichen Freinet-Tagungen und habe eine Menge gelernt, meistens durch persönliche Kontakte zu den unterschiedlichsten Freinetmenschen.

Irgendwann merkte ich dann, daß das noch nicht alles war. Auf den Treffen wiederholten sich die Situationen. In den Arbeitsgruppen kamen wir über bestimmte Ebenen nicht hinaus. Irgendwann blieb es für mich stecken. Entweder kannte sich die Gruppe nicht gut genug, oder ich vermißte eine deutlichere Struktur, oder die Zeit war zu kurz, oder ... Es gab viele Gründe. Jedenfalls: mir fehlte etwas. Ich wollte mehr herauskriegen über mich, über meine Beziehungen (nicht nur) zu meinen Schülern, über mein Lehrerinnensein. Es sollte sich positiv auswirken auf mich und meine Schularbeit.

In dieser Situation bin ich 1982 an die Gestaltpädagogik geraten. Die Ausbildungsgruppe bot mir genau das, was mir bei den Freinet-Tagungen gefehlt hatte. Ich spürte schon beim Entscheidungsseminar, daß ich für die nächste Zeit einen Platz gefunden hatte für mich.

III.3. Meine Schule

Im folgenden werde ich über meine Schule schreiben, um den Ort meiner Arbeit deutlicher werden zu lassen. Ich schreibe dieses Kapitel zu einem Zeitpunkt, an dem ich wegen meines kleinen Sohnes schon über ein Jahr von dieser Schule weg bin - aus der Erinnerung. Es ist ein merkwürdig schönes und trauriges Gefühl, hier so intensiv einzusteigen.

Ich arbeitete an einer Hauptschule in einem kleinen Ort (etwa 6500 Einwohner), ca. 25 km von Münster, meinem Wohnort, entfernt. Die Schule steht am Rand des Ortes. Sie wurde 1972 im damals üblichen Betonstil gebaut. Sie ist ein- bis zweistöckig und hat 18 Klassenräume mit den dazugehörigen Fachräumen sowie Sportplatz, Turn- und Schwimmhalle. Die Ausstattung ist gut. Zur Zeit wird sie von knapp 400 Schülern besucht und ist zwei- bis dreizügig. Seit 1976, mit Beginn meines Referendarjahres arbeitete ich an dieser Schule. Ich mag diese Schule. Räumlich ist sie so gestaltet, daß ich mich dort wohlfühlen kann. Es gibt keine langen Schulflure. Um das sogenannte „Pädagogische Zentrum", eine Art Pausenhalle im Mittelpunkt der Schule, gruppieren sich die Klassenräume. Im Erdgeschoß und im ersten Stock, wo das Pädagogische Zentrum „galeriemäßig" überblickt werden kann, liegen nie mehr als vier Klassenräume nebeneinander. Auch im zweiten Stock sind sie in Seitenfluren untergebracht, so daß sich die Schülermengen im Gebäude gut verteilen. Die Klassenräume sind hell und ausreichend geräumig. Im Parterre haben alle Räume eine Außentür zu einer Rasenfläche. Im Sommer eine angenehme Erweiterung der Möglichkeiten.

Diese Schule ist die erste und bisher die einzige, an der ich gearbeitet habe. Vielleicht hänge ich auch deshalb an ihr.

Auch die Umgebung der Schule ist mir wichtig, vielleicht wichtiger als manches ihrer Einrichtung. Die weitläufigen Rasenflächen enden in einer Bepflanzung von Büschen und Bäumen. Die schönen, alten Bäume, zumeist dicke Eichen; wie oft habe ich mit den Schülern diese Bäume angesehen, nicht nur im Kunstunterricht. Vor etlichen Jahren hatte ich meinen Klassenraum im zweiten Stock. Von dort aus konnten wir im Winter die Sonne aufgehen sehen. Ein eindrucksvolles Bild, wenn sie weit hinten als dicke, rote Kugel erschien, dort, wo die Landstraße in den Horizont übergeht. Einmal habe ich ein Jahr lang mit meiner Klasse in einem Raum gelebt, der nach Nordwesten geht. Nach dem Jahr wollte ich wieder 'raus aus dem Klassenraum. Es ist mir nicht möglich, in einem Raum zu arbeiten, in dem ich keine Chance habe, die Sonne zu spüren.

III.4. Meine Klasse

Ich verzichte hier auf eine allgemeinere Darstellung der Unterrichtsbedingungen der Schulform „Hauptschule" und halte mich lieber an die konkrete Situation meiner Klasse.

Zum Schuljahresbeginn 84/85 übernahm ich meine Klasse, ein 5. Schuljahr. Anfangs war ich dort mit meinen sämtlichen 14 Stunden eingesetzt, so daß gute Möglichkeiten für offenen, ganzheitlichen Unterricht bestanden. Ich unterrichtete dort Deutsch, Englisch, Kunst und hatte eine Förder- und eine Orientierungsstunde. In den 3 1/2 Jahren, die ich mit dieser Klasse gearbeitet habe, gab es einige Fluktuationen: Umzüge, Schulwechsel zur Aufbaurealschule nach Klasse 6, Rückgänge vom Gymnasium, Sitzenbleiber aus anderen Klassen. In der Klasse 8a sind 20 Schüler[42] im Alter von 13-15 Jahren, 11 Mädchen und 9 Jungen, davon zwei türkische Mädchen, ein türkischer und ein griechischer Junge.

Die dargestellten Unterrichtsstunden beziehen sich auf die Arbeit mit der Klasse 8.

Mein Klassenraum liegt im Parterre der Schule. Im Sommer haben wir durch den direkten Zugang nach draußen die Möglichkeit, den Rasen vor dem Klassenraum bei der Arbeit mitzubenutzen. Neben der Klasse liegt die Schülerbücherei, die wir zeitweise als Gruppenraum gebrauchen. Neben den gängigen Einrichtungsgegenständen gibt es in meiner Klasse etliche Pinwände für alles, von Postern über Korrespondenztexte bis hin zu Kunstbildern. Wir haben zwei zusätzliche Regale. Ein Metallregal steht an der rückwärtigen Wand. Dort befindet sich Material: Bücher, Zeitschriften, Spiele, Kunstmaterial und die verschiedensten Karteien für unterschiedliche Themenbereiche. Das andere Regal steht vorne neben der Tafel und hat für jeden Schüler ein namentlich gekennzeichnetes Fach, in dem er seine persönlichen Sachen lagern kann. Dorthinein kommen auch Arbeitsblätter und Wochenplanmappen.

Die Tische für 20 Schüler konnten in der Hufeisenform zusammengestellt werden. So können die Schüler untereinander direkt Kontakt aufnehmen, ohne sich drehen und wenden zu müssen. Außerdem - und das ist mir wichtig - kann unser Stuhlkreis ohne große Räumereien gebildet werden. Gut gefallen mir in

---

[42] Wenn ich im folgenden von Schülern spreche, meine ich immer und ausdrücklich Schüler und Schülerinnen. Mir war es schlicht zu umständlich, immer beide Formen einzutippen.

unserer Klasse die Blumen. Anfangs hatten wir große Mengen am Fenster, im Regal, in der Mitte. Leider wurde das ab dem 7. Schuljahr weniger, ein äußeres Zeichen für die Distanzierungswünsche der Schüler in diesem Alter. Wir haben einen schönen Klassenraum. Er hat etwas Wohnliches. Auch alleine halte ich mich gerne dort auf. Wenn meine Klasse Unterricht in einem Fachraum hat, nehme ich in einer freien Stunde meine Arbeit mit in unseren Klassenraum.

IV. Elemente meines Unterrichts

Meine Unterrichtsarbeit ist doppelt geprägt. Lange habe ich mich mit der Pädagogik von Celestin Freinet beschäftigt und etliche Elemente wie z. B. „Freie Texte" und „Arbeit mit dem Wochenplan" in meinen Unterricht übernommen. Jetzt werde ich in meiner Arbeit zunehmend von der Gestaltpädagogik beeinflußt. Ich vermag die freinetischen Elemente meines Unterrichts von den gestaltpädagogischen nicht zu trennen.[43]

Durch meinen Kontakt mit der Freinetpädagogik bin ich angestoßen worden, meine schulische Arbeit zu verändern. Die Freinetpädagogik hat mir Grundlagen von offenerem, ganzheitlicherem Unterricht aufgezeigt. Stichworte sind: Freie Entfaltung der Persönlichkeit/ Selbstverantwortung/ Kooperation ... (vgl. Baillet 1983, S. 16 ff.). In ihren Zielvorstellungen geht die Freinetpädagogik durchaus einig mit der Gestaltpädagogik, von der Petzold/Brown im Vorwort zu ihrem Buch „Gestaltpädagogik" sagen:

„Ihr Ziel ist es, zu menschlicherem Lernen für eine menschlichere Gesellschaft beizutragen." (Petzold/Brown, 1977, S. 5)

Die Freinetpädagogik will ihren Zielen nahekommen durch veränderte Unterrichtsformen; die Klassenorganisation wird verändert, viele neue, andersartige Materialien kommen dazu, die Schüler sollen weniger lehrerzentriert arbeiten. Durch die Grundideen dieser Pädagogik bin ich als Lehrerin stark gefordert, meine Rolle neu zu überdenken, mich als Lehrerin, als Person, zu verändern. Roland Laun sagt: „Ein veränderter Schulalltag ist nicht möglich unter Beibehaltung einer Mentalität, die den Inhalten und den Objekten der Erziehung gegenüber unbeteiligt bleibt. Vielmehr sind dazu lehrende Menschen erforderlich, die im Prozeß der Veränderung ihre Arbeitsweise und ihre Rolle neu bestimmen wollen."(Laun 1983, S. 424)

Laun fordert eine veränderte Lehrerpersönlichkeit, die sich selbst durch Engagement in Schule und Leben verwirklicht. An dieser Stelle fühle ich mich vom Konzept der Freinetpädagogik im Stich gelassen. Wie verändere ich mich,

---

[43] Es könnte im übrigen eine spannende Arbeit sein, Freinet- und Gestaltpädagogik zu vergleichen, Gemeinsamkeiten zu finden, Unterschiede aufzuzeigen.

meine Persönlichkeit? Das Konzept Freinets sagt dazu nichts Entscheidendes. Von dem, was ich während meiner Lehrerausbildung an der PH gelernt habe, kann ich ebenfalls kaum etwas verwerten, wenn ich mich und meine Rolle verändern und offenen, ganzheitlichen, integrativen Unterricht machen will. Ich brauche eine Lernsituation, eine Weiterbildungsmöglichkeit, in der der Lehrer als Person in den Mittelpunkt gerückt wird.

Diese Möglichkeit bietet mir die gestaltpädagogische Ausbildung. Hier lerne ich für mich - und damit immer für meinen Unterricht. Hier geht es zunächst und ausführlich um „Persönliches Wachstum". „Erst wenn der Erzieher selbst wächst, wird er mehr tun können als Integrative Erziehung wie ein Rezept anzuwenden. Er wird sonst nicht in der Lage sein, Lernstrukturen zu erfinden und zu improvisieren, die genau auf die Situation seiner Klasse zugeschnitten sind. Er wird ein Techniker bleiben, statt ein Künstler zu werden, in seinen Möglichkeiten kreativ zu sein und in der Arbeit Erfüllung zu finden, eingeschränkt sein. Die Qualität des Lehrens bestimmt die Qualität des Lernens." (Brown 1977, S. 42)

V. Abschied im Unterricht

V.1. Abschied - in der Schule ?

Abschied. Ist denn das überhaupt ein Thema für die Schule? Sind die Schüler nicht zu jung für so etwas? Abschied ist Thema eines jeden Menschen, egal wie alt er ist. Irgendwo haben wir alle fast immer mit Abschied zu tun. Es gibt „kleinere" Abschiede wie z. B. den Abschied vom Tag - oder vom Sommer, den Abschied von einem Lieblingsstück - oder vom Urlaubsort. Es gibt entscheidendere Abschiede: Trennung von Freunden, von Partnern, von Eltern. Und es gibt die endgültigen Abschiede durch den Tod.

Alle Menschen sind durch Abschied und Trennung berührt, in welcher Form auch immer. Viele jedoch wollen Abschied nicht wahrhaben, negieren ihn, lassen ihn weg und leben weiter, als sei nichts geschehen. Oft wundern sie sich nach einer Zeit über diffuse Gefühle, unbestimmtes Traurigsein, psychosomatische Beschwerden, deren Grund sie sich nicht erklären können. Wenn sie zurückgehen in ihren Gedanken und Gefühlen, mögen sie an einen Punkt kommen, an dem sie Abschied vermieden haben.

Canacakis sagt, in unserer heutigen Welt gibt es wenig Raum zu trauern. Trauernde, weinende, melancholische Menschen passen nicht in das Karrierebild unserer modernen Gesellschaft, in der uns junge, schöne Menschen von den Werbewänden zuversichtlich anlächeln. Diese Gesellschaft ist ausgerichtet auf Wachstum, Leistung, Profit und braucht den „gesunden", aktiven Menschen. Trauer soll möglichst unauffällig und möglichst schnell „erledigt" werden (vgl. Canacakis 1988, S. 13ff, S. 33, S. 37). Um so wichtiger ist es für uns zu lernen, auch Abschiede zu leben. Wenn wir uns diese traurige und schmerzvolle Seite in uns zugestehen, bleiben bzw. werden wir ganzheitlicher. Wir gucken uns genauer an, spüren uns, sind runder. Wir lernen es, zu uns zu stehen.

Abschied bedeutet Wendepunkt. Erst indem ich mich von Altem löse, es von mir ab-scheide, komme ich in die Lage, auf Neues zuzugehen. Wenn ich keinen Abschied mache, bleibt auch ein Teil meiner Kraft, meiner Energie beim Alten, der mir dann auf meinem weiteren Weg durchs Leben fehlt. Keleman sagt das so: „Das Durcharbeiten unserer Abschiede ermöglicht uns, unsere Beziehungen neu zu bestimmen, was tot ist aufzugeben, anzunehmen, was lebendig ist und voller in der Welt zu stehen, um der neuen Lage zu begegnen." (Keleman 1986, S. 17)

Zurück zu meinen Schülern. Sie haben Abschiede erlebt, erlitten, verdrängt. Nicht nur die kleinen, alltäglichen Abschiede, sondern entscheidende und endgültige Abschiede.

Beispiele:
Pano: „Mein" heimatloser Grieche. Er mußte sich zweimal verabschieden von seiner Heimat. Zuerst von Deutschland, dann von Griechenland.
Ali, Ayse, Zülfiye: Sie mußten ihre türkische Heimat verlassen ohne Gewißheit, wo sie bleiben werden.
Christina: Sie hat ihren Vater verloren. Er nahm sich sein Leben.
Christiane: Ihre Großeltern, die mit ihr im Elternhaus wohnten, starben innerhalb eines Jahres.
Katja: Ihre Mutter ist sterbenskrank.
Silke: Ihre Eltern trennten sich zeitweise.
Silke: Ihre Eltern haben sich getrennt.

Neun von zwanzig Schülern, bei denen ich um die Abschiede weiß, die sie erlebt haben. Individuelle Abschiedssituationen, die Schüler tragen sie in sich. Ja, und es gibt Abschied als gemeinsames Thema wie z. B.:
- Die Abschiedssituation vor ihrer Klassenfahrt.
- Der Abschied von Evi, ihrer verstorbenen Mitschülerin.
- Der Abschied von mir, ihrer Klassenlehrerin.

Unsere Themen kommen zusammen, ihre Abschiede und die meinen.
Ich lerne spät und schwer, daß Abschied zu mir gehört. Ich wünsche meinen Schülern, daß sie diese traurige, schmerzvolle, wichtige Seite in sich eher und

deutlicher sehen und akzeptieren lernen. Dazu möchte ich in der Schule beitragen.

„Ich glaube ganz sicher, daß der Raum in uns, in dem wir Schmerz und Trauer empfinden, der gleiche ist, wo auch Freude herrscht. Je mehr Trauer wir zulassen, desto größer ist der Raum, den die Freude dann zur Verfügung hat. Wenn wir also trauern lernen, lernen wir dabei automatisch, uns freuen zu können." (Canacakis 1982, S. 107)

Die folgenden *Lernziele/Lernwünsche* beziehen sich nicht ausschließlich auf die Stunden dieses Themas. Sie gehören zu meinem Unterricht insgesamt. Ich möchte:

- daß die Schüler lernen, diffuse Gefühle wahrzunehmen, klarer zu sehen und zu akzeptieren;
- daß die Schüler mit ihren Gefühlen bewußter umgehen lernen und sich dadurch selbst kennenlernen;
- daß die Schüler sich im Vergleich und im Unterschied zu den anderen sehen und sich wichtig nehmen lernen; daß sie aus ihrem Wunsch akzeptiert und geliebt zu werden heraus auch lernen, andere (ein-) zu schätzen und lassen zu können;
- daß die Schüler sich auch ihrer traurigen Gefühle bewußter werden, sie zulassen und als zu ihnen gehörig akzeptieren können;
- daß die Schüler spüren, daß gelebte Abschiede den Weg nach vorne freier machen.

Ich habe für die folgenden Beschreibungen von Unterrichtsstunden aus Platzgründen eine Auswahl getroffen. Es ist mir wichtiger, wenige Stunden ausführlich zu beschreiben, als mehrere nur bruchstückhaft darzustellen.

V.2. Abschied von 1987

(Mo., 1. und 3. Stunde)

Planung:

Dieses sind unsere letzten gemeinsamen Stunden vor den Weihnachtsferien. Die Atmosphäre wird nach meiner Einschätzung gelöster, entspannter sein. Ich gehe davon aus, daß sich der Großteil der Schüler bereitwillig(er) auf das Thema einlassen wird. Die Schüler sitzen an ihren Tischen (Hufeisenform), jeder kann jeden sehen.

1. Stunde:

1. Wir machen unsere morgendliche Runde.

2. Konzentrationsphase:
   „Setzt euch bequem hin, so daß ihr eine Zeitlang zuhören könnt. Ihr könnt die Augen schließen, um besser in euch hineinsehen zu können. Wenn ihr wollt, legt den Kopf auf die Arme, um näher bei euch zu sein.
   Versucht, einfach zuzuhören, und laßt eure Gedanken und Gefühle fließen.
   Heute ist der 21. Dezember. - Wir sind nah am Ende des Jahres 1987 angekommen. - Geht in euren Gedanken noch einmal zurück durch dieses Jahr. - Durchstreift die Monate, die Jahreszeiten. - Blickt zurück.
   Guckt euch die Lichtblicke an, in denen es euch gut ging, für die ihr dankbar seid. - Werft auch einen Blick auf die Schattenseiten, die traurigen Momente, die schrecklichen Situationen ... - Nehmt euch Zeit.
   Wenn ihr glaubt, daß ihr den Rückblick beendet habt, oder wenn ihr ihn beenden wollt, kommt langsam zurück hier in die Klasse, öffnet die Augen."
   Das Führen der Schüler durch diese Gedankenreise geschieht sehr l a n g s a m .

3. „Es geht jetzt darum, daß jeder das Wichtige, das Entscheidende seines Rückblicks schriftlich festhält. An der Tafel stehen verschiedene Muster, die ihr schon kennt, um Texte zu machen. Sucht euch ein Schema aus, mit dem ihr arbeiten wollt. Ihr könnt auch frei arbeiten."

Aufgabe: Schreibe einen Text : Abschied von 1987

Tafelbild:

a) *1987*

──	──			
──	──	──		
──	──	──	──	
──	──	──	──	──

     1987

Beispiel (das nicht an der Tafel stand):
1987
anstrengend, traurig
entspannend und erholsam
energieverzehrend, rücksichtslos und prüfend

Welchen Sinn hatte dieses Jahr?
1987

b) *Benutze immer denselben Satzanfang!*

Beispiel (auch nicht an der Tafel):
1987
Ein Jahr, in dem ich ein Kind verloren habe
Ein Jahr, in dem ich wieder schwanger wurde
Ein Jahr, das mich sehr viel Energie gekostet hat
Ein Jahr, in dem ich einen wundervollen Urlaub verlebt habe
Ein Jahr, in dem ich mich mit dem Altwerden beschäftigen mußte
Ein Jahr, in dem ich meinen ältesten Freund verloren habe
Ein Jahr, das mich sehr gefordert hat.

c) *ABSCHIED* (Die Buchstaben stehen untereinandergeschrieben an der Tafel, vgl. Beispiel)

Beispiel (das nicht an der Tafel stand):
        A ltes Jahr
        B leibst mir nicht in bester Erinnerung
        S chöne Dinge gab es wenig
        C haos wohl und Streß
        H innehmen mußte ich vieles
        I ch verstehe nicht alles
        E s wird eine Weile dauern
        D en Sinn zu ergründen - 1987

4. *Stillarbeitsphase* bis zum Ende der Stunde

   2. Stunde:

5. *Stuhlkreis*:
   Ich sorge mit Kerzen und Keksteller in der Mitte für etwas Atmosphäre. Dies ist unsere letzte Stunde vor Weihnachten. Es soll eine Abschiedsrunde werden, in der jeder die Möglichkeit hat, seinen Text vorzulesen, etwas darüber zu sagen, auch darüber, wie's ihm beim Schreiben ergangen ist ...

6. Gemeinsamer *Abschied* - Abschied von allen.

Auswertung:

Montagmorgen, 1. Schulstunde. Es ist noch dunkel und neblig. Die Schüler haben 3 Kerzen angesteckt. Nachdem die in der Mitte stehen, wird das Licht ausgemacht. Die Atmosphäre heute ist dichter, die Schüler sind ernsthafter. Wir haben alle weniger Druck, mein letzter, ihr vorletzter Schultag vor den Weihnachtsferien.

Die Anfangsrunde ergibt, daß viele sich schlecht fühlen, grippig, müde sind, sich überhaupt nicht auf Weihnachten freuen ... Die Tendenz, still etwas für sich zu tun, ist da. Obwohl einige Schüler sich gerne gegen solche Themen wehren, die (zu) viel Persönliches haben, wird heute nicht gestört. In Ruhe machen alle die Gedankenreise mit und beschäftigen sich mit den Texten.

In der 3. Stunde treffen wir uns im Stuhlkreis wieder, nachdem wir durch den differenzierten Englischunterricht und die große Pause unterbrochen wurden. Da es unsere letzte Stunde vor Weihnachten ist, habe ich außer Kerzen auch einen Weihnachtsteller voller Süßigkeiten mitgebracht. Wir sitzen gemeinsam in der Runde, die entspannt ist und gleichzeitig ungewöhnlich ernsthaft.

Ich komme noch einmal auf das Thema „Abschied von 1987" zurück. Jeder kann entscheiden, ob er seinen Text vorlesen will. Ich sage den Schülern, daß diese Texte ganz persönliche Erfahrungen und Erlebnisse darstellen, die nicht von anderen bewertet werden können. Sie dürfen nicht zensiert werden, sie sind Teil der Persönlichkeit jedes einzelnen. Ich versuche, ihnen Mut zu machen, zu ihren Texten, zu sich zu stehen. Es wird eine gute Runde, seit langem mal wieder eine ohne viel Dazwischengerede und Störungen. Es kommt auch das Gefühl über, daß sie sich nicht gezwungen fühlen, daß sie auch Nein sagen können. Das Vorlesen der Texte legt viel von der Schwere offen, die die Schüler in sich tragen. Trauer, Belastung, Dinge, die ich oft nicht sehe, nicht verstehe, weil sie gut versteckt sind. Die Schüler wissen, daß sie sie ansprechen, manchmal aussprechen können, ohne gedrängt zu werden. Was sie sagen, zeigen von sich, das ist ihre Sache. Ich lasse ihre Texte und Sätze stehen, werte nicht, bestätige. Wenn ich dazu Fragen stelle, wissen sie inzwischen, daß sie entscheiden, ob sie sie beantworten wollen. Am Ende der Stunde verabschiede ich mich von den Schülern einzeln per Handschlag. Ein Ritual, daß ihnen anfangs merkwürdig vorkam. Sie sind daran gewöhnt, mittlerweile. Es ist ein persönlicher Abschied, bei dem sich jeder einzelne spürt.

Durch die Form dieses kurzen persönlichen Abschieds wird die Beziehung zwischen dem einzelnen und mir deutlich. Ich freue mich über die vielen guten Wünsche, die ich von einzelnen mit auf meinen Weg in die Ferien bekomme.

Texte von Schülern:

A nfangs war es nicht sonderlich
B esser wurde es im
S ommer
C haotisch könnte man fast sagen
H orror wäre der passende Name für die letzten zwei Monate
I nnere Interessen mußten zurückgestellt werden
E s war abwechslungsreich
D auernd wechselte das Wetter
    K.

Alles in einem war dieses Jahr auch etwas entscheidend für mich.
Und beinahe hätte ich etwas verloren, was mir näher steht als meine Eltern.
Aber ich habe noch einmal Glück gehabt.
    K.

Abschied von 1987

A nfang
B rief
S chmerzhaft
C harmant
H erzlich
I ch
E rnst
D umm
    C.

Abschied - 1987

Ein Jahr, in dem ich Gutes und Schlechtes erlebt habe. Die guten Seiten sind,
daß ich mit der Clique viel unternommen habe. Sommerferien, Silvester,
Kirmes, 1. Mai und vieles mehr.
Ich habe noch mehr Leute kennengelernt, war immer in der Stadt und vieles
mehr.
Im Januar war meine schönste Zeit.
Die beschissenen Seiten sind, daß Evi, Manuel und die Kusine meiner Mutter
gestorben sind.
3.2.87 und 14.12.87 waren die beschissensten Tage des Jahres.

Es gibt noch mehr, das ich nicht sagen kann.
Aber, daß mein Onkel höchstwahrscheinlich Weihnachten nicht da ist.
D.

1987
Ein Jahr, in dem ich mich verändert habe
Ein Jahr, an dem ich noch lange zu knacken habe
Ein Jahr, das mir zu wenig Zeit ließ
Ein Jahr, in dem ein Mensch zu sterben begann
1987 - war ein „Stand by me" Jahr.
C.

1987
Abschied
Abschied ist
Abschied ist sehr
Abschied ist sehr traurig
1987
B.

Abschied
Ich mußte von vielen Menschen Abschied nehmen.
Und darüber reden - Nein Danke!
Deutschland
Ich fühle mich auch nicht sehr wohl
Ich wäre lieber in Griechenland
Ferien
Ich hatte die schönsten und wunderbarsten Ferien in Griechenland
und auch die traurigsten
P.

V.3. Abschied von einer Schülerin

Ein Brief

Vorbemerkungen:
Im September 1987 starb Evi, eine Schülerin meiner Klasse, an
Mukoviszidose. Mukoviszidose ist eine erblich angelegte Krankheit, bei der
sich nach und nach alle Lungenbläschen mit Schleim zusetzen, der nicht mehr
abgehustet werden kann. Trotz ärztlicher Hilfe, Krankenhausaufenthalt,

Sauerstoff ersticken diese Menschen. Ich wußte nicht, daß Evi an dieser heimtückischen Krankheit litt. Sie war sehr zart, oft krank. Ich vermutete eine allgemeine Anfälligkeit für bronchitische Krankheiten. Wir waren in der Klasse daran gewöhnt, daß Evi oft eine oder mehrere Wochen fehlte. Wir ahnten nichts von ihrem Schicksal.

Ich persönlich habe für mich erst spät nach ihrem Tod Abschied nehmen können von ihr. Den folgenden Brief schrieb ich im Mai 1989.

Evi ist tot

Evi
Du ruhige, liebe, nette, zurückhaltende Evi - Deine Mutter sagte immer: Eva Maria.
Es sind fast anderthalb Jahre her, seit Du gestorben bist. Heute beginne ich, mich mit Dir zu beschäftigen. Ich merke, ich zögere noch immer. Es ist viel Angst da bei mir. Ich möchte mich am liebsten davor drücken, mich mit Deinem Tod zu beschäftigen. Keiner von uns wußte, daß es diese Erbkrankheit ist, die Du hattest. Wir dachten alle, Du hättest Asthma und wärest sehr anfällig für Erkältungen. Wenn wir rausgingen, hattest Du oft Mühe, Schritt zu halten. Du konntest oftmals nicht richtig atmen, kriegtest keine Luft. Es war für Dich schwer, Hilfe anzunehmen. Du wolltest sein wie die anderen. Ich erinnere mich an eine Situation, in der Silke Dich getragen hat, Huckepack. Es wirkte ganz lustig, aber es war Dir nicht recht.
Du wußtest es.
Wie lange wußtest Du, wie es um Dich stand, wie ernsthaft Dein Kranksein war - Mukoviszidose - ?
Deine Mutter erzählte mir nach dem Sechs-Wochen-Amt für Dich mit Tränen in den Augen: „Im Juni, als sie 13 wurde, war sie so glücklich und freute sich und jubelte: 'Mutti, ich bin 13!' Aber sie hat es gewußt. Wenig später im Sommer sagte sie: 'Mutti, ich glaube, ich muß mit 13 sterben.'"
Du wußtest es. Evi, mit welchem Gefühl bist Du durchs Leben gegangen? Und Du warst da. Ich glaube, Du hast alles genossen, wenn es Dir gut ging, auch das Arbeiten, das Lernen, über das die anderen so oft stöhnen. Du hattest so eine Gelassenheit. Vielleicht hast Du die auch bekommen durch diese vielen Krankenhausaufenthalte und ärztlichen Behandlungen. Was hat sich für Dich im Leben alles relativiert. Trotzdem bist Du nicht gleichgültig geworden. Eher vorsichtig und abwartend. Du hattest die wichtigen Dinge genau im Auge. Du wolltest leben. Es sollte nicht sein.
Du bist gestorben, ganz schnell. Für Dich war es sicher gut so.
„Weg aus unserer Mitte" steht in so vielen Todesanzeigen. Vor mir liegt ein Klassenfoto aus dem 5. Schuljahr, wo Du mit in der ersten Reihe sitzt. Ja so ist es. Du bist weg aus unserer Mitte. Einfach nicht mehr da.

Liebe, kleine Evi.
Jetzt bin ich in Gedanken und Gefühlen bei Deiner Mutter, die Dich hergeben mußte, die Dich verloren hat. Auch sie muß es gewußt haben, daß ihr jüngstes Kind sterben wird. Was macht eine Mutter mit so einem Wissen? Wie lebt sie weiter? Sie hat Dich geboren. Hat gespürt und gefühlt, wie Du wächst in ihrem Leib. Sie hat Dich mit Schmerzen auf die Welt gebracht, Dich in Empfang genommen, Dich begrüßt, - sich für Dich alles Gute gewünscht.
Während ich das hier aufschreibe, bin ich sehr bei mir, bei meinen Kindern.- Deine Mutter mußte zusehen, ohnmächtig zusehen, wie Du diese Krankheit kriegtest und hattest.

Sie hat Dich unterstützt und Dir geholfen, wo sie nur konnte, aber sie konnte Dir Dein Leiden nicht abnehmen. Wie oft hat sie Dich ins Krankenhaus bringen müssen. Wie oft hat sie wohl gehofft, Du würdest gesund werden, obwohl alle Statistiken dagegen sprechen. Wie konnte sie damit umgehen, mit dem Gefühl, sich von Dir verabschieden zu müssen, Dich begraben zu müssen, unter die Erde zu bringen?

Wieviel Schmerz kann eine, kann Deine Mutter aushalten? Liebe Evi.

- Ich muß sehr weinen an dieser Stelle. -

An dem Tag, an dem Du gestorben bist, war ich etwa zehn Wochen schwanger. Es war meine dritte Schwangerschaft, und ich hatte eine Riesenangst. Meine zweite Schwangerschaft ist eben in der zehnten Woche mit einer Fehlgeburt zu Ende gegangen. Das hat mich traurig, hilflos, ohnmächtig gemacht. Deshalb hat es so lange gedauert, bis ich mich traue, Dich wieder anzugucken, von Dir endgültig Abschied zu nehmen. Nach der Erfahrung der Fehlgeburt hatte ich Angst in dieser dritten Schwangerschaft. Die Nachricht von Deinem Tod hat mich innerlich ein Stück panisch gemacht. Ich konnte mich nur distanzieren. In meinem Tagebuch steht von Deinem Tod nur ein Satz. Und viele, viele über meine große Angst vor einer erneuten Fehlgeburt.

Am Tag Deiner Beerdigung habe ich es nicht geschafft, Dich zusammen mit Deinen Verwandten, Deinen Freunden, unserer Klasse zu Grabe zu tragen.

Heute schreibe ich Dir.

Ich habe den Tag, die Stunden, noch genau vor Augen, als die Nachricht von Deinem Tod eintraf. Es war ein Donnerstag. Donnerstags habe ich nur in den letzten beiden Stunden Unterricht. 5. Stunde Englisch E mit einem Teil meiner Klasse. 6. Stunde Klassenunterricht. In der vierten Stunde komme ich in der Schule an. Ich versuche immer eher da zu sein, um die Neuigkeiten mitzubekommen. Heute haut es mich um. In der Zehn-Minuten-Pause kommt Herr V. auf mich zu. „Hast du schon gehört, Evi ist gestorben ..." Er redet ganz viel. Ich weiß nicht, was. Ich hatte noch nicht gehört. Es haut mich um, macht mich sprachlos, ich gehe ein paar Schritte, muß mich erstmal setzen. Um Fassung ringen. Ich bin sprachlos. Der Kollege hat sich wohl schnell gefangen oder er ist bereits dabei, über Beerdigung und Kranzspende nachzudenken. Ich weiß nicht, warum ich ihn nicht einfach stehen lasse. Ich bin heilfroh, als die Pause vorbei ist.

Und jetzt? Was mache ich mit den Schülern? Sie wissen es. Sie wissen, daß Du tot bist.

Ich komme in die Klasse. Vorwiegend Mädchen, einige davon Deine Freundinnen, sind dort im Englisch-Kurs. Sie sitzen auf den Bänken, stehen am Fenster, sitzen eng beieinander, halten sich fest. Einige weinen. Ich setze mich ans Pult. Mir zittern die Knie. Langsam sackt die Nachricht von Deinem Tod. Ich merke, ich brauche Zeit. Zeit, um diese Nachricht ankommen zu lassen. Erstmal bei mir. Wir schweigen. Die Mädchen setzen sich langsam auf ihre Plätze. Einige gucken mich an. Viele legen einfach den Kopf auf die Hände, schließen die Augen. Ich sage nur, daß ich vor zehn Minuten von Deinem Tod erfahren habe, daß ich erstmal Zeit brauche. Es ist ruhig. Wohltuend ruhig. Zehn Minuten, fünfzehn Minuten. Ruhe, Stille, Schweigen. - Gut -

Ich habe das Gefühl, Deine Mitschüler beschäftigen sich in ihrem Schweigen intensiver mit Dir, als Deine Lehrer mit all ihrem Reden.

Langsam kann ich wieder durchatmen. Ich versuche, einen Kontakt herzustellen zu den Mädchen. Wir machen eine Runde. Nur mit Blicken. Wir gucken uns nur gegenseitig an. Und in allen Augen ist es zu lesen: Evi ist tot. Tränen, Starrsein, Betroffenheit, Nicht-glauben-wollen ... Ich kann nur ahnen, was in einzelnen Herzen vorgeht. Christiane, die vor kurzer Zeit ihren Opa verloren hat. Christina, deren Vater sich vor drei Jahren das Leben nahm ... Es ist wohltuend und tröstlich, dieses gemeinsame Schweigen. Ich habe es nie zuvor in der Schule so erlebt. Es war für uns alle wichtig. Wir haben uns gemeinsam erlebt in Gedanken an Dich, Evi. Wir haben durch dieses Schweigen versucht, zu verstehen, anzunehmen und uns zu trösten.

Wir machen noch eine Runde, diesmal mit Worten. „Was ist gerade los bei dir?"

Die Antworten kommen:

- *Ich will jetzt nichts sagen.*
- *Ich kann das nicht glauben.*
- *Das stimmt nicht, daß Evi tot ist.*
- *Ich hab' ein schlechtes Gewissen, weil ich nicht freundlich war zu Evi.*
- *Ich muß an meinen Onkel denken, der letztes Jahr gestorben ist.*
- *Wie's wohl Evis Mutter jetzt geht?*
- *Ich möchte am liebsten nach Hause und an nichts denken.*
- *Kopfschütteln*
- *Schweigen*

Wir lassen diese Sätze im Raum stehen. Ich stelle ihnen frei das zu tun, was sie jetzt richtig finden für sich. Ich stelle ihnen auch frei nach Hause zu gehen. Sie spüren, daß ich es ernst meine, aber keine geht. Wir brauchen wohl alle die Gemeinschaft jetzt.

Dann die 6. Stunde. Du weißt, welches Chaos das manchmal sein kann, wie ausgepowert alle nach fünf Stunden sind. Es ist ganz anders heute. Die Schüler aus unserer Klasse, die in den anderen Kursen Unterricht hatten, kommen herein, langsam, mit hängenden Schultern. Es wird kaum gesprochen. Zwei, drei Jungen versuchen, die Situation zu meistern, indem sie irgendwelche Scherze machen. Kein Mensch reagiert. Es wird still. Nach dem nächsten Klingeln berichte ich den anderen, wie die 5. Stunde abgelaufen ist. Ich zeige meine Fassungslosigkeit, meine Ratlosigkeit. Erneuere noch einmal mein hilfloses Angebot der letzten Stunde, daß diejenigen, die allein sein wollen, nach Hause gehen können. Wir können jetzt keinen Unterricht machen. Einige Jungen scheinen kurz über diese Möglichkeit nachzudenken. Nein, alle wollen zusammenbleiben.

Dann habe ich eine mich selbst überraschende Idee. Wir treffen uns vor der Schule und machen einen Gang zur nahegelegenen Kirche. Es ist ein spontaner Einfall. Nie zuvor war ich mit der Klasse in der Kirche. Es wird so etwas wie ein Schweigegang. Wir gehen in kleinen Gruppen, zu zweit, zu dritt. An meiner Seite einige Mädchen, die sich einhängen. Es wird nicht viel gesprochen. In der Kirche sucht sich jeder einen Platz. Viele gehen schnell wieder hinaus. Auch ich finde keine Ruhe. Wir müssen uns wieder bewegen. Auch beim Rückweg zur Schule ist es ruhig. Einige Schüler kommen mit Fragen über Dich, Evi, die ich aber nicht oder kaum beantworten kann. Ich wußte nichts von Deiner tödlichen Krankheit.

Evi, das waren Deine Stunden. Nie - im Leben - hast Du so viel uneingeschränkte Aufmerksamkeit Deiner Klasse gehabt wie in diesen beiden Stunden. Wir gehen langsam auseinander. Jeder geht nach Hause mit diesem Wissen. Am nächsten Tag schreibe ich für diese beiden Stunden ins Klassenbuch: Evi ist tot.

Nachbemerkungen:

Diese Stunden in meiner Klasse waren die intensivsten, die ich in meiner bisherigen Schullaufbahn erlebt habe. Es war eine extreme Situation: Umgang mit der plötzlichen Nachricht vom Tod der Schülerin. Für mich gab es eigentlich nur die geschilderte Möglichkeit, damit umzugehen.

Hier wird mein Prozeß deutlich, meine Lernerfahrungen aus meiner Gestaltpädagogikausbildung. Ich habe gelernt, aktuelle Situationen eher zuzulassen, direkt zu gucken, was ich damit machen kann. Wie ich, gemeinsam mit der Klasse, mir und den Schülern entsprechend, damit umgehen kann. Ich bin mutiger geworden, nicht nur gegenüber der Schulaufsicht, aktuelle Ereignisse in den Mittelpunkt zu rücken. Früher wäre ich vermutlich nach einer gewissen Übergangsphase zu meinem ursprünglichen Unterrichtsplan zurückgekehrt oder hätte den Unterricht vielleicht etwas „lockerer" gestaltet, weil die Schüler sich ohnehin nach meiner Einschätzung nicht hätten konzentrieren können. Ich hätte mich zu „Unterricht" verpflichtet gefühlt. Wahrscheinlich hätte ich auch den Unterrichtsfaden als Hilfe und Halt für mich benötigt.

Ich bin froh, daß es möglich war, die beiden Stunden auf diese Weise mit der Klasse zu verbringen. Deutlich wird mir die Wechselwirkung: Wenn ich auf die Schüler zugehe, mich zeige, meine Ratlosigkeit, meine Fassungslosigkeit, meine Trauer, bekomme ich einen ganz anderen Kontakt zu ihnen, eine viel intensivere Beziehung. Sie können mich so annehmen, sehen den Menschen in mir und sind vielleicht eher in der Lage, sich ebenfalls zu öffnen. Sie haben weniger Angst davor, nicht ernst genommen zu werden mit ihren Gefühlen.

Ich sehe auch Grenzen. Ich mußte mich distanzieren. Ich war in dieser Situation nicht in der Lage, über meine Schwangerschaft zu sprechen, über die Angst um das Kind in mir. So weit konnte ich die Todesnachricht nicht an mich rankommen lassen. Ich mußte mich schützen. Ich habe meine Klasse alleine, mit einem Kollegen, auf den Friedhof gehen lassen, um Abschied von Evi zu nehmen. Das hat mir weh getan, aber ich konnte mich in der Situation nicht anders entscheiden.

Jetzt, nach fast anderthalb Jahren, gucke ich Evi an. Jetzt kann ich Abschied nehmen von meiner Schülerin. Nachdem ich diesen Brief geschrieben habe, war ich auf dem Friedhof und habe eine Blume auf ihr Grab gebracht. Für mich ein guter Abschluß.

Nach Schreiben dieses Briefes und Abschiednehmen von einem Mädchen, einem Kind, das erst einen kleinen Teil seines Lebens gelebt hatte, gingen meine Gedanken zu meinem ältesten Freund, der mit 74 Jahren gestorben ist. Irgendwie rückten sich die Relationen zurecht. Ja, ich war traurig um Anton H., es tat mir weh, daß er gestorben war, besonders, daß er vor seinem Tod noch so leiden mußte. Aber mir wurde klar, daß er sein Leben hatte, er ist dadurch gegangen, mit allen Freuden und Leiden. Ihm war ein „ganzes" Leben zuteil gewesen. - Diese Gedanken und Empfindungen brachten meinem Abschied von Anton H. ganz andersartige Aspekte.

Ich habe für die Darstellung meines Abschieds von Evi und der beiden Schulstunden die Form des Briefes gewählt. Das hat verschiedene Gründe. Sowohl mein Abschied von der Schülerin als auch die Darstellung beider

Unterrichtsstunden standen noch aus. Durch die direkte Anrede im Brief habe ich mir den Zugang zu dem Mädchen erleichtert. Ich hatte Fotos vor mir, ich konnte mit ihr sprechen und mich brieflich mitteilen. Die Form des Briefes gilt als eine gestaltpädagogische Möglichkeit, sich mit einer anderen Person und sich selbst intensiv zu beschäftigen. Im übrigen haben auch einige meiner Schüler auf meine Anregung hin die Form des Briefeschreibens benutzt, um sich von Evi zu verabschieden. Manche haben ihr den Brief bei der Beerdigung mit ins Grab gegeben.

V.4. Abschied von meiner Klasse

(Sa, 1./2. Stunde)

Ich war einige Wochen krankgeschrieben, bevor meine Mutterschutzfrist begann. Eigentlich war ich schon vier Wochen weg von meiner Klasse. Das Leben in der Schule lief längst ohne mich. Aber mir war der Abschied von meinen Schülern wichtig, ich wollte ihn gemeinsam mit ihnen gestalten. Wir verabredeten einen Samstagmorgen. Meine Klasse!

Als ich ankam, standen die meisten Schüler vor der Klasse. Drinnen wurde gerade das Abschiedsfrühstück organisiert. Alle wie sie da waren, kamen auf mich zu. Quer durch die Halle. Wir hatten uns lange nicht gesehen. Sie begrüßten mich und gaben mir die Hand. Dieser Händedruck bedeutete mir viel. Mir wurde die Intensität der Beziehungen zwischen diesen Schülern und mir so deutlich. Es war so viel Freude, Wärme, Ernsthaftigkeit und Achtung in dieser Begrüßung.

Später, als ich in die Klasse kam, standen die Tische im Quadrat, Kerzen brannten, Servietten waren verteilt, alles war schön und gemütlich. Atmosphäre. So wie wir es schon etliche Male gemeinsam gemacht hatten, so hatten sie es für unseren Abschied vorbereitet. Ich fühlte mich bei ihnen zu Hause. Sie hatten mir einen Platz ausgesucht, hinten in der Klasse, genau gegenüber dem Pult. Dort gehörte ich nun nicht mehr hin, den Platz hatte schon jemand anders eingenommen. Im Namen der Klasse überreichten mir Christina und Norbert einen Blumenstrauß in meinen Lieblingsfarben. Beim Frühstück waren alle sehr zuvorkommend. Pano bestand darauf, mir alles Gewünschte zu bringen, quer durch die Klasse. Er wollte mich verwöhnen. Es war still am Anfang, etwas erwartungsvoll.

Beim Frühstück haben wir erzählt. Sie von ihrer Klassenfahrt, von den Vertretungsstunden, von den neuen Lehrern. Ich von meiner Schwangerschaft, von meinem traurigen Gefühl, zum Abschied hierherzukommen, von meinem

Bedürfnis, einen Abschluß mit ihnen zu finden. Etwa eine Stunde saßen wir so zusammen.

Nach dem Frühstück wurde es unruhig. Ich sollte ihre Geschenke öffnen. Es war weder Porzellanschüssel noch Bildband. Sie haben mich sehr persönlich beschenkt. Sie schenkten mir das Schülerklassenbuch, das ich mir gewünscht hatte. Und sie schenkten mir ein zweites Buch. Ein Abschiedsbuch. Eine DIN A5 Kladde, schön, grün glänzend eingebunden, in der jeder eine Seite gestaltet hatte. Texte, die mich sehr anrühren, die das Verhältnis einzelner Schüler zu mir verdeutlichen.

Einige Texte:
Frau Berker-Horsch, ich bin sehr traurig, daß Sie gehen ... Ich habe viel bei Ihnen gelernt, Sie waren die beste Lehrerin der Welt (das stimmt). Manchmal hatten wir Streit mit Ihnen, aber immer noch blieben Sie die Beste. Sie waren so nett und freundlich zu uns. Sie waren ganz anders als die anderen. Sie haben immer unsere Probleme verstanden.   Zülfiye

Hallo
Nun heißt es Abschied nehmen. So leicht es war uns kennenzulernen, desto schwieriger ist der Abschied. Wir waren froh, Sie noch einmal zu sehen ... Es war für Sie bestimmt nicht immer leicht, aber Sie verstanden uns. Wir konnten noch so große Probleme haben, Sie wußten immer, wie Sie uns trösten konnten. Noch eins: Wenn Ihr Kind ein Sohn wird, wünsche ich für Sie, daß er nicht so wird wie meine Brüder. Wenn es ein Mädchen wird, dann nicht so wie ich, die viel zu viel in sich 'reinfrißt' und sich auch nicht wehrt, wenn sie im Recht steht.   Nicole

Hallo, Frau Berker-Horsch.
Nun ist die schöne Zeit mit Ihnen vorbei. Sie machten uns immer Mut, wenn etwas schief ging. Mit Ihnen sind wir auch ein wenig selbständig geworden.
        Christiane

Hallo, Frau Berker-Horsch,
ohne Sie geht es nicht gut hier. Aber Ihre Kinder sind wichtiger, das verstehe ich gut. Weil ich auch so gefühlt habe wie ein Kind, und Sie meine zweite Mutter waren und gute und schlechte Tage hatten, aber das ist so üblich. Obwohl ich Ihnen viel Ärger gemacht habe in der Schule, und wenn ich nach Hause kam, weinte ich oft und wußte, Sie hatten meistens recht. Ich habe Sie sehr bewundert und geliebt, und der Abschied wird sehr schwer, und ein Grieche liebt Sie von Herzen.- In diesem Moment weine ich über den Abschied. - Danke für alles.   Pano

Als ich vor drei Jahren in Ihre Klasse kam, war ich seelisch eigentlich ziemlich am Ende. Sie haben mir sehr geholfen, wieder Land zu gewinnen und mehr Halt zu bekommen. Ich bin Ihnen sehr dankbar dafür.   Christina

Sehr geehrte Frau Berker-Horsch,
nun müssen wir uns verabschieden. Wenn Sie in Urlaub gehen, sehen wir uns vielleicht nie wieder. Es wird sich sicherlich vieles verändern. Kein Wochenplan, kein Stuhlkreis und keine Runde. Aber es war eine schöne Zeit. Auch wenn es hin und wieder mal gekracht hat. Jedenfalls werde ich Sie nicht vergessen.
Ich wünsche Ihnen alles Gute.   Norbert

Nun ist die Zeit vorbei, in der sich mal jemand um meine Gefühle gekümmert hat. Die meisten Lehrer trampeln doch nur darauf herum, versuchen, ihre Zeit möglichst ohne viel Anstrengung zu überwinden. Sie waren anders. Sie waren immer nett zu uns, nahmen sich Zeit und ließen sich nicht von unserem Theater ablenken. Schade, daß Sie nun gehen müssen. Ich muß jetzt sehen, wie ich ohne Sie zurechtkomme. Schade.
Ich wünsche Ihnen viel Glück.   Katja

Abschiedstexte.
Abschiedstexte meiner Schüler.
Texte, die für sich sprechen.

Es war und es ist auch beim wiederholten Lesen ein Gefühl von Nähe, Dankbarkeit und Stolz. Daß Schüler aus meiner Klasse in der Lage sind, so zu schreiben, sich so zu äußern. Daß sie ihre Äußerungen, ihre Texte für wichtig nehmen, für wertvoll halten. Sie halten sie für wert, verschenkt zu werden. Das macht mich so stolz und zufrieden. Es zeigt mir, wie sich die Zeit, die ich mit ihnen verbracht habe, gelohnt hat. Für uns alle.
Abschied von meinen Schülern.

VI. Abschied

Mit dem Ende dieser Arbeit kommen verschiedene Abschiede auf mich zu.
Der Abschied von meiner Supervisionsgruppe. Wir haben ihn ein Stück hinausgeschoben. Für mich waren die sporadischen Treffen der letzten Zeit noch wichtig. Zum einen kam ich durch die anderen wieder in Kontakt zur

Schule. Das tat mir immer gut. Zum anderen hatte ich die Möglichkeit, bei diesen Treffen Fragen meiner Arbeit zu thematisieren, was hilfreich war.

Nun ist der Abschied fällig. Wir werden ihn würdig begehen.

Ich nehme Abschied von meiner Ausbildung. Wenn ich diese Arbeit abgegeben habe, ist meine Ausbildung in Gestaltpädagogik am Fritz-Perls-Institut, bis auf das Kolloquium, abgeschlossen. Sieben Jahre lang war ich in der Ausbildung zur Gestaltpädagogin. Auswahlseminar, Ausbildungsgruppe, thematische Seminare, Supervisionsgruppe, Abschlußarbeit.

Eine lange, gute und intensive Zeit des Lernens neigt sich dem Ende zu. Eine Zeit, in der ich als Person und als Lehrerin Entscheidendes erfahren und gelernt habe, in der ich mir nahe gekommen bin, die mich meinen Weg klarer sehen läßt. Eine Zeit, die weiter wirkt.

Eine Zeit, für die ich dankbar bin.

DIESE ARBEIT IST ABSCHIED

Ich bin am Ende meiner Abschlußarbeit in Gestaltpädagogik angekommen. Zwei Jahre Beschäftigung mit meinem Thema. Vor zwei Jahren, etwa zu dieser Zeit im November, wurde mir mein Thema klar. Zwischen diesen Novembertagen 1987 und heute hat sich vieles verändert.

Ich habe Abschied genommen von meiner Klasse, meiner Schule und vorübergehend auch von meinem Beruf. Ich habe mein zweites Kind geboren. Ich habe mich stärker auf meine Familie konzentriert. Ich habe mich mit der Abschlußarbeit beschäftigt. Mal mehr, mal weniger. Immer war sie da, die Anforderung, die Herausforderung, an meinem Thema, meinem Unterricht zu arbeiten. Es war ein kleiner Druck und, für mich entscheidender, eine besondere Möglichkeit, aus meinem Alltag herauszugehen, um mich mit der Arbeit zu beschäftigen. Ich konnte mich zurückziehen in mein Arbeitszimmer, weg von Kindern, Spülstein, Bügeltisch.

Ich „durfte" schreiben. Indem ich diese Arbeit entwickelte, habe ich immer etwas Wichtiges für mich getan. Sie ist mir mit der Zeit ans Herz gewachsen, meine Arbeit. Es tut mir gut, sie fertig zu sehen. Ich bin stolz und zufrieden. Doch es wird mir etwas fehlen. Deshalb fällt mir der Abschied schwer.

Die Fertigstellung dieser Abschlußarbeit ist ein deutlicher Einschnitt. Ich werde mir neue Wichtigkeiten suchen.

Jörg Bürmann
Auf welchem Weg beeinflußt Gestaltpädagogik den Unterricht, und welche Veränderungen lassen sich erkennen? - Zusammenschau und Reflexion.

Die Frage „Was ist Gestaltpädagogik" wird in der wissenschaftlichen Literatur zumeist mit einer Beschreibung ihrer Wurzeln und theoretischen Grundlagen, ihrer Zugehörigkeit zur Bewegung der „Humanistischen Psychologie", der Geschichte ihrer Verbreitung oder der Skizzierung der spezifischen Beiträge der Protagonisten dieses pädagogischen Ansatzes zu beantworten gesucht. Zudem finden sich zahlreiche Unterrichtsplanungen und Praxisbeispiele in Sammelbänden zur Gestaltpädagogik sowie in der Zeitschrift „Gestalt-pädagogik".[44] Ich möchte den oft programmatischen Beschreibungen von Menschenbild, Prinzipien, Zielen und Methoden keine weitere hinzufügen - zumal sich mein Interesse zunehmend auf die Fragen verlagert, wieviel von den weitgespannten Zielen die Alltagsarbeit der Lehrer noch erreicht und welche Elemente der Ausbildung auf welchem Wege Einfluß nehmen auf verändertes Lehrerhandeln.

Die empirische Forschung zur Wirksamkeit von Gestaltpädagogik ist noch wenig fortgeschritten (außer ein paar Examensarbeiten nur: Svoboda 1987, Burow 1993) und stößt - wegen der Komplexität und Langfristigkeit intendierter Ziele, der Heterogenität von Arbeitsstilen in den einzelnen Weiterbildungsgruppen, der geringen Zahl der jeweiligen Teilnehmer und der Störanfälligkeit der zu erforschenden Prozesse - auf vielfältige methodische Schwierigkeiten, so daß bei kaum vorhandenen Forschungskapazitäten von dieser Seite wenig Klärung zu erhoffen ist. Andererseits gibt es eine wachsende Zahl von Praxisberichten und z. T. recht umfangreichen Abschlußarbeiten (30-300 Seiten), wie sie z. B. zur vierjährigen berufsbegleitenden gestaltpädagogischen Weiterbildung am Fritz Perls Institut (FPI), Düsseldorf, gehören. Während die Praxisberichte vor allem mit dem Impetus „es geht wirklich" „erfolgreiche" Unterrichtsbeispiele darstellen und z. T. mit Schülerarbeiten belegt werden - wobei „erfolgreich" teilweise lediglich verstanden wird als „alle haben mitgemacht und es hat allen Spaß gemacht"[45] -, finden sich in den Abschlußarbeiten z. T. sehr ausführliche Schilderungen zu wichtigen biographischen Erfahrungen, zu Erfahrungen mit

---

[44] Die Zeitschrift „Gestaltpädagogik" wird herausgegeben von „Gestaltpädagogische Vereinigung (GPV) e. V.", dem Berufsverband der Gestaltpädagogen in Deutschland; dieser gibt Auskunft über qualifizierte gestaltpädagogische Weiterbildungsinstitute (Christiane Welk, 1.Vors., Ernst-Abbe-Str. 6, 65428 Rüsselsheim, Tel. 06142-54363).

[45] Vgl. hierzu die Analyse der Beiträge der Zeitschrift „Gestaltpädagogik" in der Arbeit von Ilse Bürmann (1997).

sich selbst und Reflexionen über sich Selbst aus der Zeit der gestaltpädagogischen Weiterbildung sowie Beschreibungen von Unterrichtsszenen und anderen schulischen Situationen. In diesen Berichten werden auch komplexe Zusammenhänge, Umwege, Schwierigkeiten und Mißerfolge dem Leser offengelegt, den die Autoren sich wohl als jemanden vorstellen, der dieser Art von Erfahrungen gegenüber aufgeschlossen ist und über gewisse eigene Erfahrungen mit gestaltpädagogischen Arbeitsweisen verfügt. Die hier vorliegende Auswahl macht zum ersten Mal diese persönlichen Schilderungen und Reflexionen einer größeren und heterogenen Öffentlichkeit bekannt. Die Aufnahme und das Interesse, das diese Veröffentlichung finden möchte, wird zeigen, ob dieser Weg geeignet ist, dem fachlich interessierten Außenstehenden etwas von der Qualität und Wirkungsweise der persönlichen Erfahrungen der Autoren mit „Gestaltpädagogik" nachvollziehbar zu machen.

Im Anknüpfen an meine früheren Überlegungen zur Frage „Was ist Gestaltpädagogik?" (Bürmann 1993) möchte ich wiederum die hier geschilderten schulpraktischen Erfahrungen zum Anlaß nehmen, über mein Verständnis der Gestaltpädagogik und ihrer Wirkungsweise auf verändertes Lehrerhandeln öffentlich nachzudenken. Ich hoffe damit zugleich, die Aufmerksamkeitsrichtung des Lesers auf zentrale Aspekte lenken und ihm Pfade des zusammenschauenden Verständnisses so unterschiedlicher Texte eröffnen zu können. Da ich selbst an der gestaltpädagogischen Weiterbildung - auch der Autoren dieses Bandes - in Konzeption und praktischer Durchführung beteiligt bin,[46] kenne ich über die vorgelegten Texte hinaus nicht nur die vollständigen Originale der Abschlußarbeiten der Autoren und vieler anderer Gestaltpädagogen, sondern: wir kennen einander alle persönlich. Daher sind mir auch die Wege, Mühen und Freuden des Schreibens dieser Abschlußarbeiten einsichtig geworden. Geben und Nehmen, Anregen und Weiterdenken sind also in vielfältiger Weise verflochten. Auch hierdurch wird die „Objektivität" des wissenschaftlichen Blickes in vieler Hinsicht fragwürdig, und vielleicht ist mein zusammenschauender Beitrag eher als Fortführung des Dialogs zwischen uns Beteiligten anzusehen denn als methodenkritische, distanzierte Analyse von Quellenmaterial. Eines Dialogs nun aber, der sich dem Leser öffnet, ihn zum Nachvollzug an den veröffentlichten Texten und zu kritischem Rückfragen ermuntern möchte. Es ist mir wichtig, diese Hintergründe, die gemeinsame Vorurteilsstruktur und die möglichen Befangenheiten hier offenzulegen. Ich hoffe gleichwohl, daß der Leser den Wert dieser Texte anerkennen kann.

---

[46] Seit Beginn (1982) leite ich die Weiterbildung „Gestaltpädagogik" am FPI, Düsseldorf.

Neben der besonderen Eindringlichkeit der Darstellung vieler Textpassagen ist es sicher auch meine Befangenheit in der Erinnerung an gemeinsame Erlebnisse und geteilte Reflexionen, daß das Lesen der Texte mich - auch bei wiederholter Lektüre - immer wieder stark bewegt: Mitgefühl, Freude und Trauer, Stolz und Dankbarkeit, Anspannung und Nachdenklichkeit spüre ich als Resonanz der geschilderten Erfahrungen in meinem eigenen Erleben. So ist meine Lektüre auch stets eine „Evaluation" (mit Herz und Verstand) dessen, was als gelungen beeindruckt oder in seinen Grenzen ernüchtert, dessen, was wir als Ausbilder uns gerne als Erfolg eigenen Bemühens zurechnen möchten und was wir uns als Begrenzung des eigenen Wirkens besonders sorgfältig anschauen sollten. Soweit zu meiner Beziehung zu den Texten, die ich - distanznehmend - zum Gegenstand folgender Analysen und Reflexionen machen möchte.

Was die Texte selbst als Quellenmaterial für pädagogische Forschungen betrifft, so können diese angesehen werden als durch allgemeine und vage Impulse angeregte freie Texte, die teils autobiographischen Charakter haben, teils den Charakter von Praxisberichten und teils die Form des öffentlichen Nachdenkens über Unterricht und die eigene Rolle als Lehrer in diesem Geschehen. Gegenüber anderen zufällig oder speziell für Forschungszwecke angefertigten Materialien haben diese Texte eine Besonderheit, die sie mit autobiographischen Texten und Romanen von Autoren teilen, die sich z. B. einer Psychoanalyse unterzogen haben und ihr Leben, ihre Träume und die alltäglichen Erfahrungen mit dem eingelebten psychoanalytischen Blick und den spezifischen Deutungsmustern wahrnehmen und entsprechend als „Wirklichkeit" darstellen. Unter diesem Aspekt gibt es eine - der Interpretation vorangehende - gemeinsame „Vorurteilsstruktur" der Autoren und meiner zusammenschauenden Interpretation. Für mich selbst liegt die Qualität solcher Texte als Material für pädagogische Forschungsinteressen in ihrer Verknüpfung von äußerer Beobachtung und Introspektion. Die Sicht auf die Ereignisse in der Schule wird ergänzt durch Mitteilungen über situative Gefühle und Gedanken des jeweiligen Autors sowie durch situationsübergreifende Reflexion der Erfahrungen im Zusammenhang seines Lebens und seiner Entwicklung als Lehrer. Die Offenheit der Reflexion dient dabei m. E. keinem anderen Zweck, als sich selbst vor dem Hintergrund der eigenen Lebensgeschichte verstehen zu wollen. Diese Texte erlauben es, Hypothesen zu entwickeln zu den komplexen, nichtkausalen Zusammenhängen zwischen den Erfahrungen im Leben und den Unterrichtsstilen. Dies verbindet sie mit anderen autobiographischen Texten. Andererseits focussieren sie aber auf die Verarbeitung einer gemeinsamen Erfahrungswelt (in der mehrjährigen Fortbildung und in vielerlei persönlichen Kontakten untereinander), wobei das Gemeinsame in je eigener Perspektive in die Bedeutsamkeiten des eigenen Lebens integriert und auf die unterschiedlichen Aufgaben an ihrem jeweiligen Arbeitsplatz bezogen wird. In dieser Hinsicht gleichen sie eher einem „narrativen" Quellenmaterial, wie es sonst nur künstlich zu Forschungszwecken angefertigt wird.[47]

*

Wie erscheint nun die „Gestaltpädagogik" im Spiegel dieser Arbeiten?

Diese Frage führt uns auf die Suche nach Gemeinsamkeiten - doch auf welcher Ebene sollen wir sie suchen? Bei der wiederholten Lektüre tritt für mich zunächst stets die *Verschiedenartigkeit* in den Blick:

- Das Spektrum der Schularten und Schulstufen (von der Sonderschule bis zum Leistungskurs des Gymnasiums),
- die Unterschiedlichkeiten der Schulen und ihrer Umgebungsbedingungen (einzügig bis große Schulzentren; in Essen, Duisburg, Frankfurt und Bern oder im ländlichen, bäuerlich geprägten Raum),
- die Vielfalt der geschilderten Situationen: aus dem Fachunterricht (Deutsch, Kunst, Geschichte, Religion oder den Anfängen des Lesens und Schreibens) und aus den alltäglichen oder existentiellen Ereignissen des Schullebens (Feiern und Reden, Elternarbeit, Theaterproben und Vorführungen, den alltäglichen Konflikten und den kleinen und großen Abschieden),
- die Differenz der ausgewählten Unterrichtsthemen und der mehr oder minder expliziten „bedeutsamen Themen", so wie der Unterschied der Darstellung in den einzelnen Arbeiten und der Charaktere ihrer Autoren.

Wenn ich beim Unterricht beginne, so fällt das Bemühen auf, Unterrichtssituationen mit „gestaltpädagogischen Elementen" zu schildern und diese methodischen Elemente dabei besonders hervorzuheben. Doch was hier im einzelnen benannt wird, ist - außer vielleicht der Arbeit mit dem leeren Stuhl (vgl. „Dürer - van Gogh" im Beitrag von B. Klein) und der viel benannten „gelenkten Phantasie" oder besser der „gelenkten Erinnerung" - alles auch aus anderen reformorientierten pädagogischen Ansätzen bekannt oder aber bereits in vielfältige fachdidaktische Ansätze integriert. Ich denke dabei an

- das Arbeiten mit kreativen Medien (Malen, Bewegung, Singen und Musizieren - auch in Deutsch, Geschichte und Sachkunde),
- das Lesen mit verteilten Rollen, die Umsetzung von Geschichten in Rollenspiele, die improvisierte Verlebendigung im Dialog, das perspektivische Nacherzählen und die Identifikationsübungen mit Personen oder Sachen (mit der „Warze" bei E. Hochreuther),

---

[47] Zur Diskussion über die Relevanz autobiographischer Texte als Quelle für pädagogische Forschungen vgl. bes. den Sammelband von Krüger/Marotzki (1995).

- das freie Erzählen, die erzählte „Botschaft" (in Religion), das Schreiben von Briefen aneinander, an bekannte Persönlichkeiten oder an den (vielleicht längst verstorbenen) Autor eines Textes,
- den konstruktiven Umgang mit Texten, das Umschreiben von Gedichten (vgl. V. Lieber: E. Fried und E. Hochreuther zu Chr. Reinig),
- die Einbeziehung von Übungen zum Zur-Ruhe-Kommen, zur Konzentration oder zur Entspannung (durch Bewegung),
- die Übung in Ritualen (der „Stuhlkreis", die „Mitte", der „Handschlag", Begrüßung und Abschied, die „Morgenrunde", der „Erzählstein" u. a.)
- die „Feiern" bei Schulbeginn, beim Jahreswechsel oder beim Abschied von der Klasse.

Dies alles ist teils alt vertraut, teils geläufiger Kanon moderner Unterrichtskonzepte und Fortbildungsveranstaltungen, teils in der Literatur mit fragwürdigen Praxiserfahrungen und widersprüchlichen Reaktionen bei den Schülern verknüpft. Das „Was" kann es also kaum sein, eher das „Wie": die Vielfalt, die Sequenzbildung, die „passende" Adaptation, die Stimmigkeit der Basis (der Beziehungen, des Klassenklimas), die Freiheit der Wahl, die gemeinsame Gestaltung, der Umgang mit „Schwellen" und „Widerständen", die Akzeptanz von Andersartigkeit, des Nicht-Wollens, der Gefühle - auch der „negativen" (Wut, Angst, Trauer, Scham). Oder kurz: alles ist wohl eher eine Frage der rechten „Mischung", des rechten „Maßes" und des passenden „Augenblicks" (kairós). - Doch was sind die Bedingungen dafür, daß „es klappt" (oder auch noch nicht) - und wie lernt man das? - Ich werde darauf noch zurückkommen.

Zunächst möchte ich jedoch zu dem hinschauen, was den Lehrern (den Autoren) selbst in ihrem Lehreralltag wichtig ist. Ich beginne wieder damit, mir einige Details aus der Lektüre in Erinnerung zu rufen:
- Der *Klassenraum*: wo liegt er, wie groß ist er? welche Möbel stehen zur Verfügung, wie flexibel ist die Anordnung, gibt es Platz für den „Stuhlkreis", die „Leseecke", Polster für die „Krankenecke", wohin geht der Blick aus dem Fenster, wieviel Sonne hat der Raum? - etc., und was kann ich selbst oder die Klasse, die Eltern dazu tun, daß ich die Bedingungen schaffe, unter denen ich gut unterrichten kann?;
- das *Klassenklima*: jeder ist wichtig, jeder hat seinen Platz; was kann ich tun, um jedem dies deutlich und erlebbar zu machen? - die Beziehungen der Schüler untereinander (Briefe schreiben - auch Kritisches formulieren), eine Streit- und Konfliktkultur entwickeln, Gemeinsamkeit fördern durch Gestaltungsfreiräume und die Teilung der Verantwortung („Macht

abgeben"), Klarheit der Grenzen; wechselseitige Akzeptanz der Verschiedenartigkeiten statt forciertem „Gemeinschaftsgeist";

- das *„Erzieherische"*: die Bewußtheit der Lehrer, in dieser Dimension faktisch wirksam zu sein, und die Annahme dieser Herausforderung als Gestaltungsaufgabe (im Zusammenwirken mit den Eltern oder zumindest in Berücksichtigung ihres Tuns);
- die *sozialen Verbindlichkeiten und Selbstzumutungen*: Ordnung, Pflicht, Üben, das gemeinsame Entwickeln von Regeln und Ritualen, die Funktionen des Kontrollierens und Sanktionierens, die Bedeutung von Grenzen und das engagierte Eintreten für deren Beachtung; die „Leistung" als notwendiger Beitrag zu einem akzeptierten Ziel;
- die *Pflege* des Klassenraumes, der Blumen und Tiere, der Requisiten und Materialien, der erarbeiteten Produkte, aber auch der Beziehungen zum Kontext: dem Hausmeister, der Kirchengemeinde, den einladenden Eltern; - vor allem aber der „Pflege" der Kinder in ihren situativen Befindlichkeiten („Krankenecke", Schutz und Rückzug in die „Leseecke") und der Beziehungen zueinander;
- die *Vorbereitung* (der individuelle „Wochenplan", die Sorgfalt der Vorüberlegungen, der Materialien, des Erst-einmal-selber-Ausprobierens, der Antizipation von Störungen, der Überlegung von Alternativen);
- die *„Nachbesinnung"* (wen habe ich nicht erreicht? wann war ich unsicher?, wie war die Stimmung?, was habe ich nicht aufgegriffen?, welche Gefühle habe ich bei mir nicht zugelassen? - oder bei anderen übergangen? u. v. a. m.);
- die *Akzeptanz der Gefühle* (der eigenen, wie die der Schüler): Trauer und Wut, vielfältige Ängste („sich zu zeigen", „zu versagen", „ausgelacht zu werden" ...), Sehnsucht, Lust und Scham (letztere besonders zu hüten) und viele Mischungen und Zwischentöne finden ihren Platz im Unterrichtsgeschehen, im Gespräch oder in kleinen Texten oder Bildern; all diese Gefühle sind wie selbstverständlich dabei, gehören zu den Themen dazu und scheinen die Erarbeitung der „Sachen" eher zu beflügeln als zu behindern (Ausnahme: der „Tod", der seine eigene Zeit beanspruchen kann; vgl. U. Berker-Horsch);
- das *Eintreten für eigene Werte* (der eigenen Kultur, der Emanzipation der Frau, der eigenen religiösen Überzeugungen, der persönlichen Überzeugung von gesellschaftlichen Handlungswerten);
- das *Engagement für die Botschaften und Erfahrungsmöglichkeiten des eigenen Faches*: der „Erziehung zum Lesen", der Befähigung zum „Schreiben" als Beitrag zur öffentlichen Willensbildung, die Erfahrungsmöglichkeiten der Kunstgeschichte wie des eigenen

künstlerischen Ausdruckes, der Geschichte, der Literatur: der Toleranz, des „Lichts" der Aufklärung wie der „romantischen Sehnsucht" ...;

- der *Umgang mit der Zeit*: sich Zeit nehmen (vgl. auch „Geschlossen" bei S. Froese), Zeit geben, langsam werden;
- die *Sensibilität für das Situative* (die Störungen bzw. Chancen einer Situation wahrnehmen und aufgreifen zu können);
- ein gelebtes *Prinzip von Leitung*, das einerseits stützt und stärkt, herausfordert und Grenzen setzt, andererseits aber viel Freiheit gibt: Freiheit der Wahl des Zeitpunktes, der Bearbeitungsform, der Sozialform und - wo möglich und sinnvoll - auch Freiheit in der Selbstbestimmung von Zielen.

Sicher könnte man diese Aufzählung bei genauerer Durchsicht der Texte noch fortsetzen, doch vielleicht wirkt sie auch jetzt schon auf den Leser wie ein unerfüllbarer Anforderungskatalog. Daher mag es eher angezeigt sein, wieder zusammenzufassen, zu vereinfachen:

- Alles ist wichtig: „Was ist, das ist" - es lohnt sich, hinzuschauen und sich auf die Situation vorbehaltlos einzulassen;
- alles hat seine Zeit: wenn ich auf die Balance in der Zeit achte, kann ich dem Augenblick viel Spielraum lassen;
- ich bin, so wie ich bin und ich trete dafür ein, die Dinge so gut zu machen, wie ich sie im Moment verstehe (- und wenn es schiefläuft, haben wir die Chance, daraus zu lernen).

Diese auf den ersten Blick vielleicht trivial erscheinenden Aussagen enthalten gleichwohl existentielle Einsichten und betreffen das Selbst- und Weltverhältnis der jeweiligen Person. Mit der Würdigung des Konkret-Seienden, des Details, des Augenblicks, des eigenen Selbst und der damit verbundenen Gelassenheit „kippt" das durch Intentionalität absorbierte Selbst- und Weltverhältnis in ein erkennendes um und gewinnt damit Freiheit, indem sich ein neuer Spielraum von Möglichkeiten eröffnet (vgl. ausführl. I. Bürmann 1997).

*

Was befähigt nun Lehrer, in diesem (vage) bestimmten Feld sich orientieren und handlungsfähig bleiben zu können, und welcher Beitrag dazu ist der (z. T. gemeinsamen) gestaltpädagogischen Weiterbildung zuzurechnen? Ich wende mich wieder den Texten der Autoren zu: Die direkten Äußerungen zur „Gestaltpädagogik" und zu den Erfahrungen aus der vier- bis sechsjährigen Weiterbildung sind eher selten und in den einzelnen Arbeiten in die verschiedensten Abschnitte eingestreut. Dies wertet diese Äußerungen aber auf: erscheinen sie doch so nicht als „offizielle Pflichtübung", sondern in ihrer

Beiläufigkeit eher als „wahrhaftig": Ich möchte meine Leseeindrücke in sechs Punkte gliedern.

1. Die *Formen und Methoden des Lernens* in den Ausbildungsgruppen: Der Umgang mit Beginn und Ende - der Wochenenden und der Ausbildung insgesamt -, die Arbeit mit kreativen Medien als Ausdruck von Subjektivität und Brücke zur Subjektivität literarischer und künstlerischer Werke, die Wiederaneignung von historischen Zeiten und kulturellen Objekten durch kreative Veränderungen und mediale Transpositionen sowie den Wechsel zwischen Identifikation und Distanzierung, zwischen ehrfürchtiger Scheu und „respektloser Umdichtung"; all dies stellt für die Teilnehmer offenbar einen ergänzenden Fundus von „Unterrichtsbildern" (Rumpf) zur Verfügung, mit dem sie in der Schulwirklichkeit experimentierend weiterlernen und der ihr Repertoire zur Initiierung kultureller Bildungsprozesse anreichert (z. B. V. Lieber, E. Hochreuther, B. Klein, U. Berker-Horsch).

2. Der *vielfältige Austausch subjektiver Wahrnehmungen* von Körperempfindungen, Gefühlen, Bewegtheiten und Stimmungen sowie von beobachtbarem Verhalten, Gestik, Mimik und (unbewußten) Körpersignalen (Verspannung, Atmung, Zucken, Erröten etc.) und deren Relevanznahme als homologe oder differente ergänzende Informationen zum gesprochenen Wort und der bewußten Handlung (vgl. A. Weber, E. Gasparoli sowie Heinel 1995) schärft offenbar den Blick der Lehrer für die Vielfalt und die Vieldimensionalität des Geschehens in der Klasse und läßt sensibler und offener werden für Befindlichkeiten einzelner wie für Stimmungen bzw. das, was „in der Luft liegt" (vgl. A. Weber „Schwebebahn", E. Hochreuther). Dabei scheint sich ein wichtiger Prozeß des Umlernens zu vollziehen: von der - in unserem Kulturkreis dominanten - Form des Sehens (vgl. Snell 1955, S. 24): des konzentrierten Blicks, des Beobachtens von etwas (dérkesthai), der Anspannung der Sinne auf ein äußeres Zielobjekt, hin zu einer anderen Form des Sehens, eine eher offene Wachheit aller Sinne, ein Schweifen des Blickes (paptaínein), eine erwartungsvolle Offenheit, daß das Wichtige von allein „sich vordrängt" bzw. in Erscheinung tritt; wie es für die Psychotherapie von Sigmund Freud wiederentdeckt worden ist als „gleichmäßig schwebende Aufmerksamkeit" oder als „awareness" bei Fritz Perls und wie es wohl verbreitet der ästhetischen Anschauung oder fernöstlichen Wahrnehmungsweisen entspricht. Die Fähigkeit und Bereitschaft, die Komplexität des Geschehens in der Klasse wahrzunehmen, setzt allerdings wohl noch etwas anderes voraus: das Vertrautsein mit der eigenen inneren Welt der Gefühle und Erinnerungen, die stets mit

angestoßen werden und in Schwingungen geraten (vgl. E. Gasparoli, S. 108 ff., A. Weber, S. 27, W. Liebert, S. 44), und die Fähigkeit, sich situativ nach innen und außen abgrenzen zu können, sich, wenn nötig, „zu schützen" (vgl. U. Berker-Horsch, S. 190).

3. Die - wenn sicher auch nicht durchgängig - erlebte *Form der Leitung* der Ausbildungsgruppe gibt szenisches Modell und theoretisches Verständnis für eine Art der Leitung von Gruppen, wie sie in Distanzierung von historischen und gerade in Deutschland ins grausame Extrem gesteigerten Formen von autoritärer „Führung und Gefolgschaft" in den USA im Rahmen der Bewegung der „Humanistischen Psychologie" entwickelt und z. B. von Ruth Cohn in vorbildlicher Weise gelebt wurde, und wie sie auch für die in diesem Rahmen entwickelten pädagogischen Richtungen konstitutiv geworden ist.[48] Diese Form der Gruppenleitung scheint mir durch folgende Merkmale bestimmt zu sein:

- Festigkeit in Struktur und Grenzen,
- Teilung und Klarheit von Verantwortlichkeiten (Wünschen und Bedürfnissen),
- Offenheit für unterschiedliche Formen, Wege und Tempi,
- Akzeptanz und Unterstützung (so weit nötig) und
- zuversichtliche Herausforderung zu Leistung und Entwicklung.

In den Beiträgen ist dies von Walter van Heek am klarsten formuliert:

„Die Art des Vorgehens in der Gruppe half mir: methodisch war der Weg nicht festgelegt, dennoch aber strukturiert. Neu war das Wagnis, mein Herangehen an einen Sachverhalt oder Text, wie nähere ich mich, was bedeutet es mir: ich und der Text, nicht umgekehrt. Das bedeutete eine Abkehr von der Vorstellung, es gibt eine allgemeingültige Aussage. Damit stehe ich mehr im Vordergrund beim Lernprozeß." ... „Ein weiterer wichtiger Punkt war das Verhalten des Leiters der Gruppe. Eine bestimmte Richtung war nicht verbindlich vorgeschrieben, aber ein klarer Arbeitsstil, der über Jahre gleichblieb, war deutlich zu erkennen. Er half mir, mich langsam zu öffnen und unangenehme Dinge anzugehen. Wohlwollen, Zuspruch, gepaart mit klaren Anweisungen und förderndem Anspruch: dies war mir eine Hilfe, Angst abzubauen in unbekannten Situationen und Bereichen." (S. 157). ... „Durch die Arbeit in der Gruppe ist es mir gelungen, innerlich fester zu werden. Dort war immer das Gefühl dabei, jetzt mußt du arbeiten, es geht wohl schon, es wird gut." (S. 160)

---

[48] Ich rechne hierzu insbesondere die „Gestaltpädagogik", die „Themenzentrierte Interaktion" (R. Cohn) sowie die auf Grundlage der Gedanken von C. Rogers und J. Moreno entwickelten pädagogischen Richtungen.

4. Die skizzierte Art der Leitung ist m. E. eine zentrale Voraussetzung dafür, daß sich eine für vielfältige *Lern- und Bildungsprozesse förderliche Atmosphäre* bilden kann. Sie ist gekennzeichnet durch das Gefühl wechselseitigen „Angenommenseins", durch Achtung vor und Freude an der Verschiedenartigkeit der Einzelnen, durch das Bewußtsein, daß keine Spannung, kein Konflikt, überhaupt nichts Widriges durch Ausgrenzung überwunden werden kann, sondern daß allein durch die Anerkennung dessen, was ist, erweiterte Möglichkeiten und neue Perspektiven in den Blick kommen. Sie bietet viel Schutz und Sicherheit - und damit Raum zum Zulassen von Gefühlen, Sehnsüchten und Impulsen, von Verzweiflung und Scham, zu Rückzug und (partieller) Regression. Die Offenheit der „Planung", die prozeßorientierte Gestaltung, der flexible Umgang mit „Störungen" machen es möglich, die vielfältigen Schwingungen, Untertöne und Gefühlsschwankungen, die jedes menschliche Miteinander begleiten und die auch im gemeinsamen Lernen - oft unerkannt und stets unbeabsichtigt - dabei sind, in das Gewahrsein und das Gespräch hineinzunehmen, gemeinsam die Bedeutung dieser „Stimmen" und Stimmungen zu entschlüsseln und deren hemmende oder fördernde Einflüsse auf Lernen und Aufgabenbewältigung besser zu verstehen und kundiger zu gestalten. Das heißt auch, situativ entscheiden zu können, ob diese Ebene selbständig Zeit und Aufmerksamkeit erfordert (z. B. „Evi ist tot"; vgl. auch das Beispiel von Röhrig, 1993, S. 20 ff.) oder ob eine situative Klärung oder eine akzeptierende Einbeziehung in die Lernaufgabe möglich erscheint (z. B. A. Weber „Schwebebahn"). Es gibt in den Arbeiten zahllose Beispiele dafür, daß ein unverstellter Zugang zu den eigenen Gefühlen, Bedürfnissen und Sehnsüchten „Formen innerer Freiheit" (E. Gasparoli) entwickeln läßt, die auch in den Alltagssituationen der Schule einen sensiblen, verständnisvollen und kundigen Umgang mit diesen ungerufenen „anderweltlichen Geistern" ermöglicht.

5. Die *biographische Selbstreflexion*, das (Wieder-)Anerkennen der eigenen Wurzeln und deren Gegenwärtigkeit in der Wahrnehmung und der Art des „In-der-Welt-Seins" ist ein weiterer wichtiger Bereich der gestaltpädagogischen Weiterbildung. Er wird in einzelnen Beiträgen in seiner Bedeutung hervorgehoben (S. Froese, W. Liebert, W. v. Heek) und bildet darüber hinaus einen mehr oder minder großen Teil aller Beiträge. Dabei geht es darum, die oft durch Erziehung unterdrückten Gefühle von Ohnmacht, Trauer, Wut und Scham noch einmal in geschütztem Rahmen zu erleben, die Themen des eigenen Lebens anzuschauen und in sein Selbstbild hineinzunehmen, als „Teil von mir, der mich begleitet": die Geschichte der Adoption, die Suche nach der männlichen Identität im postfaschistischen

Deutschland, die Erfahrung von Unterdrückung als Frau und der Kampf um Selbstbefreiung, das Gefühl, „zwischen den Stühlen" zu sitzen als Ausdruck widersprüchlicher Erwartungen und Botschaften von Vater und Mutter, ein Leben als „Gastarbeiter im eigenen Land" und wie die Themen und Nebenthemen sich auch alle nennen lassen. Und eine solche gute Vergewisserung des „Wer bin ich?" und „Wo komme ich her?" bindet nicht an die Vergangenheit, sondern schafft „innere Freiheiten" für den Blick nach vorn:

- der „Abschied" macht frei fürs Beginnen,
- die „Schildkröten beginnen zu tanzen" und
- mit den wiedergefundenen „Wurzeln" wachsen die „Flügel".

Die biographische Selbstreflexion erschließt uns aber auch die zumeist verdeckten Motive für unsere Vorlieben und Wahlen, die Entscheidung für den Beruf des Lehrers und der jeweiligen Fächer sowie für die Autoren, Texte, Figuren und Gedichte, die „uns gefallen", ja selbst für die Theorien, die wir „für richtig erkennen". „Der Knabe im Moor", „Die Möwe Jonathan", „Nathan der Weise", „Anne Frank", „Thomas a Kempis" und „Martin Luther" - all diese für die Lehrer bedeutsamen Texte stehen in einer durch Reflexion kaum einholbaren Beziehung zum existentiellen Erleben des eigenen Lebens. Dies zu wissen, schützt vor überraschender Verletzung. Die Differenz von Selbsterleben und dem der anderen Gruppenmitglieder in der Ausbildung - wie dann auch dem Erleben der Schüler in der Klasse - zu verstehen, öffnet den Blick und macht sensibel für fremde Lebensthemen und deren Hineinwirken in deren Bedeutsamkeiten schulischer Themen. Eine solche Selbsterkenntnis schützt uns auch besser davor, die anderen mit unseren Themen zu bedrängen und blind gegen die Wahrheit zu sein, mit der sich die Schüler dagegen wehren: erst im Anerkennen der lebensgeschichtlichen Einseitigkeiten (z. B. der Bevorzugung von Themen, die eine Identifikation mit dem Opfer nahelegen) wird der Weg frei, sich auch mit dem „Tätersein" zu identifizieren und mit entsprechenden Themen den Unterricht ins „Gleichgewicht" zu bringen (vgl. W. Liebert). Erst das eigene Sich-Einlassen auf die „Scham, sich (mit seinen Werken) zu zeigen", läßt die Selbsterkenntnis der unbewußten Tendenz zu, stets auch die künstlerischen Produkte der Schüler abzuwerten (vgl. B. Klein). Die biographisch bestimmten Eigenheiten und Behinderungen werden nach aufklärender Durcharbeitung von blinden Flecken und Störfaktoren zu Erkenntnisquellen und erweiterten Möglichkeiten eines verständigen Umgangs mit den Besonderheiten der Schüler.

6. Diesen letzten Punkt zu formulieren fällt mir schwer. Die sprachlichen Bilder, die mir dazu in den Sinn kommen, haben alle etwas zu Großes, zu Pathetisches. „Freigebende Liebe", „Erkenne dich selbst!" oder „Werde, der du bist" - wie es als Motto der „Lebensschule", der Demokratisch-kreativen Schule in Schiltwald, Schweiz, gewählt ist. Und doch hat es gerade damit etwas zu tun: mit der Schaffung eines geschützten *Spielraumes, sich selbst zu finden*, seinen Frieden zu machen, „loszulassen" (das, was uns an Vergangenes oder an unerfüllbare Sehnsüchte bindet) und anzuerkennen, was ist - und auf dieser gesicherten Basis sich auf den eigenen Weg zu machen, seinen eigenen, seinen höchstpersönlichen Stil zu entwickeln, als Lehrer „mit den Schülern zu leben" (W. v. Heek). Ich möchte dazu ein paar Zitate zusammenstellen:

- „Das ist meine Art zu leben, zu arbeiten, zu sein. Mit dem Wald, das bin ich." ... „Das gehört zu mir. So bin ich als Lehrer in der Schule." (W. v. Heek)
- „(...) Versöhnung ist der Kern von Gestaltpädagogik." (E. Gasparoli)
- „Diese Arbeit ist ein Stück von mir." ... „Ich bin erwachsen geworden. Langsam bin ich aus der 'Unsichtbarkeit' ins Licht getreten. Ich habe gelernt, mich wichtig zu nehmen. Ich lerne, Hilfe anzunehmen, mich trösten zu lassen. Ich spüre, daß ich stark bin, ohne hart sein zu müssen. Ich habe erfahren, daß ICH liebenswert bin." (U. Berker-Horsch)
- „Es hat sehr lange gedauert, bis ich beide Bilder von mir zusammenfügen konnte und diese scheinbar fremde Person als zwei zusammengehörende, sich gegenseitig ergänzende Seiten ein und desselben Menschen zu betrachten lernte." (W. Liebert)
- „Das Gedicht 'Mein Realitätsprinzip' verbindet sich für mich mit trauriger Gefaßtheit und Ruhe. In ihm wird klar ausgedrückt, was ich als Ergebnis meiner Gestaltausbildung akzeptiere: daß ich erwachsen geworden bin." (V. Lieber)
- „Die Rollenschemata zu hinterfragen, aus der Sicherheit der Rolle herauszutreten, war und ist meine Aufgabe; wie sich das in der Schule gezeigt hat, möchte ich aufschreiben und auch den Weg dahin andeuten." (E. Hochreuther)
- „Lehrer zu sein gefällt mir gut. (...) Die Tatsache, daß ich mein Lehrerdasein mit meinem Beruf als Mutter vereinbaren kann, hat mich ausgesöhnt." (A. Weber)
- „Diese Arbeit ist im Rahmen der Gestaltpädagogikweiterbildung entstanden. Was ist an ihr gestaltpädagogisch? Als Schwerpunkt der Arbeit sehe ich für mich die Selbstreflexion, die Auseinandersetzung mit meinen Projektionen, Wertungen, Haltungen im Zusammenhang mit meiner Lebensgeschichte und deren Auswirkungen auf meine schulische

Arbeit." ... „Auch auf dem Hintergrund meiner alten Examensarbeiten, (...) die Gruppenarbeiten waren und versehen mit vielen Zitaten, bin ich in dieser Arbeit auf der Suche nach meiner Sprache, um Erfahrungen aus meiner Lebensgeschichte wiederzugeben. Letztendlich ist die Suche nach der eigenen Sprache und Geschichte ein Schritt auf dem Weg zur eigenen Identität." (B. Klein)

- „Je älter ich werde, umso mehr gestatte ich mir, mir ähnlicher zu werden." ... „Ich bin dankbar, daß trotz meiner schwierigen Lebensgründung (Adoption; J. B.) und der verstrickten Lebenslinien meine schöpferischen Kräfte wachsen konnten." ... „In diesem Prozeß hat mich die Gestaltpädagogikausbildung stützend begleitet. Sie hat mir geholfen, Dinge bei mir und um mich herum verändert wahrzunehmen und eine gesündere Distanz verschafft. Mir hat gut getan, meine fürsorgliche Kraft für die anderen stärker für mich selbst zu nutzen." (S. Froese)

All diese Zitate unterstreichen die Bedeutung einer solchen Phase der Selbstbesinnung nach 10-20 Jahren „Lehrerdasein": „Mit-sich-selbst-ins-Reine-Kommen", seinen Frieden machen mit Herkunft und Schicksal, seine Sprache finden, seinen persönlichen Lebensstil konsistent ausarbeiten und sich zu ihm bekennen, einsehen, daß „wir uns selbst mitbringen in die Schule", unsere Art entwickeln, in der Schule mit den Schülern zu leben und unsere fürsorgliche Kraft auch für uns selbst zu nutzen, für die Schüler offen sein, ohne etwas für uns selbst von ihnen zu brauchen; all diese Attribute der Beschreibung des „Erwachsenwerdens" in der Lebensmitte weisen hin auf die Bedeutung der eigenen „Reife" für die „Erzieherpersönlichkeit" (wie es in heutigen Ohren recht altmodisch klingt).

Die obigen Zitate wie die Beiträge selbst stellen diese reflektierte Arbeit an sich selbst und die Rolle der vorgelegten Abschlußarbeiten in diesem Prozeß facettenreich dar. Beim Lesen dieser Selbstreflexionen wird verständlich,

- daß ein solcher Prozeß eine gute Basis dafür darstellt, die Entwicklungsprozesse der Schüler in ihrer wachsenden Heterogenität (Stichwort: „Individualisierung") in dieser immer komplizierteren Welt kundig zu begleiten;
- daß die Erfahrungen der Arbeit in den Gruppen szenische Bilder, Konzepte und Kompetenzen erwerben ließen, die sich in der Schulpraxis bewähren;
- daß eine solche Persönlichkeitsbildung zwar auf den Erfahrungen angeleiteter Arbeit aufruht, jedoch nur in der Ablösung als Prozeß der (Selbst-)Bildung verwirklicht werden kann und schließlich,
- daß das „Als-Lehrer-sich-Einwurzeln" weit über Unterrichten und Schullebengestalten hinausreicht in die Gestaltung von Familie und

Freundeskreisen, in die Annahme der Aufgaben der Zeit in der konkreten Form, wie sie dem einzelnen am jeweiligen Ort seines Handelns begegnen, und in geklärten und verantworteten Beziehungen zur Natur, Mitwelt und Religion.

Die Erfahrungen im Begleiten der Arbeiten bei ihrer Entstehung und die Begegnung mit den fertigen Texten gaben mir Gelegenheit, dies zu verstehen. Hierfür gilt den Autoren mein Dank.

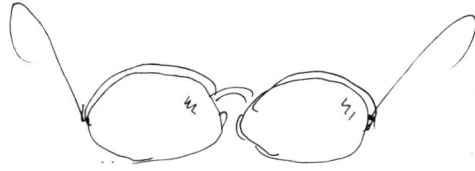

Literaturverzeichnis

Baillet, D.: Freinet - praktisch. Weinheim 1983

Beck, U.: Risikogesellschaft. Auf dem Weg in eine andere Moderne. Frankfurt 1986

Berker-Horsch, U.: Freier Text. In: Fragen und Versuche. Zeitung der Pädagogik-Kooperativen, H. 10, September 1980

Berne, E. H.: Spiele der Erwachsenen. Reinbek 1970

Brown, G. I./Petzold, H. G. (Hrsg.): Gefühl und Aktion. Gestaltmethoden im integrativen Unterricht. Frankfurt 1978

Brown, G. I.: Menschlich sein heißt integrativ sein. In: Petzold, H. G./Brown, G. I.: Gestaltpädagogik. München 1977

Bürmann, I.: Didaktisches Handeln zwischen Person und Sache - Arbeitstitel. (erscheint 1997)

Bürmann, J.: Gestaltpädagogik - Ein Weg zu humanerem Lernen. In: Sauter, F. Ch. (Hrsg.): Psychotherapie der Schule. München 1983

Bürmann, J.: Die Bedeutung des psychotherapeutischen Konzepts des Widerstands für die Pädagogik. In: Integrative Therapie 1986, S. 303-319

Bürmann, J.: Gestaltpädagogik und Persönlichkeitsentwicklung. Theoretische Grundlagen und praktische Ansätze eines persönlich bedeutsamen Lernens. Bad Heilbrunn 1992

Bürmann, J.: Was ist Gestaltpädagogik? In: Heinel, J.: Der König ruht im Klassenzimmer. Gestaltpädagogik zum Kennenlernen. Frankfurt 1993, S. 83-107

Burow, O.-A.: Grundlagen der Gestaltpädagogik. Dortmund 1988

Burow, O.-A.: Gestaltpädagogik. Trainingskonzepte und Wirkungen. Paderborn 1993

Burow, O.-A./ Kaufmann, H. (Hrsg.): Gestaltpädagogik in Praxis und Diskussion. Berlin 1991

Burow, O.-A./Scherpp, K.-H.: Lernziel Menschlichkeit. München 1981

Burow, O.-A./Quitmann, H./Rubeau, M. P.: Gestaltpädagogik in der Praxis. Unterrichtsbeispiele und spielerische Übungen für den Schulalltag. Salzburg 1987

Canacakis, G.: Trauerverarbeitung im Trauerritual. Mülheim 1982

Canacakis, J.: Ich sehe Deine Tränen. Stuttgart 1988

Cohn, R.: Von der Psychoanalyse zur Themenzentrierten Interaktion. Stuttgart 1975

Cohn, R.: Zu wenig geben ist Diebstahl, zu viel geben ist Mord. In: betrifft: erziehung, Januar 1981

Dieckmann, H.: Dichtung und gestaltete Sprache als Möglichkeit der Konfliktbearbeitung und Individuation aus der Sicht der Tiefenpsychologie C. G. Jungs. In: Petzold, H./Orth, I.: Poesie und Therapie. Paderborn 1985, S. 347-361

Döpp, W.: Die Ameise im Feuer. Essen 1988

Erikson, E. H.: Identität und Lebenszyklus. Frankfurt 1980

Erikson, E. H.: Kindheit und Gesellschaft. Stuttgart 1982

Esser, J.: Curriculare Grundlagen einer schülerorientierten Konflikterziehung im Konfliktfeld Hauptschule. In: Brinkmann, G. (Hrsg.): Praxis Hauptschule. Kronberg 1977

Faber, W.: Mich um Gottes Willen mehr sein lassen. In: Schneider, J. H.: Sand in den Schuhen. München 1983

Frankl, V. E.: Ärztliche Seelsorge. Frankfurt 1983

Freud, S.: Der Dichter und das Phantasieren (1908). In: Goette, J. W. v. (Hrsg.): Texte und Materialien zum Literaturunterricht. Methoden zur Literaturanalyse im 20. Jh. Frankfurt 1979

Gadamer, H. G.: Wahrheit und Methode. Grundzüge einer philosophischen Hermeneutik. Tübingen 1975

Goethe, J. W.: Maifest. In: Trunz, E. (Hrsg.): Gedichte. Hamburg 1948, S. 30/31

Goodman, P.: Das Verhängnis Schule. Frankfurt 1975

Heinel, J.: Der König ruht im Klassenzimmer. Gestaltpädagogik zum Kennenlernen. Frankfurt 1993

Heinel, J.: Radiodiskussion Gestaltpädagogik. In: Gestaltpädagogik, H. 6, 1995, S. 67

Hemerken, Th.: (Thomas von (a) Kempis). Nachfolge Christi. München 1957

Hentig, H. v.: Die Menschen stärken, die Sachen klären: Ein Plädoyer für die Wiederherstellung der Aufklärung. Stuttgart 1985

Höfer, A./Thiele, J.: Spuren der Ganzheit. München 1982

Höfer, A. u. a.: Gestalt des Glaubens. München 1982

Imschweiler, V. (Hrsg.): Gestaltpädagogik in der Unterrichtspraxis. Hessisches Institut für Lehrerfortbildung. o. J.

Kägi-Romano, U./Kägi-Romano, D.: Schul-Leben, Lebens-Schule. Bern 1993

Keleman, St.: Abschied ist ein kleiner Tod. In: Ruhe, H. G. (Hrsg.): Abschied. München 1986

Krüger, H.-H./Marotzki, W. (Hrsg.): Erziehungswissenschaftliche Biographie-forschung. Opladen 1995

Langmaack, B.: Themenzentrierte Interaktion. Weinheim 1991

Langmaack, B./Braune-Krickau, M.: Wie die Gruppe laufen lernt. München 1989

Laun, R.: Freinet - 50 Jahre danach. Heidelberg 1983

Miller, A.: Das Drama des begabten Kindes. Frankfurt 1981

Oaklander, V.: Gestalttherapie mit Kindern und Jugendlichen. Stuttgart 1981

Olivier, Ch.: Jokastes Kinder. Hildesheim 1988

Pascal, B.: Pensées sur la Religion. Paris 1960

Petzold, H. G.: Gestaltpädagogik. In: Petzold, H. G./Brown, G. J. (Hrsg.): Gestaltpädagogik. Konzepte der Integrativen Erziehung. München 1977, S. 7-13

Petzold, H. G.: Psychotherapie, Meditation, Gestalt. Paderborn 1984

Petzold, H. G.: Konfluenz, Kontakt, Begegnung und Beziehung als Dimensionen therapeutischer Korrespondenz in der Integrativen Therapie. In: Integrative Therapie, 1986, S. 320-341

Petzold, H. G.: Grundkonzepte der Integrativen Pädagogik. In: Integrative Therapie, 1989, S. 392-398

Petzold, H. G./Brown, G. I.: Gestaltpädagogik. Konzepte der Integrativen Erziehung. München 1977

Polster, E. u. M.: Gestalttherapie. Frankfurt 1993

Prengel, A. (Hrsg.): Gestaltpädagogik. Weinheim 1983

Redl, F.: Kinder, die hassen. München 1979

Reichel, R./Scala, E.: Das ist Gestaltpädagogik. Ein Lehrbuch für die Praxis. Grundlagen, Impulse, Methoden, Praxisfelder, Ausbildungen. Münster 1996

Richtlinien und Lehrpläne für die Hauptschule in Nordrhein-Westfalen: Deutsch. Düsseldorf 1989

Röhrig, Ch. L.: Wortschatzerweiterungen - Verwandtschaftsbeziehungen. Deutschstunde im 2. Schuljahr. In: Gestaltpädagogik, H. 3, 1993, S. 20-21

Satir, V.: Selbstwert und Kommunikation. München 1985

Scheller, I.: Szenische Interpretation von Dramentexten. In: Starzel, G. (Hrsg.): Germanistischer Forschungsstand des Dt. Germanistentages 1984. 1. Teil: Germanistische Sprachwissenschaft, Didaktik der deutschen Sprache und Literatur. Berlin/New York 1985, S. 442 ff.

Scheller, I.: Szenische Interpretation mit Standbildern. Dargestellt an Ibsens Nora. In: Praxis Deutsch 76, 13. Jg. 1986

Schulz von Thun, F.: Miteinander Reden. Störungen und Klärungen. Bd. 1 und 2. Reinbek 1981 und 1989

Snell, B.: Die Entdeckung des Geistes. Hamburg 1955

Stevens, J. O.: Die Kunst der Wahrnehmung. Übungen der Gestalttherapie. München 1975

Stollberg, D.: Lernen, weil es Freude macht. München 1982

Svoboda, U.: Gestaltpädagogik. Eine Möglichkeit persönlich bedeutsamen Lernens in der Musik- und Tanzerziehung. (Diss. Salzburg 1987)

Tausch, R.: Personenzentriertes Zusammenleben in Schulen. In: Sauter, F. Ch. (Hrsg.): Psychotherapie der Schule. München 1983

Tieck, L.: Der gestiefelte Kater. In: Gesammelte Werke Bd. 2. München 1964

Trutwin, W.: Gesetz und Propheten. Düsseldorf 1967

Watzlawick, P./Beavin, J. H./Jackson, D. D.: Menschliche Kommunikation. Formen, Störungen, Paradoxien. Bern 1985

Autoren

Berker-Horsch, Ulla, Diekamp 19, 48231 Warendorf
Froese, Silvia, Nöckersberg 45A, 45257 Essen
Gasparoli, Ennio, Jägerstr. 10, CH-3074 Muri b. Bern
van Heek, Walter, Böcklerstr. 27, 46414 Rhede
Hochreuter, Editha ✝
Klein, Barbara, Schönhausenstr. 15, 28203 Bremen
Lieber, Veronika, Auf der Körnerwiese 9, 60322 Frankfurt am Main
Liebert, Wilhelm, Im Teich 8A, 64569 Nauheim
Weber, Annette, Dedinghauser Weg 4B, 33175 Bad Lippspringe

Herausgeber

Bürmann, Jörg, Beethovenstr. 38, 49076 Osnabrück
Heinel, Jürgen, Leibnizstr. 20A, 67292 Kirchheimbolanden